实证主义与中国近代哲学

修订版

杨国荣◎著

华东师范大学出版社

图书在版编目(CIP)数据

实证主义与中国近代哲学/杨国荣著. —修订本. —上海:华东师范大学出版社,2017
 ISBN 978-7-5675-7233-1

Ⅰ.①实… Ⅱ.①杨… Ⅲ.①实证主义-研究-中国-近代②哲学思想-研究-中国-近代 Ⅳ.①B250.5

中国版本图书馆 CIP 数据核字(2017)第 296872 号

实证主义与中国近代哲学(修订版)

著　　者　杨国荣
项目编辑　朱华华
特约审读　陈　才
责任校对　张多多
装帧设计　卢晓红

出版发行　华东师范大学出版社
社　　址　上海市中山北路 3663 号　邮编 200062
网　　址　www.ecnupress.com.cn
电　　话　021-60821666　行政传真 021-62572105
客服电话　021-62865537　门市(邮购)电话 021-62869887
地　　址　上海市中山北路 3663 号华东师范大学校内先锋路口
网　　店　http://hdsdcbs.tmall.com

印 刷 者　浙江临安曙光印务有限公司
开　　本　890×1240　32 开
印　　张　10.25
字　　数　224 千字
版　　次　2018 年 4 月第 1 版
印　　次　2018 年 4 月第 1 次
书　　号　ISBN 978-7-5675-7233-1/B·1104
定　　价　68.00 元

出 版 人　王　焰

(如发现本版图书有印订质量问题,请寄回本社客服中心调换或电话 021-62865537 联系)

目 录

001　　　　　导言

001　　**第一章　实证主义的东渐**
003　　　　一、实测内籀之学
009　　　　二、实证原则与功利主义
015　　　　三、无对之域的双重意蕴

023　　**第二章　徘徊于形而上学与实证论之间**
025　　　　一、从形而上学到实证论
030　　　　二、实证论的双向展开
037　　　　三、实证论的限度：二难困境

043　　**第三章　实用主义的引入与变形**
045　　　　一、拒斥超验之道与认同自然主义
061　　　　二、善与真
081　　　　三、方法论上的中西会通
098　　　　四、实用主义与马赫主义的合流

105	第四章　新实在论的融入与逸出
107	一、重建形而上学
121	二、命题的二重化与辨名析理
130	三、人生境界说：扬弃元伦理学
141	第五章　走出实证主义
143	一、元学的逻辑构造与超逻辑的道
158	二、对唯主方式的诘难
167	三、概念论
175	四、接受总则与归纳问题
184	余论
191	附录一　存在与境界
213	附录二　世界哲学视域中的智慧说
261	附录三　科学的泛化及其历史意蕴
279	附录四　中国哲学的近代衍化
293	附录五　分析哲学与中国哲学
311	后记
313	新版后记

导　言

　　实证主义作为一种哲学思潮，兴起于19世纪中叶的西方。从哲学的逻辑演进看，实证主义的理论先导可以上溯到近代西方的经验主义，而其更广的历史根据则内在于近代科学的发展。经验论传统的制约，使实证主义将哲学的论域主要限制在现象界，拒绝讨论可经验的现象之外的"形而上"问题；近代科学的凯歌行进，则使实证主义一开始便较为关注与实验科学相关的逻辑及科学方法，并力图实现科学的统一及哲学的科学化。实证主义的如上趋向在某种意义上适应了中国哲学走向近代的历史需要。自19世纪后期开始，随着东渐的西学从声、光、电、化等具体科学扩及哲学观念，实证主义亦被系统地引入中国，并逐渐与中国传统哲学冲撞交融，成为近代中国引人瞩目的哲学流派。西方近代的实证主义在其衍化过程中，历经数代，并形成了不同的支流，这种变迁演化，在中国近代也几乎一一得到了再现。

　　然而，当实证主义传入中国之时，它所遇到的，是一种不同于近代西方的哲学、文化传统与历史背景，后者既为实证主义的东渐提供了前提，也使之在理论上有所变形。这样，中国近代的实证主义尽管源于西方实证论，并与之有着相近的哲学趋向，但同时又受到文化传统与近代历史过程的双重制约，从而形成了某些异于西方实证主义的特点。中西实证主义这种相即而又相离的历史现象，从一个侧面展示了近代中西哲学交汇的复杂形态。

较早以比较系统的形式引入西方实证主义的人物是严复。严复登上近代思想舞台之时，西方第一代实证主义已大致取得了成熟的形态。如前所述，实证论的形成与发展，自始即与近代实证科学有不解之缘；对科学的本质及科学方法的阐述，构成了实证哲学的重要内容。严复在一定意义上正是由推崇西方近代的"实测内籀"之学（实证科学的方法）而导向实证主义。同时，在注重直接的、可感知的经验事实方面，实证主义与功利主义亦有相通之处。事实上，英国的实证主义者穆勒同时又是一个著名的功利主义者。两者的这种交融同样体现在严复身上。不过，与西方实证主义以现象主义的原则拒斥形而上的本体不同，严复并不否定本体世界的存在，只是认为本体世界超越了现象的领域，从而"不可思议"。这样，在严复那里，本体界与现象界便处于一种既相互并存，又相互对峙的状态。

稍后于严复，王国维在某种程度上也表现出实证主义的倾向。王国维早年曾研究过德国思辨哲学，对形而上学表现出较浓厚的兴趣，但后来逐渐意识到形而上学虽"可爱"，但"不可信"，真正可信的是实证论。与严复一样，王国维所理解的实证论，既是近代科学方法，又包括实证论的经验主义及现象主义原则。王国维在把近代科学方法运用于史学研究的同时，也表现出注重现象关联的倾向，以为科学的首要目标在于"记叙事物"而"尽其真"，其史学研究主要即限于现象领域的考证。不过，王国维虽然肯定实证论为"可信者"，但又认为它并不可爱，因为实证论无法解决人生意义、终极关怀等问题。在王国维的以下这段话中，很典型地表露出其复杂的心态："知其可信而不能爱，觉其可爱而不能信，此近二三年中最大之烦闷。"（《静庵文集续编·自序二》）这种看法实际上已注意到了实证主义的限度。王国维的一生，即苦苦徘徊于可爱的形而上学与可信的实证论之间。

"五四"时期,胡适引入了第二代实证论——实用主义。作为实证论思潮的一个流派,实用主义对传统的形而上学同样采取了贬抑的态度,这一立场直接影响了胡适。与杜威一样,胡适主张对形而上学的问题以不了了之。不过,胡适同时又深受传统自然主义的影响,并承认:"在那个自然主义的宇宙里,天行是有常度的,物变是有自然法则的。"(《科学与人生观·序》)对宇宙内在法则的这种肯定,与实证主义(包括其支流实用主义)拒绝讨论现象之后的本体,显然有所不同。和实在论的这一趋向相联系,胡适还将自然主义引入人生之域,提出了自然主义人生观。这些看法,多少表现出对形而上学的某种容忍。在方法论上,胡适一方面接受了实证论的现象主义原则,以为认识只能限于现象和经验的领域,另一方面,又上承了清代朴学(乾嘉学派)等传统的方法论思想,并将传统方法与近代科学方法作了沟通,从而在一定意义上推进了传统方法论的近代化。

与胡适引入实用主义前后呼应,丁文江、王星拱着力将马赫主义介绍到了中国。就哲学形态而言,马赫主义大致也可归入第二代实证主义。与第一代实证主义一样,它以反形而上学为己任,并似乎在这方面走得更远。作为实证主义的两股支流,实用主义与马赫主义具有相近的哲学趋向,这种理论上的一致性,使它们在输入中国后,很快便彼此认同,并趋于合流。在科学与玄学的论战中,胡适便公开站在丁文江、王星拱一边,结成了所谓"科学派"。当然,相对而言,丁文江、王星拱的感觉论色彩更浓一些。从马赫主义的立场出发,他们往往把物质归结为感觉。不过,与马赫主义较多地关注科学和哲学的关系有所不同,丁文江、王星拱对人生观表现出相当的兴趣。事实上,丁、王对马赫主义的介绍和发挥，即发端于人生观的论战。在丁文江、王星拱看来，科学与人生观不能分家，人生观应当受科学的制约，正是在这里，体现了科学的统一性。一般而论，追求科学的统一性是实证主义的共同趋向，第一代实证主义者孔德便把实证哲学视为科学的综合，马赫则试图在认识论的基础上建立科学的统一性。在这方面，丁文江、王星拱无疑上承了实证主义的传统。也正是由强调科学的普遍性，丁文江、王星拱又表现出某种唯科学主义的趋向，把人生理解为一种类似物理或力学运动的过程。就此而言，丁文江、王星拱似乎又以更极端的形式，凸显了实证主义的内在缺陷。

如何克服实证主义的缺陷？这是实证论思潮自身演进中无法回避的问题。在冯友兰那里，这一问题多少得到了某种更为自觉的关注。冯友兰早年留学美国，以后逐渐接受了英、美的新实在论，并将其与中国传统哲学，特别是程朱理学加以会通，建立了自己的哲学体系。新实在论兴起于19世纪与20世纪之交，属于广义的实证主义思潮，在超越形而上学等问题上，与第一代实证主义基本一致。不过，它更为注重逻辑分析的方法。冯友兰首先拒斥了传统哲学中"坏"的形而上学，从而表现出与实证论相近的思路。但同时，冯友兰又认为，除了"坏"的形而上学之外，还有一种最"哲学的形上学"。后者的特点在于完全由形式命题或分析命题所构成，而不涉及实际的世界。而他试图重建的，也正是这样一种形式化的形而上学。通过净化传统的形而上学，冯友兰运用逻辑建构的方式，以理、气、道体、大全等范畴为主干，形成了其新理学的体系。这种新形而上学在理论上并不很成功，因为它追求哲学的形式化，而哲学按其本质而言是无法形式化的：一旦将其形式化，便意味着剔除一切实际的内容，其结果即是使之成为缺乏现实根据的思辨虚构。不过，它对实证主义的偏向却多少有所限制。实证主义在拒斥形而上学的同时,也拒斥了对世界统一性原理及发展原理的考察。当王国维感叹实证论无法解决"伟大之形而上学"问题时,便已注意到了实证论的以上局限。较之实证主义的偏狭眼界,冯友兰的新形而上学尽管仍带有思辨的特点,但毕竟重新确认了世界统一性原理与发展原理在哲学中的地位,从而对实证论起了某种纠偏的作用。

在认识论与方法论上,冯友兰融入了实证主义的经验证实原则,并吸取了新实在论及逻辑实证主义的逻辑分析方法,但同时又将命题分为两类,即本然命题与实际命题。本然命题以本然(自在)之理为内容,不管它是否为人实际地表述,它都是存在的;实际命题则以本然命题为依据,它乃是人们对本然命题的陈述。本然命题是永真的,实际命题唯有与之相符合,才具有真的性质。不难看出,所谓本然命题,无非是一种不依赖经验而存在的认识形式,它在本质上具有超验的性质。对这种命题的设定,与实证主义显然有所不同,而冯友兰也正是以本然命题的设定为依据,对实证主义(特别是逻辑实证主义)的约定论提出了批评。与设定本然命题相联系,冯友兰在肯定实证主义的逻辑分析方法的同时,又进一步主张由辨名而析理。在他看来,科学方法固然包含语义分析和句法分析,但对概念的这种分析(辨名)必须与析理(把握本然之理)联系起来。较之逻辑实证主义仅仅囿于语言的逻辑分析,冯友兰的视野似乎更为开阔一些。

冯友兰通过辨名析理而重建形而上学,最终乃是为了引导人们进入理想的人生境界,后者便涉及了道德哲学。在伦理学上,实证主义(特别是新实在论及后来的逻辑实证主义)的特点在于由传统的规范伦理学转向元伦理学(Meta-ethics)。元伦理学以道德语言的研究为主要内容,它在某种意义上把伦理学归属于道德概念与道德判断的逻辑分析。实证主义的这一趋向,也明显地影响了冯友兰。在道德哲学的研究上,冯友兰十分注重概念的澄清与净化。不过,他并不赞成新实在论及逻辑实证主义将伦理学仅仅归结为道德语言的分析,认为哲学应与人生相联系,并根据觉解(理性觉悟)的程度,将人生区分为四种境界。在冯友兰看来,要达到人生的最高境界(天地境界),便必须借助于本体论上的道体、大全等范畴。本体论与人生观的这种联系,蕴含着天与人、真与善相统一的运思倾向。相对于丁文江、王星拱以物理世界的因果法则来宰制人生,以及逻辑实证主义将人生逻辑化的趋向,冯友兰的如上看法无疑表现了不同的思路。

与冯友兰几乎同时,金岳霖也受到了新实在论的洗礼。金岳霖在20世纪30—40年代出版了《逻辑》、《论道》等著作,发表了一系列论文,并写成了《知识论》一书(此书完成于20世纪40年代初,在20世纪40年代后期已交商务印书馆排版,但由于各种原因,直到20世纪80年代才正式出版),从而形成了自己独特的体系。在新实在论影响下,金岳霖对传统的形而上学颇为不满。在他看来,传统的形而上学往往热衷于从宇宙本体的角度讨论心物关系等等,而这种心物之辨其实并没有多大意义。在《知识论》一书中,金岳霖便明确表明:"本知识论既不是唯心,也不是唯物的知识论。"这种超越唯心与唯物的要求,与新实在论大致一脉相承,体现的是同一种实证主义趋向。不过,在拒斥旧形而上学的同时,金岳霖并不完全否定"玄学"(形而上学)的意义:玄学虽然不一定增加我们的知识,但却可以给人以"情感的满足"(《论道》),并为解决其他哲学问题提供必要前提。正是以后者为根据,金岳霖又借用传统哲学的概念,将宇宙之道理解为一个"无极而太极"的过程。太极虽然无法达到,但却构成了一个"至真"、"至善"、"至美"、"至如"的境界。作为真、善、美、至如的统一,这种境界体现了人的价值理想,因而能给人以情感的满足。对形而上学意义的如上确认,已逸出了实证主义的立场。

较之冯友兰由辨名析理而指向人生哲学,金岳霖的关注之点更多地集中于认识论。按照金岳霖的看法,知识应当从感觉说起,"说知识有进步,简单地说,就是不同的正觉有增加"(《知识论》)。就其以感觉为知识之源而言,这种看法与实证主义无疑彼此相近。不过,实证主义主要上承休谟的经验论,以为认识无法超越感觉,从而将主体的感觉与外部对象隔绝开来。与之相对,金岳霖提出了"所与是客观的呈现"这一命题。"所与"即外物在感觉活动中的呈现,它既是感觉的内容,又是感觉的对象。换言之,内(感觉内容)与外(感觉对象)之间并不存在无法逾越的鸿沟,二者统一于所与。这一观点实质上肯定了感觉能够提供客观的实在,从而超越了实证论所坚持的休谟主义传统。

从以上前提出发,金岳霖进而分析了概念的作用,认为概念既摹状(摹写)所与,又规律(规范)所与。摹状即把所与符号化地安排于概念结构中,它表现为一个"得自所与"的过程;规律则是以得自所与的概念,进一步去接受新的所与,并对所与加以整理,它表现为一个"还治所与"的过程。不难看出,在概念的如上双重作用中,感性与理性表现为一种统一的关系,它在某种程度上已开始突破极端的经验主义立场。

在方法论上,金岳霖将归纳提到了重要地位,就此而言,其思路与实证主义又有相近之处。不过,与逻辑实证主义更多地将归纳理解为一种证明方法不同,金岳霖强调归纳是一个"事中求理"的过程,亦即把归纳与科学发现联系起来。更值得注意的是,在论证归纳原则可靠性时,金岳霖既从逻辑上作了细致而深入的考察,又将方法论与本体论结合起来，肯定对象之中本身存在着普遍的关联及真正的秩序，从而为由特殊到普遍的归纳提供了一个客观的根据。对归纳问题的这种解决方式，显然已越出了逻辑实证主义仅仅囿于逻辑分析之域的眼界。

概而言之，由严复开其端，中国近代的实证主义经历了一个演进和展开的过程，其中既体现了实证论的一般趋向，又呈现出自身的特点。历史地看，中国传统哲学在长期的发展过程中，逐渐形成了以古典人本主义为主流的衍化趋向，尽管传统哲学在认识论、方法论、逻辑学等领域也取得了某些重要的成果，但比较而言，在这些方面，传统哲学的研究确实显得相对薄弱。后期墨家固然建立了一个形式逻辑的体系，但在先秦以后，便几乎成为绝学；魏晋时期，名辩思潮一度中兴，并出现了《墨辩注》一类的逻辑学著作，但这种现象并未能持久，鲁胜的《墨辩注》也只保存下了其中的短序；唐代，印度的因明学传入中国，但并未引起广泛的注意，相对于佛理，作为逻辑的因明似乎很难得到认同；明清之际，西方的逻辑学体系（首先是亚里士多德的形式逻辑）开始输入，但问津者却并不多。与这种现象相应，古典认识论的研究，总是很难摆脱伦理学的纠缠，从孔子融合知与仁，到宋明理学沟通穷理与德性之知，认识始终未能取得康德所谓"纯粹理性"的形态，它使认识论的深入研究，多少受到了限制。相形之下，近代实证主义以认识论以及逻辑与方法论为重心，它的引入与阐发，对中国哲学自身的深化与拓展，无疑具有不可低估的意义。如果说，以广义的新儒家（从康有为到熊十力）为代表的近代人本主义思潮较多地表现为对传统哲学的认同，那么，中国近代的实证主义思潮则更侧重于推进传统哲学的近代化，二者构成了中国近代哲学两个不可忽视的方面。

倘若把中国近代实证主义思潮放在中西哲学交融的视野下加以考

察,那么,便可以进一步注意到它所具有的另一重涵义。从西方正统实证论的立场看,中国近代的实证主义似乎并未取得"纯化"的形态:相对于西方正统实证主义反形而上学的原则,中国近代的实证主义对形而上学这一类问题更多地表现出二重性:他们怀疑并批评旧形而上学,但又不完全拒斥一切形而上学,后者多少偏离了正统实证主义,并在某种程度上呈现出对人本主义的同情。这种温和的实证论态度,似乎已隐隐地流露出限制实证主义某些偏向的要求,而其更内在的意向则是化解人本主义与实证主义之间的紧张。

就社会文化思潮而言,实证主义与科学主义有着很难分离的联系。事实上,实证主义常常又被归属于科学主义思潮。相对而言,本书对实证主义所作的,更多的是哲学分析。同时,从理论上看,实证主义关注的主要是知识(Knowledge)之域,而哲学总是难以回避涉及性与天道的智慧(Wisdom)问题。如何沟通知识与智慧?这始终是困扰实证主义的理论难题。正是在这方面,当代哲学家冯契作了独特的探索,并由此形成了其广义认识论。这一理论可以看作是对实证主义的某种回应,它为解决以上难题展示了一种创造性的思路。为了提供一个更广的哲学—文化背景,书后特列若干篇分述近代科学主义、分析哲学、中国近代哲学以及冯契广义认识论的论文,作为全书的附录,以期从不同的参照背景上,更全面、深入地把握中国近代的实证主义思潮。

第一章

实证主义的东渐

中国哲学步入近代后,第一个比较系统地引入实证主义的人物是严复。作为真正受过西方哲学洗礼的哲学家,严复在中西哲学的交融会通中,表现出更多的近代特征。与康有为、谭嗣同等由糅合"以太"、"仁"等等而建构不中不西的思辨哲学不同,严复通过输入西方的实测内籀之学,从思辨的构造转向了实证的观念,而这种转化一开始便受到了西方实证主义的影响。当然,在告别古典哲学的同时,严复又始终没有摆脱传统哲学的深层浸染。这样,西方的实证论与中国传统哲学相拒而又相融,赋予严复的哲学以独特的形态,这一形态既构成了中国近代实证主义思潮的逻辑起点,又折射了近代中西哲学合流的历史走向。

一、实测内籀之学

当严复超越"技"、"器",从哲学的层面向西方寻求实测内籀之学时,他所遇到的首先是以孔德、穆勒、斯宾塞等为主要代表的第一代实证主义。[①] 从认识论与方法论上看,早期实证哲学包括两个方面:

首先是对近代实证科学方法的诠释与引申。孔德将培根以来注重事实的精神,视为实证哲学的基本要求,并把观察、实验、比较及历史等

---

① 严复主要是通过穆勒、斯宾塞、赫胥黎等来了解西方近代的"实测内籀"之学。西方哲学对严复的影响,也首先来自这些哲学家,而穆勒、斯宾塞、赫胥黎在哲学上均属于实证主义流派。

方法，列为自然科学与社会学的主要方法。①穆勒进一步将实证科学方法加以系统化与具体化，创立了完整的科学归纳法。斯宾塞则把科学方法分为三类，即抽象科学的方法（逻辑与数学方法）、抽象—具体科学的方法（物理学与化学等方法），以及具体科学（天文学、地质学、生物学等）的方法，并主张将这些方法同时引入社会学研究。②尽管实证主义者对科学方法的规定存在种种缺陷，如孔德将逻辑学排斥在实证科学之外，穆勒则表现出归纳万能的偏向等等，但是，注重近代实证科学方法，并将其纳入实证哲学之中，确实构成了实证主义的显著特征。

实证哲学的另一重要方面，是现象主义的原则。它首先表现为对实证科学方法适用范围的划界。在实证论看来，科学方法固然是自然科学与社会科学研究必不可少的手段，但它们只适用于现象界；现象之后的本质或本体超越了人的认识能力，科学方法在那里并无用武之地。孔德对此作了如下概述："人类的精神承认不可能得到绝对的概念，于是不再探索宇宙的起源和目的，不再求知各种现象的内在原因，而只是把推理和观察密切结合起来，从而发现现象的实际规律，也就是发现它们的不变的先后关系和相似关系。"③依此，则科学方法之功能，即仅仅限于描述现象及现象之间的联系。穆勒进而将这种现象主义原则与联想主义心理学结合起来，以为现象之间的恒常联系最终基于意念的前后相继，

---

① 参见 A. Comte, *The Positive Philosophy of Auguste Comte*, freely translated and condensed by Harriet Martineau, Cambridge: Cambridge University Press, 2009, Vol. 2, pp. 95–110.
② 参见 H. Spencer, *The Study of Sociology*, New York: D. Appleton and Company, 1899, pp. 22–42.
③ 洪谦主编：《西方现代资产阶级哲学论著选辑》，北京：商务印书馆，1964年，第26页。

从而把现象之间的关联还原为感觉的组合。

概而言之,实证科学的方法与现象主义的原则构成了实证哲学的两重内容,前者表现了它与近代实证科学的联系,后者则构成了其本质的特征:从总体上看,实证主义正是以现象主义的原则,作为实证方法的认识论基础。

实证主义的如上思想,对严复产生了多重影响。严复所感兴趣的,首先自然是实证哲学所涉及的近代科学方法。按严复之见,西方科学的昌明,主要根源其实测内籀之学。所谓实测内籀,也就是在即物实测(观察与实验)的基础上,通过归纳(内籀)概括出一般的公例(科学定律及一般原理),最后又将公例放到实验过程中加以验证,使之成为定理。严复特别强调归纳的作用,并将其与分析结合起来:"盖知之晣者始于能析,能析则知其分,知其分则全无所类者,曲有所类……而后有以行其会通,或取大同而遗其小异,常、寓之德既判,而公例立矣。"① 与外在的同异比较不同,分析的特点在于深入到对象之内部,把握其稳定的特性(常、寓之德)。严复对西方实测内籀之学的如上阐发,基本上导源于穆勒,而其内容则涉及了近代实验科学方法的各个环节。在爬梳于故纸、求大义于微言的经学之风尚未根除的当时,面向自然、即物实测的主张无疑给人以耳目一新之感,而其严于实证的要求,对不敢越圣训之雷池的经学独断论,则更是有力的冲击,它在中国近代思想界所引起的振荡,已远远超出了实证科学的范围。

然而,以实证主义为接受、引入西方科学方法的媒介,同时亦埋下了向消极方向发展的契机。如上所说,实证哲学一开始便与近代实验科学

---

① 王栻主编:《严复集》,北京:中华书局,1986年,第1046页。

有着历史联系与理论联系,这种联系使其现象主义的原则也带上了一层"科学"的光环,从而对推崇科学的严复具有同样的吸引力。这样,从西学格致到现象主义原则的过渡,便成为逻辑的必然。后者突出地表现在严复对实测内籀之学的进一步解释之上。在严复看来,科学的公例来自归纳(内籀),而归纳的范围总是不超出"对待之域"。所谓对待之域,也就是现象界;即物实测,主要限于现象界的对象,而公例则无非是现象之间恒常联系("常、寓之德")的概括。经验论的进一步推论,往往是现象与感觉的重合:现象总是通过感觉而为主体所感知,离开了感觉,现象对主体来说便是没有意义的,从而现象也就可以还原为感觉。英国的实证主义者赫胥黎曾作过如上推论,严复则重复了这一结论:"心物之接,由官觉相,而所觉相,是'意'非物。"①就此而言,认识不越对待之域,也就意味着认识不越感觉,用严复的话来表述,也即是:"可知者止于感觉。"②

不难看出,在实测内籀之学这一范畴中,既包容了近代实证科学的方法,又融入了现象主义的原则。二者的纠缠,构成了严复引入西学格致的显著特点,而这一特点又根源于实证主义本身的二重性:从斯宾塞的实证哲学中,严复既吸取了科学方法具有普遍性的观点,也接受了其认识不能超出表象的结论;从穆勒那里,严复既比较系统地了解了科学的归纳法,也输入了认识不越感觉的看法。当然,尽管孔德、穆勒、斯宾塞的实证哲学亦包含了近代科学方法的某些内容,但其注重之点,主要在于为近代科学方法规定实证主义的认识论基础。相形之下,严复则更

---

① 王栻主编:《严复集》,第 1377 页。
② 同上书,第 1036 页。

多地注目于科学方法本身。对他来说,重要的首先是西学格致(科学);实证论的现象主义原则之所以为他所接受,在很大程度上是因为它具有某种科学的外观。同时,严复对西方实测内籀之学的介绍阐发,乃是以近代中西哲学的会通交融为总的历史背景,西学的引入与传统的楔入,往往彼此交错,这一背景决定了严复在走向实证主义的同时,又常常逸出了实证论。

如前所述,严复认为,认识只能限于对待之域。不过,在他看来,这并不意味着不能探索现象的原因,相反,如果不求其故,则知识往往具有模糊混沌的缺陷。以因果关系为科学研究的任务,当然并非创见,英国实证论者穆勒即已把揭示因果关系列为实证科学的目标,并制定了探求因果关系的基本方法。但是,因果关系的本质究竟是什么?在这一问题上,严复与西方的实证主义产生了重要的分歧。按穆勒的看法,自然现象中存在着齐一性,而在所有的齐一性中,前后相继的齐一性最为重要;所谓因果律,无非是现象前后相继的齐一性,而因果观念则建立在关于现象前后相继关系的联想之中。这种观点实质上对因果关系作了现象主义—心理联想主义的解释。与之相异,依严复之见,知其所以然(求故)同时也就是一个由显而入隐的过程:"第不知即物穷理,则由之而不知其道;不求至乎其极,则知矣而不得其通……今夫学之为言,探赜索隐,合异离同,道通为一之事也。"[①]探赜索隐具体表现为"由粗以入精,由显以至奥"[②],亦即由外在的现象(显)深入到内在的规定(奥)。也正是在同一意义上,严复认为在社会政治的研究中不能停留于"形表":"夫

---

① 王栻主编:《严复集》,第52页。
② 同上书,第40页。

考政治而欲得其真,则勿荧于形表。"①总起来,从"由之而不知其道",到知其所以然之故的进展,便表现为一个从形表(外部现象)到内在之理的过程。严复的如上看法,明显地渗入了注重考察必然之理、普遍之道的传统哲学,在"即物穷理"、"道通为一"等命题中,我们便可看到这一点。不妨说,正是传统哲学的内在制约,使严复在接受实证主义原则的同时,又偏离了实证论之辙。

这种偏离,同样表现在对科学知识的理解之上。实证主义将科学法则规定为现象及现象间联系的描述,这同时也就意味着强调知识的相对性、不确定性,因为现象间的联系不管如何恒常,总是不可避免地带有相对的、不稳定的一面,而对它的描述,则往往受到主体的主观条件的制约。正是基于这一前提,实证主义强调必须把知识视为依赖于主体的"相对的东西"。在这一问题上,严复所持的是另一种看法。对严复来说,科学知识是普遍有效的,因而总有其绝对性的一面:"格致之事,一公例既立,必无往而不融浃消释。"②一旦把握了道,则可学穷千古:"夫道无不在,苟得其术,虽近取诸身,岂有穷哉?而行彻五洲,学穷千古,亦将但见其会通而统于一而已矣。"③对科学知识普遍有效的这种确信,可以看作是肯定由显而至奥的逻辑引申,它在本质上不同于实证主义的知识论。在严复与实证主义的如上分歧背后,我们既可以看到传统哲学的投影:公例无往而不适,在逻辑上即以道的普遍涵盖性为依据,而后者正是传统哲学根深蒂固的观念;又可以看到历史的内在制约:在严复那

---

① 王栻主编:《严复集》,第232页。
② 同上书,第871页。
③ 同上书,第1095页。

里,西学格致乃是中国走向近代化的必由之路,这种历史意识使严复对科学充满了近乎天真的信赖,并相应地疏离了实证论对科学知识的相对主义看法。

要而言之,严复对实测内籀之学的阐发,一开始便经过了实证主义的洗礼,这一历史特点决定了严复在引入西方近代实证科学方法的同时,也输入了实证论的原则,而以西学格致推进中国的近代化这一历史要求,又必然使前者居于更为主导的地位。这种主导地位与传统哲学的制约相融合,使严复在融入实证哲学的同时,又对实证论作了某种限制。

二、实证原则与功利主义

实测内籀之学要求从经验事实出发而达到普遍公例(一般原理),又以经验事实去印证由归纳分析而获得的公例。这种与经验科学相联系的实证精神在伦理学上往往导向功利原则。尽管功利原则主要涉及价值命题,而实测内籀则首先与事实陈述相关,但在以可经验的事实为依据这一点上,二者无疑有其相通之处:它们在某种意义上同属于经验主义这一总的范畴。

与注重实证的观点相应,严复反对脱离实际功利而谈义:"董生曰:'正谊不谋利,明道不计功。'泰东西之旧教,莫不分义利为二涂。此其用意至美,然而于化于道皆浅,几率天下祸仁义矣。"[①]谊即义,亦即应当,

---

① 王栻主编:《严复集》,第858页。

引申为一般的伦理规范;利在广义上则指利益、功效。所谓分义利为二,也就是撇开功效去考察义,而如此割裂的结果,即是使义变得抽象化,从而失去现实的约束力。严复的如上看法蕴含着一个基本前提,即道德应当以实际的功效为基础,而这一前提又与广义的实证精神合拍。

从反对义利分途的观点出发,严复进而对道德的功能作了考察。在他看来,道德之真正作用,即在于它能产生积极的社会效应,一旦道德沦丧,则必然将导致负面的社会结果:"须知东西历史,凡国之亡,必其人心先坏……惟此之关系国家最大。故曰德育尤重智育也。"①在此,人心之善恶,并不仅仅与抽象的伦理原则相联系,它已超出了道德本身而具有一种现实的社会意义。正是基于这一看法,严复对宋明的道学气节颇有微词:"赵宋之道学,朱明之气节,皆有善志,而无善功。"②质言之,如果某种行为仅仅有好的动机(善志),而不能产生好的社会功效(善功),则这种行为便不具有完善的道德意义。在这里,对效果的关注,显然已压倒了对动机的评价。

道德作为一种社会现象,总是具有二重性:就其起源、作用而言,它乃是以社会功利关系为基础,带有工具的性质(表现为满足人的合理需要,维系社会稳定的手段);但同时,作为人的尊严、人的理性力量的体现,道德又有其内在的价值,并相应地具有超工具的一面。前者赋予道德以现实性的品格,后者则体现了道德的崇高性。中国传统哲学以儒学为主流,儒学在总体上强调的主要是道德的内在价值,而对道德的功利基础及外在价值,则多少有所弱化:以正心诚意为道德的主要目标,便

---

① 王栻主编:《严复集》,第168—169页。
② 同上书,第1024页。

表现了这一特点。相对于以上传统而言,严复对"善功"的突出虽然有忽视道德内在价值的偏向,但同时毕竟更多地注意到了道德的现实社会功能。从反对离利言义,到强调"善功",功利的原则逐渐被提升为价值判断的普遍准则,而这种推绎又使功利主义获得了更为具体的规定。

功利作为善的内容,首先表现为行为的结果。在严复看来,这种结果并不是不可捉摸的抽象之物,而是可以用经验方式加以把握的感性对象。真正的利,总是能够对主体产生一种快乐的效应,而与利相对的害,则往往产生负面的效应(苦)。这样,善恶最终便可还原为苦乐:"人道以苦乐为究竟乎? 以善恶为究竟乎? 应之曰:以苦乐为究竟,而善恶则以苦乐之广狭为分。乐者为善,苦者为恶,苦乐者,所视以定善恶者也。"①此处之苦乐,乃是对行为结果的感性体验,尽管它在形式上与现象的感知有所不同(前者包含着评价的因素,后者则更多地侧重于认知),但二者本质上处于同一序列:均不超出经验的领域。将善恶规定为行为的功效(利害),又以感性的原则来界说这种功效,整个思维过程所循沿的,基本上是经验主义的路向。不妨说,正是在经验主义这一总的前提下,严复将实证的原则与功利的原则融合为一。

严复从实测内籀之学到功利原则的如上理论走向,在一定意义上折射了西方实证主义的逻辑行程。与后来的逻辑实证主义不同,以孔德、穆勒、斯宾塞等为代表的第一代实证主义既没有将伦理学(价值领域)的问题作为无意义的对象加以摒弃,也没有将这些问题的探讨仅仅归结为道德范畴的语义分析(元伦理学)。他们不仅保留了规范伦理学,而且都以目的论为其伦理学的基本主张。所谓目的论,也就是强调评判行为的

---

① 王栻主编:《严复集》,第1359页。

价值必须超出行为本身，而以行为的结果为根据。在第一代实证主义那里，这种目的论与功利原则大致重合：所谓行为效果，主要便是以利或害的形式表现出来的功利结果。孔德在其社会静力学中指出，每个人都有利己与利他之心，只有当利己与利他趋于统一时，社会才能达到和谐。尽管这里还没有直接将功利效果作为价值判断之准则，但它本质上仍是从利益关系上考察社会伦理现象。穆勒则明确地提出了功利原则，主张以是否增进幸福作为评判行为是非的准则，而所谓幸福与不幸，则又被理解为快乐与痛苦。① 斯宾塞同样没有超出功利主义的传统，在他看来，只有当行为即刻就使人愉快时，才是正当的。所谓即刻，强调的主要是行为的当下性、直接性。

可以看出，以行为的实际功效来规定善与恶，构成了第一代实证主义的共同特点。作为一种可经验的对象，行为的功效基本上不超出现象，这样，以行为的功效为善恶的内容，也就意味着在现象—经验的层面考察道德行为。就此而言，第一代实证主义的功利原则并未越出现象主义的轨辙；从实证原则到功利原则的过渡，同时也可以看作是实证主义本身的进一步展开。西方实证主义的这一逻辑演进，在理论上构成了严复在伦理学上走向功利主义的历史先导：从严复由引入实测内籀之学到推崇功利原则的哲学建构过程中，我们不难看到二者的渊源关系。

当然，在严复那里，功利原则同时又具有不同于西方实证论的内涵。西方的实证主义尽管并不绝对地主张以利己排斥利他（穆勒即认为应以最大多数人的最大幸福为道德的准则），但却以个体之利为主要的关注点。这种思维趋向在穆勒那里表现得十分明显。按穆勒之见，个人的发

---

① 参阅［英］约翰·穆勒：《功用主义》，唐钺译，北京：商务印书馆，1957年，第7页。

展、个体价值的实现,应当成为群体发展所趋的目标:"国家的价值,从长远看来,归根结蒂还在组成它的全体个人的价值。"①这样,以个人利益的实现为行为的出发点便是天经地义的了。与此相异,严复往往更多地将功效与群体之利联系起来。在他看来,道德原则固然不应敌视个体之利,但个体之利最终应当以群体之利为依归。就当时而言,国家的富强,乃是第一急务,无论是鼓民力、开民智、新民德,还是个人的自利自由,都应服从于这一总目标。换言之,个人的完善(德、智、力的发展),个人利益的实现(自利),乃是为了群体之救亡图强。② 自利之所以重要,即在于它是达到上述目标的有效手段:"积私以为公,世之所以盛也。"③从为公的原则出发,严复指出,一旦个体之利与群体之利发生冲突,则应以后者为重:"事遇群己对待之时,须念己轻群重。"④如果说,西方实证主义试图在个人利益与个人价值充分实现的基础上达到利己与利他的统一,那么,严复则要求在个体之利从属于群体之利的前提下,超越二者之对峙。

如前所述,由实证原则过渡到功利原则,这是严复与西方实证论走过的共同行程。然而,为什么在完成这一过渡之后,严复的看法与西方实证主义又发生了如上差异? 首先当然应从近代中西不同的历史背景中探寻其根源。与西方第一代实证主义所面临的时代旋律主要是自由竞争不同,严复所面对的是民族危机日趋严重的严峻事实。西方列强的

---

① J. S. Mill, *On Liberty and other writings*, edited by Stefan Collini, Cambridge: Cambridge University Press, 2016, p. 115.
② 王栻主编:《严复集》,第 27 页。
③ 同上书,第 101 页。
④ 同上书,第 360 页。

逼蹙,使救亡图强成为压倒一切的历史要求。在深重的民族危机下,群体的利益变得空前突出了,于是,西方自由竞争条件下居于中心地位的"个体自营",便逻辑地服从于"利用善群"的要求。

历史的制约同时又与传统文化的深层影响相联系。严复诚然对旧学作过多方面的批评,但这并不意味着摒弃一切传统,无论是在情感上还是在理智上,严复都没有割断与传统文化的联系,这一点,在他对传统伦理观念的态度上表现得尤为明显:"往自尧舜禹汤文武,立之民极,至孔子而集其大成,而天理人伦,以其以垂训者无以易……为国家者,与之同道,则治而昌;与之背驰,则乱而灭。"[①]此处之天理人伦,主要指在传统文化中占主导地位的儒家伦理,而"无以易"之断论,则表现了对这种人伦的肯定。与注重普遍之义相联系,儒家往往倾向于将整体置于个体之上。孔子对君子的要求,便是"修己以安人"[②]。质言之,个体之涵养,乃是以整体的认同(安人)为归宿。这一点,在儒家的经典《大学》中,阐述得更为明确。《大学》有所谓三纲八目之说,八目之中涉及群己关系的,即是"修身,齐家,治国,平天下"诸项,这既是儒家的个人理想,又是其社会理想,而整个逻辑行程则开始于修己(修身),终结于安人(治国平天下)。这种观点在后来的正统儒学中进一步向整体主义衍化。严复当然并没有完全认同正统儒学的整体主义倾向,他所说的群体与正统儒学的整体也有着不同的历史涵义,然而,儒家以修己从属于安人的观念,在民族存亡之秋多少适应了历史的需要。也正是这一点,使它又对严复产生了某种向心力:在严复"为公"、"善群"的主张中,我们多少可以看到

---

① 王栻主编:《严复集》,第168页。
② 《论语·宪问》。

其影子。如果说,实证精神在伦理领域的引申,使严复逻辑地趋向于功利原则,那么,传统的群己之辨与近代历史的双重制约,则使严复越出了功利原则与利己原则相结合的实证主义思路。

三、无对之域的双重意蕴

实证原则既展开于伦理领域,也制约着严复对一般存在的规定。根据实证原则,即物实测主要限于经验的范围,后者也就是所谓"对待之域":"吾生学问……亦尽于对待之域而已。"[①]与对待之域相对的则是"无对者"。对待与无对之分界,具有某种本体论的意义,对二者关系的界说与阐释,在一定意义上可以看作是实证原则在本体论中的进一步推绎。

关于对待之域,严复曾作了多方面的界定,综合其意,大致包含二重涵义:其一,所见所觉的现象。作为现象,对待之物不同于本体,而是依附于本体者。[②] 其二,具体事物。作为具体事物,对待之物本身又有本末之分:"物德有本末之殊。"[③]所谓本末之殊,与前文所提到的"显"与"奥"、"形表"与"理"之区分大致对应。正由于对待之域的具体对象本身表现为本末的统一,因而"尽于对待之域"与"由粗以入精、由显以主奥"

---

① 王栻主编:《严复集》,第1036页。
② 同上书,第1089页。
③ 同上书,第1036页。

的过程可以并行而不悖。从严复的如上规定中,可以看出,所谓对待之域,与西方实证主义所说的现象界既有相通之处,又并非完全重合。

对待之物无论是表现为附于本质的现象,还是作为本末统一的具体对象,都有相对性的一面。与此相异,无对者则是绝对的:"彼是对待之名词,一切世间所可言者,止于对待,若真宰,则绝对者也。"①这种绝对的存在,也就是一般的本体,用中国哲学的术语来表示,可称为"太极",以西方哲学的概念来表示,则是"庇音"(being),惟其普遍而绝对,故为"无对"。在严复看来,"无对者"并不是虚幻的,而是一种真实的存在。他既不同意培因取消"庇音"(being)的看法,也不满于黑格尔将"庇音"理解为无的观点,强调作为存在(being)的无对者,乃是引起感觉的终极原因:"'在'实与'有'同义,既有矣,斯能为感致觉,既感既觉,斯有可言,何可废乎?"②

然而,尽管无对者不仅是一种真实的存在,而且构成了感觉的原因,但它本身属于"不可思议"之域。所谓不可思议,也就是无法以一般的逻辑思维形式(名理)加以把握。为什么作为本体的无对者无法以一般的名理加以把握?严复从逻辑上作了解释。在他看来,理解某一对象,总是意味着将它归入一个更大的类,亦即使之为一个更普遍的定律或原理所涵盖,"如是渐进,至于诸理会归最上之一理,孤立无对,既无不冒,自无与通,无与通则不可解,不可解者,不可思议也"③。作为普遍的存在(being)或本体,无对者内在地关联着统一性原理。一般说来,单纯的形

---

① 王栻主编:《严复集》,第1106页。
② 同上书,第1039页。
③ 同上书,第1381页。

式逻辑在把握世界统一性原理上,确实有其自身的限度,形式逻辑总是在相对静止的状态中,将对象分隔开来加以考察,由此而获得的,往往是孤立的事实命题或抽象的普遍定律,而难以把握作为具体真理的统一性原理。严复以为无对者不能以一般名理来把握,显然不自觉地触及了这一点。然而,严复不了解,统一性原理尽管不能仅仅以普通的名理(形式逻辑)来思议,但却可以通过概念的辩证运动来把握。从总体上看,严复所倾心与推崇的,主要是穆勒名学(形式逻辑),正是将形式逻辑绝对化,使严复把本体(无对者)推到了不可思议之域。

就本体论的意义而言,对待之物主要与经验界相联系,而无对者则是一种超验的对象,这样,对待与无对的分界,便表现为经验界与超验界的对峙:经验界是可知的(可以思议的)领域,超验界则超出了人的认识能力(不可思议)。严复的如上看法,明显地打上了实证主义的印记。孔德在其《实证哲学教程》中便认为,探索那些始因或目的因,对我们来说是绝对办不到的。所谓始因,即是一般的本体。关于这一点,斯宾塞表述得更为明白:"终极的科学观念全都是关于实在的表象,而实在是不可思议的。"[①]不难看出,将本体视为超验的对象,并断言其超出了人的认识能力,这种思维趋向构成了第一代实证主义的基本特征。严复以不可思议来规定无对者,在理论上即导源于此。当然,在西方第一代实证主义那里,实在不可思议往往表现为经验论的直接推论(本体论问题超出了经验范围,故不可知),而在严复那里,无对者无法把握的论点,则既与经验论原则相联系,又是形式逻辑绝对化的结果。在这一点上,严复似乎更接近于后来的逻辑实证主义。

---

① H. Spencer, *First Principles*, Cambridge: Cambridge University Press, 2009, p. 66.

不过，与后起的逻辑实证主义强调形而上学命题无意义，因而主张拒斥形而上学不同，严复以为，超经验的无对之域虽然不可思议，但并非没有意义。如前所述，所谓不可思议，主要是指无法以形式逻辑的名理加以诠释和规定。在严复看来，如果不以这种诠释和规定作为追求的目标，那么，无对之域仍然可以讨论。换言之，形而上学作为一种经验的认识固然不可能，但在哲学建构中仍然有其作用，而在严复的哲学思想中，我们确实也可以看到形而上学的多重印痕。

在引入实测内籀之学的同时，严复也力图运用近代的科学观念，对宇宙万物作出哲学的说明。他曾指出："大宇之内，质力相推，非质无以见力，非力无以呈质。"①此处之质，又称化学原质，亦即原子，引申为由原子构成的具有一定质量的物体；力则指原子之间的化合与分解，以及物体之间的吸引与排斥。力体现于质，质又通过力而表现出来，二者相互作用，构成了整个宇宙的变化运动。对世界图景的如上描述，尽管运用了一些近代科学概念，但本质上仍属于自然哲学，其内容具有明显的形而上学色彩，实际上已超出了实证科学的领域。尽管严复认为"质"、"力"的存在形式本身是一个难以思议的问题，但这并不妨碍他借助这些范畴来建构自然哲学层面上的世界图景。在这里，经验论及形式逻辑意义上的不可思议与哲学上的有意义，并行而不悖，正是通过后者，形而上学获得了立足之地。

就社会领域而言，其变迁运动存在着一种"莫知其所由然"的必然性，这种必然性严复称之为"运会"："夫世之变也，莫知其所由然，强而名

---

① 王栻主编：《严复集》，第1320页。

之曰运会。"①肯定社会演变过程中存在着"运会"(必然性),体现的乃是一种历史哲学的观点,它同时可以看作是对社会历史现象的一种形而上学的看法。历史运会作为决定社会变迁的普遍必然性,其本质究竟是什么?在严复看来,这是不可知的("莫知其所由然")。然而,运会之本质超出人的认识能力,并不意味着对它的考察毫无意义。按严复之见,历史上的伟大人物(圣人)虽然莫知运会之所由然,却仍然可以通过运会所表现出来的具体趋势"裁成辅相",以安定天下。在这里,肯定运会存在这种形而上的信念,既构成了历史哲学的内容,又涉及历史的实际进程。

与自然哲学与历史哲学的如上观点相联系,严复同时表现出一种将科学加以提升和泛化的趋向。在这方面,最为明显的自然是对进化论的引申和发挥。近代意义上的进化论以生物发展规律为内容,因而首先表现为一种实证科学的理论。然而,尽管严复完全了解进化论的科学真谛,但在他那里,进化论并不仅仅被视为生物学的理论,它一开始便被理解为一种普遍的天演之学,从而获得了世界观的意义。从自然的演化到社会的盛衰,几乎无不涵盖于"天演"的公例之下,而"物竞天择"则作为普遍规律而构成了变法图强的形而上根据。简言之,天演之学既是一种自然哲学,又是一种政治哲学乃至价值哲学,其涵义已远远超出了实证科学。

不难看出,尽管严复把"形而上"的无对之域排除于科学认识之外,但并未进而将其从哲学领域清洗出去。对形而上学如此容忍的背后,是对哲学的世界观功能的肯定。这种思维趋向显然有别于西方的实证主义,在本质上与中国传统哲学有着更为切近的关系。回溯中国哲学的历

---

① 王栻主编:《严复集》,第1页。

史演进过程,我们可以注意到一种引人瞩目的传统,即注重形而上之道。道家以道为最高本体,并要求"技进于道";儒家虽然关心日用人伦,但同时又强调人伦乃是形而上之道的体现,正是基于后者,他们主张"君子不器",并追求一种"弥纶天地之道"的境界;在宋明理学中,儒道的以上倾向又与佛教的超验观念相结合,获得了进一步的发展;当然,此外还有朴素元气论的传统。尽管严复对传统哲学中的思辨倾向颇有微词,但并未因此而完全游离传统。作为一种深层的观念,传统哲学仍然内在地制约着其运思趋向。从严复的文著中,我们可以一再地看到这一点:"老谓之道,《周易》谓之太极,佛谓之自在,西哲谓之第一因,佛又谓之不二法门。万化所由起讫,而学问之归墟也。"①"道之本体,无小大也。语小莫破,语大无外,且无方体,何有比较? 一本既立,则万象昭回。"②如此等等。这里不仅仅是借用传统的概念,而且是对传统哲学的引申与阐发,而其注重之点,则是传统的形而上学。传统思想的如上融入,对实证主义反形而上学的要求,无疑具有某种抑制作用。

从更广的视野看,西方实证主义思潮的兴起,与近代科学的发展有着难以否认的联系,就一定意义而言,实证主义一方面试图对近代科学的方法与成果作出哲学的总结与说明,另一方面又力图以科学为模式,以实现所谓哲学的科学化。这一总的发展格局,决定了在西方实证主义那里,反形而上学必然成为自觉的、主导的趋向;而消解哲学的世界观功能,则是如上趋向的逻辑结果。相形之下,严复的实证哲学主要以社会变革为其历史背景。走向近代这一历史主题,既要求格致(科学)的发

---

① 王栻主编:《严复集》,第1084页。
② 同上书,第1090页。

展,又以政治文化各个方面的深层转换为其内容。如果说,发展科学的时代呼唤使严复在引入实测内籀之学的同时,又接受了与之相纠缠的实证主义观念,那么,变革政治文化的急迫任务则使严复不能不正视哲学的世界观功能。他之强调历史运会虽不可思议,但人们对它并非无能为力;他之将进化论泛化为"天演哲学",等等,正是试图为社会变革提供一种形而上的根据与范导。质言之,实证哲学与"形而上学"的双峰对峙,在某种意义上折射了中国近代社会变革的双重内容。

第二章

徘徊于形而上学与实证论之间

实证论与形而上学的对峙,既困扰着严复,也制约着尔后具有实证主义倾向的哲学家。在王国维那里,如上对峙进一步展开为"可爱者"与"可信者"的内在紧张。王国维曾倾心于"可爱"的形而上学(首先是德国思辨哲学),但又难以对其产生理智的确信;他亦曾以实证论为"可信者",并长期在史学上从事实证的研究,但又因其不可爱而未能与之形成情感上的认同。王国维的一生,始终未能解决"可信"与"可爱"的二律背反,这种现象从一个侧面反映了中国实证主义的内在特点。

一、从形而上学到实证论

王国维与严复同处于中西哲学和文化冲撞交融的时代。和严复一样,王国维相当敏锐地注意到了西学东渐这一历史趋向,并以极大的热忱了解、引入西方的思潮。不过,与严复一开始便沉浸于英国的实证主义不同,王国维最初更多地注目于康德、叔本华、尼采的哲学。他曾潜心研究过康德的《纯粹理性批判》《实践理性批判》《判断力批判》及叔本华的《作为意志与表象的世界》,并颇受其影响。在《汗德(按:今通译康德)像赞》《叔本华之哲学及教育学说》《叔本华与尼采》《释理》等文中,王国维对康德、叔本华、尼采的哲学作了多方面的介绍,推崇备至。

从西方哲学的演变看,康德哲学大致属于德国古典哲学,叔本华与尼采则已步入现代。后者尽管与实证主义差不多同时崛起,但所代表的则是一种不同于实证论的思潮。与实证主义追求哲学的科学化不同,叔本华、尼采等更多地关注于人的存在,并将人的意志(意欲)提到了本体的地位,从而构成了现代西方人本主义思潮的重要支流。而当时的王国维,恰好常常为人生等问题所困扰:"人生之问题,日往复于吾前。"①这样,德国的人本主义哲学便对他有了一种特殊的吸引力,并很容易使他产生心灵上的共鸣。事实上,在其思想发展的初期,王氏确实接受了不少康德、叔本华、尼采的观点,从他对宇宙本质的看法中,我们便不难窥见这一点:"宇宙,一生活之欲而已。"②这种断论,与叔本华基本上同出一辙,其思辨色彩相当浓厚。

当然,尽管王国维深契于德国哲学,但他所接触的西方思潮并非仅止于此。早在1898年,王氏便已到新学颇盛的上海,并在为《时务报》工作的同时,又到罗振玉办的东文学社学习,当时所学的科目即包括自然科学(如数学、物理)。1901年,他又东渡日本,并拟专修物理学,尽管这段时间并不很长,留学日本学习物理学的计划也因病半途而废,但这毕竟使王国维初步地对西方近代的实证科学有所了解。正是基于这种初步的了解,王国维认为数学、物理学"为最确实之知识"③。这种信念对王国维后来在哲学上的转向,无疑具有潜在的作用。同时,在系统研究哲学的时期,王国维尽管把主要精力放在康德、叔本华等人的著作上,但对英国的经验论者如洛克、休谟的著作同样有所涉猎,并由此兼及实证主义者斯宾塞等人的思想。④ 这一治学背景,对后来王国维思想的变化

---

① 王国维:《静庵文集续编》,《王国维遗书》第5册,上海:上海书店出版社,1983年,第20页。
② 王国维:《静庵文集》,《王国维遗书》第5册,第48页。
③ 同上书,第1页。
④ 当然,当时他对斯宾塞等人的思想评价并不很高,以为他们只是"第二流之作者"。(王国维:《静庵文集续编》,《王国维遗书》第5册,第21页)

显然也有不可忽视的影响。

经过一段时期的哲学沉思,王国维渐渐对最初所信奉的"伟大之形而上学"产生了怀疑。尽管在情感上,王氏对形而上学始终依依难舍,因为困扰着他的人生问题并没有在根本上得到解决;然而,在理智上,作为一个受过近代实证科学思想初步洗礼的学者,王国维又不能不承认思辨的形而上学并不可信。在30岁时所作的《自序》中,王国维终于得出了如下结论:

> 伟大之形而上学,高严之伦理学,与纯粹之美学,此吾人所酷嗜也。然求其可信者,则宁在知识论上之实证论,伦理学上之快乐论,与美学上之经验论。知其可信而不能爱,觉其可爱而不能信,此近二三年中最大之烦闷。①

所谓不可信,并不是指形而上学没有意义,而是意味着它不能作为知识而存在,换言之,形而上学作为知识是不可能的。在可爱的形而上学与可信的实证论之冲突中,王国维的注意之点开始逐渐转向了后者。

王国维在哲学上的这一转向,有其思想发展的内在逻辑。王国维接触最早的是康德哲学。在30岁以前,他曾数次研究康德的著作,尽管他后来也常常提到叔本华的观点,并时露赞赏之意,但康德哲学对他的影响无疑更为深沉。从理论上看,康德哲学具有两重特性,一方面,与后来的实证主义不同,康德尽管对传统的形而上学有所批评,但对形而上学仍采取了比较宽容的态度,在他看来,传统形而上学的偏失主要在于未

---

① 王国维:《静庵文集续编》,《王国维遗书》第5册,第21页。

能将自身与科学加以区分,并试图以科学的知性范畴去解决自身的问题;如果形而上学不超越自身的界限,那么它仍然是有意义的。正是基于后者,康德肯定了物自体的存在,并设定了灵魂(精神现象的统一体)、世界或宇宙(物理世界的统一体)、上帝(作为以上两者统一体的最高根据)三大理念。就此而言,康德显然还带有较浓的思辨哲学色彩。但另一方面,康德又表现出某种净化科学的趋向,强调知识必须建立在感性直观的基础上,先天的直观形式与知性范畴应作用于经验材料,并对先验与超验作了区分,要求拒斥一切超验的运思方式。这种看法在某种意义上将传统的形而上学逐出了科学的领域。就此而言,又可以把康德视为现代实证主义的历史源头之一。康德哲学的如上两重性,决定了从康德出发可以朝不同的方向发展。叔本华把康德的物自体理解为意志,并从意志主义的角度对康德哲学中的思辨(形而上学)倾向作了引申,这一进路主要从形上的方向发展了康德哲学。

与叔本华不同,王国维在接受康德形而上学观点的同时,对其注重经验作用、反对超验的思维方法这一面也极为关注。在研究德国哲学时期所写的文著中,他曾一再地强调直观及经验的作用:

夫一切名学上之证明,吾人往往反而求其源于直观。①
真正之知识,唯存于直观。②
故书籍之不能代经验,犹博学之不能代天才,其根本存于抽象的知识不能取具体的知识而代之也。书籍上之知识,抽象的知识

---

① 王国维:《静庵文集》,《王国维遗书》第5册,第34页。
② 同上书,第37页。

也,死也;经验的知识,具体的知识也,则常有生气。①

对经验直观的注重,由此可见一斑。这种看法与康德拒斥超验知识的主张显然前后相承。正是从这一前提出发,王国维对谢林、黑格尔的思辨哲学提出了批评:"如希哀林(今通译谢林——引者)、海额尔(今通译黑格尔——引者)之徒专以概念为哲学上惟一之材料,而不复求之于直观,故其所说非不庄严宏丽,然如蜃楼海市,非吾人所可驻足者也。"②这里已注意到了思辨哲学之弊,即在于离开经验直观而建构抽象的体系,换言之,概念的构造一旦脱离了现实的经验,便会成为空中楼阁。也正是基于同样的观点,王国维对叔本华的思想提出了责难:

叔氏之说半出于其主观的气质,而无关于客观的知识。③

在此,客观知识已被置于主观的玄思之上,它表现了王国维与叔本华的重要分歧;可以看出,对叔本华的如上批评背后,已蕴含着某种实证的趋向。

如果说,康德对超验知识的拒斥内在地制约着王国维的思维取向,那么,近代科学思潮的影响以及对经验主义哲学的接触与涉猎,则从更广的文化背景上强化了如上趋向。二者交互作用,使王国维的学术视域逐渐由"可爱"的形而上学转向了"可信"的实证论。

---

① 王国维:《静庵文集》,《王国维遗书》第5册,第37页。
② 王国维:《静庵文集续编》,《王国维遗书》第5册,第32页。
③ 同上书,第1页。

二、实证论的双向展开

如前所述,实证主义作为一种哲学思潮,一开始即与近代实证科学的发展结下了不解之缘。对科学的本质、科学方法的基本原则的规定和解释等等,始终是实证哲学的重要关注之点。尽管实证主义对科学方法的理解往往存在种种偏失,但注重科学方法并强调其普遍有效性,确实使其不同于一般的思辨哲学。也正是如上特点,使它对追求"客观知识"的中国近代思想家具有一种"可信"的内在力量。与严复一样,王国维所理解的"实证论",首先即与该理论中所涉及的科学方法相联系;换言之,在"实证论"的形式之下,王氏首先引入西方的科学方法。从王国维的如下论述中,我们便不难看到这一点:"故今日所最亟者,在授世界最进步之学问之大略,使知研究之方法。"① 这里既表现了一种历史紧迫感,也体现了高度的理论自觉。

那么,中国究竟需要什么样的方法?王国维通过中西思维方式的比较,对此作了考察:"我国人之特质,实际的也,通俗的也;西洋人之特质,思辨的也,科学的也,长于抽象而精于分类。"② 这里所说的思辨,主要不是指形而上学的哲学思辨,而是与形式逻辑的思维方式相联系,因此,中西思维方式上的如上差异,具体便表现为名学(逻辑)发展程度的不同:

---

① 王国维:《静庵文集续编》,《王国维遗书》第5册,第41页。
② 王国维:《静庵文集》,《王国维遗书》第5册,第97页。

夫战国议论之盛不下于印度六哲学派及希腊诡辩学派之时,然在印度则足目出而从数论、声论之辩论中抽象之而作因明学,陈那继之,其学遂定;希腊则有雅里大德勒自哀利亚派诡辩学派辩论中抽象而作名学;而在中国,则惠施公孙龙等所谓名家者流徒骋诡辩耳,其于辩论思想之法则固彼等所不论而亦其所不欲论者也。故我中国有辩论而无名学。①

在王国维以前,严复已开始注意到中国人忽视形式逻辑的问题,王国维的如上看法继严复之后更明确地突出了这一点。尽管断言中国无名学似乎并不十分确切,因为事实上先秦的后期墨家已经建立了一个形式逻辑的体系,但相对于西方而言,形式逻辑在中国长期没有得到应有的重视,这确实是无可讳言的。墨辩(后期墨家的逻辑学)在先秦以后几乎成为绝学,便是一个明证。就此而言,王国维认为中国人短于逻辑分析,确乎触及了中国传统思维方式的弱点。也正是有见于此,王氏特意迻译耶方斯的《辩学》,将西方的逻辑学系统地介绍到中国。在这方面,王国维与严复表现出同样的历史眼光。

运用逻辑分析的方法,王国维对传统的哲学范畴作了种种疏解与辨析。"性"是中国传统哲学中的重要范畴,然而,按王氏之见,以往的哲学家常常"超乎经验之上"以言性,故往往陷于自相矛盾,无论是性善说还是性恶说,都不能避免这一归宿:"孟子曰人之性善,在求其放心而已。然使之放其心者谁欤?荀子曰人之性恶,其善者伪(人为)也。然所以能

---

① 王国维:《静庵文集》,《王国维遗书》第5册,第97—98页。

伪者何故欤？"①在此，王国维着重从逻辑上揭示了传统人性范畴的内在缺陷，这种方法确实体现了一种近代哲学的特征。"理"是中国哲学中另一重要范畴，宋明以后，理的地位进一步提升，从而在某种意义上成为理解宋明以来传统哲学的关键性范畴。王国维曾撰《释理》一文，对理的内涵作了细致的阐释。就其原始的语义而言，"所谓理者，不过谓吾心分析之作用及物之可分析者而已矣"②。展开来说，理又有广狭二重涵义。广义的理即理由，它既是指事物所以存在之故，即原因，又是指逻辑推论中的论据；狭义的理即理性，亦即主体形成概念以及确定概念之间联系的思维能力。然而，在程朱理学那里，"理"同时被赋予了一种形而上的意义，并具有伦理学上的价值。③ 对理的内涵的这种辨析无疑是相当细致的，它不仅考察了理的原始含义及其内涵的演变，而且将认识论意义上的理与形而上学意义上的理作了明确区分，整个界说显得具体而清晰。对传统哲学范畴的如上逻辑分析，体现了与严复相同的思维趋向，它实质上从一个侧面推进了中国哲学的近代化。

不过，与严复基本上着重于西学的东渐不同，王国维在引入西方近代的科学方法（包括逻辑方法）的同时，又以其独具的眼光，注意到了西学与中学的沟通问题。在他看来，学问之事本无中西，因为科学追求的是真理，而真理并不因中西而异。质言之，中学与西学并非彼此排斥，而是相互统一的：

---

① 王国维：《静庵文集》，《王国维遗书》第5册，第1页。
② 同上书，第12页。
③ 同上书，第13—24页。

居今日之世,讲今日之学,未有西学不兴而中学能兴者,亦未有中学不兴而西学能兴者。①

中西二学,盛则俱盛,衰则俱衰,风气既开,互相推助。②

这里不仅体现了一种开放的学术心态,而且敏锐地折射了近代中西文化(包括哲学)融会的历史趋势。拒斥西方的学术与思想,固然将阻碍中国传统思想、学术的近代化;但如果完全无视传统文化,则西学也将因缺乏必要的结合点而难以立足。换言之,外来思想"即令一时输入,非与我中国固有之思想相化,决不能保其势力"③。正是基于如上的历史自觉,王国维并不限于对西方近代科学方法的介绍和运用,而力图进一步找到它与传统的结合点。

王国维在转向可信的实证论之后,其主要的注意力便开始放在史学研究之上。从戏曲史到殷周历史,从甲骨文、金文到汉晋竹简和封泥等等,王国维都作过系统的研究。就总体而言,这种研究主要与史实的辨正考订相联系,它在某种意义上可以看作是乾嘉学派工作的继续。乾嘉学派发轫于清初,极盛于乾嘉二朝,在音韵、训诂、校勘、辨伪等方面曾取得了空前的成就,对古代文献的整理作出了难以抹煞的贡献。在治学方法上,乾嘉学派揭橥实事求是的原则,主张从证据出发,博考精思,无证不信。这种方法体现了一种实证的精神,它在本质上与近代实证科学方法彼此一致。王国维已注意到这一点:"夫学问之品类不同,而其方法则

---

① 王国维:《国学丛刊序》,《观堂别集》卷四,《王国维遗书》第4册,第8页。
② 同上。
③ 王国维:《静庵文集续编》,《王国维遗书》第5册,第96页。

一……乾嘉诸老,广之以治经史之学。"①正是基于如上的事实,王国维在从事甲骨文、金文等实证研究的同时,又从理论上对西方近代科学方法与乾嘉学派的传统方法作了多重沟通,并以此作为中西二学的具体结合点。②

在王国维以前,严复曾对近代西方的科学方法作了比较系统的介绍。不过,如前所述,严复在总体上主要注重于引入西学,对传统方法则不仅有所忽视,而且多少表现出贬抑的趋向,如他曾把乾嘉考据学(清代考据学)与宋明的性理之学相提并论,以为二者皆"无用"、"无实",从而一概加以否定。这种笼统的贬弃,使严复对西方科学方法的介绍和引入带有某种游离于中国传统的特点。章太炎已注意到了严复的如上局限,曾批评严复在介绍西学时"与此土(中国)历史习惯固相隔绝"(《菿汉微言》)。与严复不同,章太炎更多地注重于对传统方法(包括乾嘉学者的治学方法)的发挥。不过,章氏由此又表现出另一偏向,即低估西方近代文化(包括实证科学方法)。按章太炎之见,中国在医学、音乐、工艺等方面都远胜于"远西",因而不必"仪刑"(效法)西方,在学术上,中国的历史学也超过他国。正是基于这些看法,章氏反对运用地下考古实物以证史。相形之下,王国维则开始将引入西学与反省传统统一起来,并由此在科学方法上对近代西学与传统中学作了会通,从而扬弃了严、章之弊。正是通过如上的结合与沟通,王国维在史学研究中取得了世所公认的成就。郭沫若曾说:"他(王国维——引者)对甲骨文的研究、殷周金文的研

---

① 王国维:《观堂遗墨·致沈曾植七十寿序》。
② 参见拙作:《从中西古今之争看中国近代方法论思想的演变》,《福建论坛》,1988 年第 1 期。

究、汉晋竹简和封泥的研究是划时代的工作。"(《历史人物·鲁迅与王国维》)这确系中肯的评价。

然而,在王国维那里,除了近代科学方法之外,实证论还具有另一重意义。实证论作为一种哲学思潮,固然一开始便与近代的实证科学(包括实证科学方法)有着历史与理论上的联系,但在对科学的本质及科学方法基础的理解上,却又深深地浸染着经验论及现象主义的原则。后者同样也影响着王国维:在实证论的形式下,王国维既引入西方近代的科学的方法,并将其与传统方法作了种种沟通,同时又在某种程度上接受了经验论与现象主义的原则。

实证论的现象主义倾向首先表现为反形而上学的立场,王国维在接受实证论时,同样表现出类似的倾向。他曾对超验的存在提出了质疑:

> 古今东西之哲学往往以"有"为有一种之实在性。在我中国则谓之曰太极、曰玄、曰道,在西洋则谓之神,及传衍愈久,遂以为一自证之事实而若无待根究者。此正柏庚(培根——引者)所谓种落之偶像,汗德(康德——引者)所谓先天之幻影。人而不求真理则已,人而唯真理之是求,则此等谬误不可不深察而明辨之也。①

与批评中西传统哲学中的超验倾向相应,王氏对理的形而上学也提出了责难:"要之,以理为有形而上学之意义者,与《周易》及毕达哥拉斯派以数为有形而上学之意义同,自今日视之,不过一幻影而已矣。"② 这种责

---

① 王国维:《静庵文集》,《王国维遗书》第5册,第20页。
② 同上书,第19页。

难无疑包含着对传统思辨哲学的否定,因而在理论上并非毫无意义。但是,由批评形而上学,王国维又把理完全划入了主观之域:"理者,主观上之物也。"①这就否认了存在着经验现象之外的客观规律与本质;换言之,王氏在扬弃形而上学的同时,又对作为对象真实规定的规律与本质表现出某种怀疑论的态度。

与拒斥超验之道和理相应,王国维在史学研究中所注重的主要是事实的考订,如由甲骨卜辞与《史记》等文献之参互比较,证明卜辞中的王亥即《史记·殷本纪》中的"振",并由此进而考证出殷代先王的世系;由殷周出土古文的考证,否定了"史籀"为人名的传统说法;通过金文及先秦文献的比较研究,推断鬼方、昆夷等族即匈奴等等。这些考证诚然具有相当高的学术价值,但从史学研究的角度看,它基本上没有超出历史事实的层面,这种事实在某种意义上属于广义的现象领域。按王国维之见,这种现象领域中的事实考证,便构成了科学的主要内容,因为科学的首要目标即在于"记述事物"并"尽其真"。② 不难看出,王国维对史学研究与科学的如上理解,内在地带有某种现象主义的印记。

当然,王国维于事实考订之外,也要求在科学研究(包括史学研究)中"明其因果"。然而,这并不意味着他已离开了实证论的立场,此处之关键在于对因果关系的理解。与现代西方的实证主义一样,在这一问题上,王国维基本上接受了休谟和康德的看法:

> 休蒙(即休谟——引者)谓因果之关系,吾人不能直观之,又不

---

① 王国维:《静庵文集》,《王国维遗书》第5册,第18页。
② 王国维:《国学丛刊序》,《观堂别集》卷四,《王国维遗书》第4册,第6—7页。

能证明之者也。凡吾人之五官所得直观者,乃时间上之关系,即一事物之续他事物而起之事实是也。吾人解此连续之事物为因果之关系,此但存于吾人之思索中,而不存在于事物。……(康德)视此律为主观的而非客观的,实与休蒙同也。①

休谟、康德的如上因果论,王国维称之为"不可动之定论"②。依据这种理解,则所谓"明其因果"不外是对现象(事物)相继关系的主观安排和整理,而并不表现为对事物内在联系的揭示。这种观点可以看作是强调"理"为主观之物的逻辑引申,它既渗入了康德哲学的因素,又在总体上明显地表现出实证主义的倾向。

三、实证论的限度:二难困境

王国维在引入西方近代科学方法的同时,又接受了经验论与现象主义的原则,从而使其"实证论"获得了双重内涵。就总体而言,无论是前者抑或后者,都表现为对其早期信奉的形而上学之扬弃。然而,扬弃形而上学并不意味着完全否定形而上学。尽管王国维在阐发实证论原则时对形而上学颇有微词,甚至略有责难之意,但这更多地表现为反对以形而上的实体为科学知识的对象。对形而上学本身的意义,王国维始终

---

① 王国维:《静庵文集》,《王国维遗书》第5册,第18—19页。
② 同上。

没有从根本上加以否认。从王氏的如下论述中,我们便不难看到这一点:"虽一物之解释,一事之决断,非深知宇宙人生之真相,不能为也。"①知宇宙人生,本质上属于形而上的思考,而它同时又构成了事实考察的前提之一。质言之,虽然形而上学本身并不构成科学知识的对象,但它仍可对实证的研究产生影响。对形而上学的这种容忍,在某种意义上带有康德哲学的痕迹。如前所述,王国维最初便是从康德哲学转向实证论的,康德哲学的二重性既为王国维接受实证论提供了内在契机,也决定了王氏难以完全摆脱形而上学。

事实上,在实证研究的整个过程中,王国维一直未曾忘怀于形而上学。尽管以考释事实为主要目标,但王氏总是将求真纪实与人的存在联系起来,亦即在事实考证中渗入形而上的关怀:

> 迂远繁琐之讥,学者有所不辞焉。事物无大小远近,苟思之得其真,纪之得其实,极其会归,皆有裨于人类之生存福祉。②

对存在的这种关切,与实证论的唯科学主义倾向显然有所不同。它表明,尽管王国维在理智上承认实证论的可信,并由此转向了实证的研究,但早期在情感上对形而上学的依恋偏爱始终存在于其意识的深层。

按王国维的看法,人总是有形而上学的需要,这种需要往往超乎直接的功利而与终极的存在及人的情感等等相联系;相对于物质欲望而言,它具有恒久的意义。哲学及艺术的功能即在于满足人的形而上的需

---

① 王国维:《国学丛刊序》,《观堂别集》卷四,《王国维遗书》第4册,第9页。
② 同上。

要,正因如此,故它们虽不能提供当下的功用价值,却仍然是最神圣、最尊贵的:"天下有最神圣、最尊贵而无与于当世之用者,哲学与美术是已。"①对哲学功能的这种理解,与追求哲学的科学化之实证论倾向,意味相去颇远。在王国维看来,与哲学不同,科学诚然能给人以功利之便,但相对于人的超越的精神需要而言,又是一种"干燥"之物,并不能给人以形而上的慰藉。② 这种观点已超越了实证论的科学主义倾向,而带有某种人本主义的色彩。

以上看法当然绝非仅仅是王国维早期思想的残痕。事实上,在王国维学术生涯的后期,它取得了更为明确的形式。1924 年,也就是王氏告别人世前三年,王国维在给溥仪的信中曾这样写道:

> 夫科学之所能驭者,空间也,时间也,物质也,人类与动植物之躯体也。然其结构愈复杂,则科学之律令愈不确实。至于人心之灵及人类所构成之社会国家,则有民族之特性,数千年之历史与其周围之一切境遇,万不能以科学之法治之。③

这既是其内在情感的真实流露,又是其哲学见解的自觉表述,而其中的主要观念则是科学不能解决社会人生的问题。后者在形式上主要是对科学功能的限定,然而,在这种限定背后所蕴含的乃是更高层面上对实证论的看法。它表明,以科学化为目标的实证主义,不可避免地有其自

---

① 王国维:《静庵文集》,《王国维遗书》第 5 册,第 100 页。
② 王国维:《静庵文集续编》,《王国维遗书》第 5 册,第 45 页。
③ 王国维:《上逊帝溥仪书》,转引自王德毅:《王国维年谱》,台北:中华学术著作奖助委员会,1967 年,第 285 页。

身的限度,正如科学不是万能的一样,实证论也不是万能的。

当然,强调科学的限度,并不意味着拒斥科学及推崇科学的实证主义。事实上,对科学的价值王氏并无否定之意,就在上引给溥仪的同一封书信中,王国维便承认:"至西洋近百年中,自然科学与历史科学之进步,诚为深邃精密。"①同样,王国维也并未对实证论之可信表示怀疑。换言之,在一定的限度内,科学与实证主义总是有其存在的合理性。相应地,形而上学诚然能给人以情感及终极关怀意义上的满足,但这也并不意味着形而上学已进入了实证的层面,在对物理世界的解释上,形而上学同样有自身的限度。

于是,问题便再一次回到可信与可爱的二律背反。形而上学可爱而不可信,实证论则可信而不可爱。尽管王国维后来主要由形而上的沉思转向了实证的研究,但治学方向的转换并不意味着二律背反的解决;在王国维一生中,他始终未能真正超越可信者与可爱者的对峙。从近代中西哲学的演变来看,王国维的特点在于:一方面,他从形而上学出发,而又比较自觉地意识到了形而上学(亦即具有思辨倾向的形而上学)之局限,从而突破了近代人本主义的眼界;另一方面,尽管他由推崇科学而接受了实证论的立场,并从理论与实践上展开了带有实证论印记的科学方法,但同时又承认人具有终极关怀之类的形而上学需要,并相当清醒地注意到了实证论在这方面的限度,从而多少越出了科学主义的视域。可以说,正是对形而上学与实证论内在冲突的自觉揭示,使王国维成为近代中国实证主义思潮乃至整个中国近代哲学不可忽视的一环。

---

① 王国维:《上逊帝溥仪书》,转引自王德毅:《王国维年谱》,台北:中华学术著作奖助委员会,1967年,第285页。

然而,揭示冲突并不意味着化解冲突。面对形而上学与实证论的对峙,王国维的基本思路不外乎划界。从如上的论述中,我们已不难看到这一点。根据王氏的理解,科学主要与事实界相联系,其目标在于求真,其作用则是"利用厚生",而这一科学的领域即构成了实证论的王国;形而上学则与宇宙人生的意义相联系,其目的与作用在于探寻存在的价值并给人以精神上的慰藉,二者各有存在的根据,但又都有自身的限度。在科学知识的范围内,应当拒斥形而上学,对"道"、"太极"、"神"之否定,主要便是就这一意义而言;但另一方面,科学本身也不能越界。王氏曾批评当时一位学者"忘其科学家之本分而闯入形而上学"①。这样,形而上学与追求科学化的实证论便成为壁垒分明的两大领域。二者之分野在宗教问题上表现得尤为明显:"自知识上言之,则神之存在,灵魂之不灭,固无人得而证之,然亦不能证其反对之说。何则?以此等问题超乎吾人之知识外故也。今不必问其知识上之价值如何,而其对感情之效则有可言焉。"②宗教难以作为科学知识成立,因此,在科学的领域,应当拒斥宗教;但就形而上学的层面而言,宗教又有其意义。质言之,从科学上拒斥宗教与承认宗教的形而上学意义,可以并行而不悖。

较之西方的实证主义,王国维的如上看法无疑有自身的特点。如上所述,西方实证主义往往把科学视为人类思想的最高阶段,在实证论的奠基者孔德那里,这一点便表现得相当明显。与这一观念相应,他们一般都把哲学的内容主要规定为诠释科学的本质、科学方法的基础、科学活动的过程等等;即使讨论科学之外的对象,也往往是从准科学的工具

---

① 王国维:《静庵文集》,《王国维遗书》第5册,第95页。
② 王国维:《静庵文集续编》,《王国维遗书》第5册,第44页。

性出发。相形之下,王国维对哲学的理解则不像西方实证论那样偏狭。按照王氏的看法,哲学并不等于科学,形而上学作为科学固然不可能,但在哲学中仍然可以有其立足之地。这种看法似乎更接近康德。如果说,西方实证主义主要由康德而向休谟回溯,那么,王国维则始终没有完全摆脱康德的立场。

从中国近代实证主义思潮的演变来看,严复一方面确认了本体世界的意义,另一方面又将其归结为不可思议之域,从而展示了形而上学与实证论的内在紧张;王国维则凸显了"可爱"与"可信"的二律背反,并苦苦地徘徊于二者之间而无法超越,从而使形而上学与实证论的内在紧张进一步外化并取得了更为尖锐的形式。如何摆脱这一理论困境?这便是王国维给后人提出的深刻哲学难题。

第三章 实用主义的引入与变形

19世纪末20世纪初,西方的实证主义开始出现了不同的分支,实用主义即是其中之一。"五四"前后,随着新思潮的涌动,实用主义开始传入中国,并产生了多方面的影响,而这一过程始终又与胡适相联系。胡适曾师从杜威,深得实用主义的真谛,但又力图上接传统哲学的源头,后者使他在输入实用主义的同时,又对其作了多方面的修正,从而导致了实用主义的某种变形。

一、拒斥超验之道与认同自然主义

(一) 消解哲学根本问题

作为实证主义的分支,实用主义对超乎经验—现象界的传统哲学问题(即所谓形而上学问题)采取的是一种疏而远之的态度。在实用主义的创始人皮尔士那里,这一倾向即已初露端倪:"本体论形而上学的命题,如果不是无意义的废话——一个词定义其他词,这个词又被另一些词定义,却始终不能达到真实的概念——就是完全荒唐的东西……就此而论,实效主义(Pragmaticism,皮尔士在后期将实用主义理论又称为实效主义。——引者)是一种准实证论。"①皮尔士的以上看法大致定下了

---

① C. S. Peirce, *The Collected Papers of Charles Sanders Peirce*, edited by Charles Hartshorne and Paul Weiss, Vol. 5, Harvard: The Belknap Press of Harvard University Press, 1978, p. 282.

实用主义哲学的基调。在尔后的演进中,它不断地为继起的实用哲学所引申和发挥。如詹姆士即一再声称:"在鄙弃一切字面的解决,无用的问题和形而上学的抽象方面,它(实用主义——引者)与实证主义是一致的。"①

与实证主义的其他流派一样,实用主义所鄙弃的形而上学,首先是传统的思辨哲学。他们反对离开可观察的经验事实而虚构形而上学的本体,要求把哲学命题与经验事实联系起来,并非一无可取。一般而论,超验的哲学思辨确实往往容易流于形而上学:柏拉图的理念世界、黑格尔的绝对观念,大抵都起源于游离经验事实的理性构造。实用主义对形而上学之抽象的否定,在一定意义上不失为这种思辨哲学的解毒剂。然而,应当指出的是,实用主义对传统形而上学的拒斥,乃是以现象主义为其逻辑前提,从而,它一开始便蕴含着内在的理论缺陷。从杜威的如下议论中,我们不难窥见这一点:"实用主义关于实在的概念的主要特色,正在于它认为关于实在的一般理论是不可能的,或者说不需要的。"②所谓"关于实在的一般理论",不仅是指超验的形而上学,而且包括对哲学基本问题的一般看法。在这里,实用主义显然忽视了这样的问题:哲学思维(包括对实在的考察、对哲学基本问题的解决)固然要以科学观察及经验事实为基础,但它同时又表现为一个理论思维的过程。如果说,基于经验事实而又不断地向经验事实回归是避免哲学思辨化的必要条件,那么,理论思维则使哲学能够突破经验的局限而不断地由现象层面上升

---

① [美]詹姆士:《实用主义》,陈羽纶、孙瑞禾译,北京:商务印书馆,1979年,第30页。
② J. Dewey, A. W. Moore, et al. , *Creative Intelligence: Essays in the Pragmatic Attitude*, New York: Henry Holt And Company, 1917, p.55.

到本质层面,并提供对整个世界(实体)日益深入的认识。实用主义将哲学限定于经验—现象界,由此否定建立一般实在论的可能性,实质上也就意味着由贬斥形而上学进而消解哲学的世界观功能。

实用主义的以上观点,基本上为胡适所接受。在他看来,杜威对传统哲学问题的消解,不啻是哲学史上的一场革命。"杜威在哲学史上是一个大革命家。为什么呢?因为他把欧洲近世哲学从休谟(Hume)和康德(Kant)以来的哲学根本问题一齐抹煞,一齐认为没有讨论的价值。"[①]胡适的这一评价,在一定意义上较之杜威更直截地点出了实用主义拒斥形而上学的理论涵义。不过,就总体而言,胡适对哲学根本问题何以必须加以抹煞这一点并没有提供更多的论证。在他那里,这一论题乃是作为当然的前提而构成了其思考的起点。正是从上述前提出发,胡适对传统的形而上学作了检视。按胡适之见,在中国传统哲学中,道家的宇宙观就是具有一定代表性的形而上学。道家既试图用道自然演变的见解来说明宇宙万物的起源,又有将道实体化的倾向。"这一系的思想多误认'道'是一个什么东西……道既是一个什么,在一般人的心里便和'皇天'、'上帝'没有多大分别了。"[②]与上帝、皇天无分别的道,无非是超验的本体。从超验之道中推衍出宇宙万物,在本质上表现为一种思辨的构造。一旦将此类玄学宇宙观运用于人生,则将流毒无穷。"这种主观的推论遂造成重虚无而轻实有的人生观,流毒无穷,其实全没有根据。"[③]

胡适对传统哲学的以上批评,显然不仅仅具有否弃形而上学的意

---

① 胡适:《实验主义》,《胡适文存》卷二,上海:亚东图书馆,1935年,第444页。
② 胡适:《淮南王书》,上海:新月书店,1931年,第29—30页。
③ 同上书,第32页。

义。排拒作为"形而上"之实体的道,同时意味着贬斥皇天、天理、上帝等异己对象(事实上,胡适在他处也一再强调这一点),从而包含着冲破独断论之束缚的要求。在超验之道对进取精神的抑制尚未完全消除、天理的阴影依然可见的特定条件下,这种要求无疑有其时代意义。从思维路径看,胡适与美国的实用主义显然有所不同,如果说,美国的实用主义主要由鄙弃思辨哲学而进一步消解了哲学的根本问题,那么,胡适则以前者的结论作为推论的前提;而在这种不同的致思形式的背后,又蕴含着某种更深刻的差异:在胡适那里,对超验的思辨哲学的否定,同时带有解脱传统桎梏的启蒙意义。

如果换一个视角,则不难发现,胡适对形而上学的拒斥还具有另一重含义。中国近代哲学是在古今中西的激荡交融中曲折演进的,一方面,传统中仍具活力的因素不断与近代西学中的科学、民主等内容相沟通;另一方面,传统中的糟粕又常常与西学中的消极面相糅合而以似新仍旧的形式出现。在梁漱溟、张君劢等体系中,我们即不难看到后一情形。梁漱溟在哲学上糅陆王心学、唯识宗及柏格森、叔本华的意志主义为一体,认为宇宙即生活,而"生活就是没尽的意欲(will)"。作为宇宙的本体,意欲同时又决定着文化的发展。世界文化的不同演化,归根到底导源于意欲的不同冲动:西方文化以意欲向前要求为其根本精神;中国文化以意欲自为调和持中为根本精神;印度文化则以意欲反身向后要求为其根本精神。[①] 这种以意欲为动因的观点,明显地带有玄学本体论性质。与梁漱溟相近,张君劢也认为,在物质现象背后,还存在着神秘的宇宙本体,而这种本体是科学所不能解释的:"科学家以官觉达坦(sense-

---

① 参见梁漱溟:《东西文化及其哲学》,北京:商务印书馆,1922年,第五章。

data)为张本,苟其解释,能满足人心之要求,斯亦已矣。无如其所解释者,不外乎前后现象之相关,而宇宙之神秘初不之及。"①这种超验的宇宙本体,只能由玄学来解释:"玄学之名,本作为超物理界超感觉界解释是也。"②

梁、张对超验本体的以上设定,既可以看作是传统玄学的复活,又可以视为西方哲学中思辨内容的引入。在中国近现代哲学的逻辑演进中,这种新形而上学无疑是一股历史的回流。胡适多少也注意到了这一点:当他抨击超验的思辨哲学时,其锋芒同时指向了梁漱溟等玄学本体论。在《读梁漱溟先生的〈东西文化及其哲学〉》一文中,胡适对梁氏以意欲为文化之本体的观点加以指斥:"凭空想出某民族生活是某种作用运用某种作用,这真是'玄之又玄'了。"③尽管胡适的批评本身并未能建立在科学的前提之上,但他对梁漱溟等玄学本体论的拒斥,客观上毕竟具有遏制新形而上学的作用,后者在中国哲学近代化的进程中,又构成了一个不可忽视的历史环节。不妨说,正是这一点,从另一个侧面赋予胡适拒斥形而上学的主张以不同于美国实用主义的特点。

(二) 实在的人化

实用主义将本体论作为无意义的命题而加以否定,在理论上既有试图消解哲学根本问题的一面,又有反对以思辨的形而上学方式讨论本

---

① 张君劢:《再论人生观与科学并答丁在君》,《科学与人生观》,上海:亚东图书馆,1923年,第63页。
② 同上书,第59页。
③ 胡适:《胡适文存二集》卷二,上海:亚东图书馆,1924年,第74页。

体、要求从另一视角考察实在的一面。事实上,在皮尔士那里,这一趋向即已开始萌发。皮尔士说:"考虑一下我们认为我们概念的对象所能有的效果(可以设想,这些效果具有实际意义),那么,我们关于这些效果的概念就是我们关于对象的观念。""我们关于任何事物的观念就是我们对它的感性效果的观念。"①此处讲的效果,主要与人的活动或行为相联系,它形成于主体的作用,本质上带有主体活动的印记;与这种效果相对的,则是本然(自在)的实在。皮尔士把关于事物(对象)的观念与它的效果的观念等而同之,也就意味着将有意义的对象规定为人化的实在(打上了主体印记的实在)。在他看来,一旦将实在理解为人化的对象,则无意义的形而上学本体也就同时被摒弃了。皮尔士的以上观点在詹姆士与杜威的体系中得到了更明确的表述。在比较理性主义与实用主义对实在的不同看法时,詹姆士写道:"理性主义(指传统的思辨哲学——引者)的实在一直就是现成的、完全的;实用主义的实在,则是不断在创造的,其一部分面貌尚待未来才产生。""因此,什么事物都打上了人的烙印。"②

实用主义对实在所作的如上规定,有其值得注意之点。就主体与实在的关系而言,实在大致可以区分为两类:其一,尚未进入主体认知与实践领域的自在(本然)之物;其二,打上了主体印记的为我之物。连接二者的,则是主体的实践与认知活动。一般说来,当自在之物尚未成为实践或认识的对象时,它对主体并不具有直接的意义(既不具有正面的

---

① C. S. Peirce, *Selected Writings*: *Values in A Universe of Chance*, edited by Philip P. Wiener, New York: Dover Publications, INC, 1966, p. 124.
② [美]詹姆士:《实用主义》,第 131、136 页。

价值,亦不具有负面的价值),只有当它以一定的方式与主体的活动联系起来时,才构成一种有意义的存在。人类的历史在一定意义上乃是一个化自在之物为为我之物的过程,当实用主义者把有意义的对象视为主体活动的结果,并断言实在并非现成的、自在的,而是打上了人的创造活动的烙印时,他们似乎也在某种程度上触及了以上思想。不妨说,实用主义把实在人化的理论意义,就在于反对仅仅以思辨的方式讨论本然的实在(自在之物),而强调自在之物应当转化为为我之物。如果将实用主义这种实在论与康德的物自体说作一比较,则可更具体地看出以上这一点。康德正确地看到了物自体的自在性质,但同时却从认识论的角度否定了这种自在之物向为我之物的转化。较之康德那种永在彼岸的物自体,实用主义的人化实在无疑更多地体现了主体的创造力量。

然而,在否定实在之彼岸性的同时,实用主义却走向了另一个极端,把实在完全等同于为我之物(人化的自然),断言"什么事物都打上了人的烙印"。事实上,人化的自然只是物质实体的有限的一部分,尽管这一部分不断地随着人类征服自然的能力之提高而扩展,但它永远不会穷尽整个物质世界。将实在完全归结为为我之物,意味着勾销人化自然之外的一切存在物。将这种观念进一步引申,则是把为我之物视为主体的任意构造。当杜威断言"自然变成可以任意塑造的供人使用的东西"①时,即清楚地表明了这一点。这样,从本然(自在)的实在向人化的实在(为我之物)的过渡,就不再仅仅表现为物质形态(存在方式)的变易,而且被理解为实在的独立性的丧失。正是在这一意义上,实用主义强调:"如果说人的思维以外还有任何'独立'的实在,这种实在是很难找到的……这

---

① [美]杜威:《哲学的改造》,许崇清译,北京:商务印书馆,1958年,第62页。

种所谓实在,绝对是哑的、虚幻的。"①

要而言之,在拒斥形而上学的前提下,将实在归结为人化的自然;通过突出主体在化本然(自在)之物为为我之物过程中的作用而否定本然之物的客观本性(独立性),这就是实用主义建构其实在论的逻辑行程。就其本质而言,对实在的这种规定当然并未越出思辨哲学的矩蠖,不过,它又确实有别于直接以观念的东西为事物之本源的传统形而上学。

实用主义对实在的如上看法,在胡适那里留下了明显的思想印记。与詹姆士、杜威一样,胡适认为,主体之外是否存在物质实体,完全是一个形而上学的问题,离开了主体去讨论实在,是没有意义的。所谓实在,无非是与主体处于某种关系之中的对象,而主体作为关系项之一,不可避免地要在实在之上刻上自己的印记:"我们各有特别的兴趣,兴趣不同,所留意的感觉也不同。因为我们所注意的部分不同,所以各人心目中的实在也就不同。一个诗人和一个植物学者同走出门游玩,那诗人眼里只见得日朗风轻,花明鸟媚;那植物学者只见得道旁长的是什么草,篱上开的是什么花,河边栽的是什么树。这两个人的宇宙是大不相同的。"②各人心目中的实在,也就是被纳入认识领域(为主体所认知)的实在,亦即一种观念上人化了的实在。按胡适之见,实在总是相对于主体而言,作为具体的个体,主体又往往具有各自的特点,这就决定了观念上人化了的实在必然也带有个性上的差异。这种观点既可以看作是拒斥无差别的、绝对的形而上学实体的逻辑归宿,又可以视为一切对象均打上了人的烙印之说的引申。

----

① [美]詹姆士:《实用主义》,第 127 页。
② 胡适:《实验主义》,《胡适文存》卷二,第 439—440 页。

从另一个侧面看,本然(自在)之物到为我之物(人化自然)的过渡,本身总是展开为观念性与实践性这两种不可分割的形式。原始的本然界只是一种可能的认知对象,并不构成认识意义上的"事实",只有通过主体的实践与认识活动,本然的对象才能不断地进入经验事实领域,从而为主体所把握。在化本然界为经验事实的过程中,主体的知识背景、认知目的等等起着不可忽视的制约作用:它在一定意义上规定着认知的深度(达到对象的哪一层面)、认知的方向(指向对象的哪一侧面)等等,就此而言,胡适将有意义的实在规定为观念上人化了(进入认知领域)的实在,并强调这种实在在具有不同知识结构与认知意向的主体(如诗人与植物学家)中呈现各异的特点,并非毫无所见。当然,胡适抽象地断言实在因人的兴趣而异,并将各人心目中的实在与外部实在等量齐观,这又是一种实用主义的偏见。

胡适对实用主义原则的发挥不限于在观念上将实在人化。在他看来,实在人化的过程同时又表现为主体的创造过程:"总而言之,实在是我们自己改造过的实在。这个实在里面含有无数人造的分子。实在是一个很服从的女孩子,她百依百顺的由我们替她涂抹起来,装扮起来。'实在好比一块大理石,到了我们手里,由我们雕成什么像。'宇宙是经过我们自己创造的工夫的。"[①]此处所谓"创造",显然是就广义而言,它不仅指本然的实在向"心目中"的实在之转化,而且指主体所处环境的变革。因此,断言实用主义(包括胡适的实用主义)的特点仅仅在于强调生物有机体对环境的适应,显然是片面的。事实上,实用主义所注重的主要不是对环境的适应,而是通过改造环境而使之合乎人的需要。从皮尔

---

① 胡适:《实验主义》,《胡适文存》卷二,第440页。

士、詹姆士到杜威,均在不同程度上表现出这一致思倾向;胡适在这方面与之完全一脉相承。也正是在这里,胡适之所见与所蔽难分难解地纠缠在一起。

从历史的观点看,人类生活于其间的世界本质上已不同于原始的洪荒之域,它多方面地表现了人类的本质力量,在相当程度上已成为人化的世界。当我们在这一领域之中使用"实在"这一概念时,确实有理由说,实在是我们自己改造过的实在,其中包含着无数人造分子。就上述意义而言,胡适突出主体的创造作用,自有其合理与深刻之处。然而,应当指出的是,在胡适那里,"实在"概念并未限制于以上领域,而是无条件地扩并囊括了整个"宇宙"。与此相应,当胡适宣称实在是人的创造物时,这一命题便带有抽象的形而上学性质。一种自命为拒斥形而上学的哲学,最后却以另一种形式导向了形而上学,这当然不仅仅是一种理论的悲剧,其中同时体现了理论演变的内在逻辑。它表明,从抽象的原则出发,并不能真正克服形而上学。

对实在的一般规定,往往统摄着各个领域中较为具体的观念。如果顺着这一思路去观察胡适的以上思想,即可发现,尽管胡适关于实在是人的创造物的命题在总体上带有抽象的性质,但其中又蕴含着某种现实的要求。只要将胡适的这一命题与其政治主张联系起来,就可窥见此点。作为受过西方民主洗礼的自由主义者,胡适对当时的独裁专制、人权丧失等状况深为不满。在他看来,中国的出路绝不是维持现状,而是变革现状:"我们都是不满意于现状的人,我们都反对那懒惰的'听其自然'的心理。"[①]"政府不良,监督他,修正他;他不受监督,不受修正时,换

---

① 胡适:《我们走那条路》,《胡适论学近著》,北京:商务印书馆,1935年,第451页。

掉他。"①这种反对"听其自然"的变革主张,可以看作是强调对实在的"创造工夫"之说的运用。尽管胡适所主张的变革,只是点滴的改良,但在当时,它毕竟同时具有要求中国真正由中世纪走向近现代的一面。正是后者,赋予胡适创造实在(使实在人化)的观点以某种独特的历史意义。

(三) 传统自然主义的认同:逸出实用主义

中国近现代哲学是在西方近代哲学与中国传统哲学的双重影响下展开的,这一理论背景从总体上规定了近现代哲学体系的一般特点。作为中国现代哲学家,胡适当然也不可避免地受到这一格局的制约,这具体表现为:他在引入实用主义的同时,也频频地注目于传统哲学。

除了突出超验之道、理的形而上学倾向之外,中国传统哲学中还有与之相对峙的自然主义潜流。自然主义在否定超自然的主宰这一点上,与拒斥形而上学的要求客观上有相通之处。从某种意义上看,正是这种逻辑上的一致性,构成了胡适接受传统自然主义的理论前提。事实上,在以拒斥形而上学的方式否定超验之实体的同时,胡适也试图从传统的自然主义中寻找历史根据。在他看来,"中国古代哲人发现自然的宇宙论最早,在思想解放上有绝大的功效"②。此处之解放,是指摆脱神秘的宗教观念的束缚。胡适还特别对王充的自然哲学作了研究,并得出如下结论:"王充说'在天之变,日月薄蚀……食有常数,不在政治……'这种

---

① 胡适:《胡适的日记》上,北京:中华书局,1985年,第174页。
② 胡适:《淮南王书》,第51页。

议论,自然是天文学发达时代的产物。"①就中国哲学的演变而言,王充哲学乃是对董仲舒神学目的论的否定。它以"自然之道,非或为之"为第一原理,表现出明显的自然主义倾向,这种自然哲学的出现,又以汉代科学的发展为其基础。胡适将王充的自然哲学与当时的科学(天文学)联系起来,确实触及了传统自然主义的特征。

按胡适之见,正是以王充等为代表的自然主义传统,使近代中国较之具有基督教传统的西方更容易接受摒弃上帝观念的达尔文的自然进化之说:"我们读惯了老子'天地不仁'的话,《列子》鱼鸟之喻,王充的自然论……故不觉得达尔文的议论的重要。但在那两千年的基督教威权底下,这种议论确是革命的议论。"②达尔文的进化论在近代中国是否较之近代西方更易于接受和传播,这当然是一个可以进一步探讨的问题,但重要的是,在此处,传统的自然主义实质上被视为否定超自然之主宰的历史前提。从理论上看,朴素的自然主义往往与朴素的实在论有着内在的联系;在王充那里,"非或为之"的莫为说与气为本源的元气论二者构成了其自然哲学两个不可分离的环节。这样,突出自然主义的历史意义,同时也就意味着对朴素实在论的某种认同。

对传统自然主义的研究与反省,或多或少赋予胡适以一种不同于一般实用主义者的视野。正是基于此,胡适对詹姆士的观点提出了责难:"他(詹姆士——引者)以为这个上帝的观念,——这个有意志,和我们人类的最高理想同一方向进行的上帝观念,——能使我们人类安心满意,

---

① 胡适:《王充的哲学》,《胡适选集》述学分册,台北:文星书店,1966年,第167—168页。
② 胡适:《五十年来之世界哲学》,《胡适文存二集》卷二,第236页。

能使我们发生乐观。这就可以算他是真的了！这种理论,仔细看来,是很有害的。"①在认识论上,实用主义的创始人皮尔士曾提出了以行为的效果来确定概念之意义的原则。詹姆士对这一原则作了进一步的引申,认为行为的效果不仅是确定概念意义的标准,而且是判断概念之真伪的准则；认为一切观念(包括神学观念)只要能导致有用的效果,也就意味着获得了真理的性质,与这一观念相对的对象,则同时成为真实的存在物："实用主义对于或然真理的惟一考验,是要看它在引导我们的时候是不是最有效果……如果神学观念能够作到这些,特别是对上帝的观念竟证明能够作到这些,实用主义怎样能否认上帝的存在呢？"②就其从价值关系上(对人是否有意义)确定上帝的存在而言,这种观点与无条件地强调超验实体之存在的绝对主义(形而上学)有所不同,但上帝本质上是一种虚构的超自然的对象,容忍上帝观念,同时也就意味着否定自然主义。这样,詹姆士的实在论表现出了两重倾向：既拒斥形而上学,又摒弃自然主义。对此,詹姆士本人亦并不讳言："在那粗陋的自然主义和超验的绝对主义这两个极端之间,我所冒昧称为实用主义或改善主义形式的有神论,也许恰恰是你们所需要的。"③如果说,对超验的形而上学的拒斥还多少具有否定思辨哲学的意义,那么,对自然主义的摒弃则使詹姆士在一定程度上倒向了变相的信仰主义。在胡适看来,詹姆士理论之有害,也正在于此："到了詹姆士手里,方法变松了,有时不免成了一种辩护信仰的方法了。"④

---

① 胡适：《实验主义》,《胡适文存》卷二,第438页。
② [美]詹姆士：《实用主义》,第44页。
③ 同上书,第154页。
④ 胡适：《五十年来之世界哲学》,《胡适文存二集》卷二,第257页。

在胡适以前,杜威也曾对詹姆士提出过质疑。不过,这种质疑主要乃是针对詹姆士将实用主义的方法运用于"永恒"的概念的独断论倾向而发,其出发点在于纯化实用主义原则。① 与此相异,胡适的以上批评则着重指向詹姆士的信仰主义倾向。尽管很难说它在理论上达到了何种深度,但它毕竟由拒斥形而上学而进一步表现出某种自然主义的倾向。

还须看到,在胡适那里,作为否定信仰主义之依据的自然主义,不仅是传统思想的回复,而且已与东渐的西方近代科学思想相融合而获得了新的特点。胡适指出:"西洋近代科学思想输入中国以后,中国固有的自然主义的哲学逐渐回来,这两种东西的结合就产生了今日自然主义的运动。"② 正是通过二者的结合,传统的自然主义开始摆脱了朴素的形式而演化为具有近代色彩的自然主义("今日的自然主义"),后者即是以实证科学为其基础的自然主义。胡适从不同的侧面对此作了阐发。就时空观而言,今日的自然主义强调时间与空间的无限性:"根据于天文学和物理学的知识,叫人知道空间的无穷之大","根据于地质学及古生物学的知识,叫人知道时间的无穷之长";在物质观上,它着重将物质与运动联系起来:"根据于新的物理化学的知识,叫人知道物质不是死的,是活的;不是静的,是动的";而物质在无限时空中的运动,又是一个以自身为原因的自然过程:"根据于一切科学,叫人知道宇宙及其中万物的运行变迁

---

① J. Dewey, *Essays in Experimental Logic*, Chicago: The University of Chicago Press, 1916, pp. 312 – 325.
② 胡适:《今日教会教育的难关》,《胡适文存三集》卷九,上海:亚东图书馆,1930年,第1163页。

皆是自然的,——自己如此的,——正用不着什么超自然的主宰或造物者"。①

就理论本身而言,胡适的以上议论当然近乎常识,很少谈得上创见。但应当指出,胡适糅合近代科学与传统自然主义之时,正是玄学派断言"科学破产",并主张从科学的世界图景回到传统玄学之日。从这一历史前提来看,胡适将传统的自然主义与西方近代的科学思想加以沟通,显然有其难以抹去的时代意义:它在援入实证科学并由此推进传统自然主义之近代化的同时,又通过以自然主义方式解释实在而对科学的世界图景本身作了一般的理论论证。特别值得注意的是,詹姆士、杜威将否定形而上学与勾销经验—现象界以外的物质实体相联系。与之不同,胡适把拒斥形而上学的主张作为引向传统自然主义的逻辑中介。

宇宙作为一个自然运行的过程,遵循着内在的法则:"在那个自然主义的宇宙里,天行是有常度的,物变是有自然法则的。"②不过,与超自然的主宰不同,自然的内在法则并不表现为一种否定人的创造作用的力量:"天行之有常只增加他(人——引者)制裁自然界的能力。甚至于因果律的笼罩一切,也并不见得束缚他的自由,因为因果律的作用一方面使他可以由因求果,由果推因,解释过去,预测未来;一方面又使他可以运用他的智慧,创造新因以求新果。"③粗粗一看,这些论述与强调主体在实在之人化过程中的作用之说颇有合辙之处,但进一步的分析则表明,在相近的外观之下,又有着不同的运思倾向。如前所述,实用主义者

---

① 胡适:《科学与人生观·序》,《胡适文存二集》卷二,第25—27页。
② 同上书,第28页。
③ 同上书,第28—29页。

(特别是詹姆士与杜威)固然注意到了由本然的实在向人化的实在之过渡,但他们从拒斥形而上学的原则出发,同时又把本然的实在(自在之物)视为无意义的对象,并相应地否认化自在之物(本然的实在)为为我之物必须以内在于对象的必然之理为依据,片面地突出主体的意向、目的的作用,把自在之物转化为为我之物的过程视为"任意塑造"的过程。相形之下,在胡适的以上看法中,主体的创造自由乃是以把握因果必然性为其前提。这种见解既渗透了近代实验科学创造新因以求新果的原则,又明显地受到传统自然主义的影响。从胡适对李觏学说的评价中,我们不难看到后一点:"李觏的功利主义和人事主义并不是要反乎自然,其实还是要根据自然。"①可以说,正是胡适对实验科学精神与"根据自然"的传统自然主义的融合与引申,使他不仅在一定程度上逸出了詹姆士、杜威的哲学眼界,而且相应地对其自身抽象地强调实在是主体创造物的偏向作了某种修正。

自然主义作为实用主义的一种限制,毕竟与后者在本质上相互抵牾:在胡适的以上论述中,这一点已昭然可见。如何克服这种内在的不一致?在解决这一理论难题时,胡适又回到了其实用主义的出发点。根据他的看法,所谓自然主义的实在论,并不是一种已经证实的科学定论,而只是理论上的"一个大假设"。② 作为一种假设,它带有存疑的、可证伪的性质。不难看出,在这里,胡适似乎试图以实用主义沟通自然主义,或者说,将自然主义统摄于实用主义之下,而这种形式的自然主义,也相应地蒙上了一层实用主义的阴影。

---

① 胡适:《记李觏的学说》,《胡适文存二集》卷一,第60页。
② 胡适:《科学与人生观·序》,《胡适文存二集》卷二,第27页。

概而言之,胡适在发挥实用主义哲学的同时,又以否定超验实体为逻辑中介,或多或少承继了中国哲学中的自然主义传统,并将此传统与西方近代科学思想加以融合,从而在某些方面对实用主义的原则作了一定的修正与限制。然而,胡适毕竟更多地受到实用主义哲学的自觉训练,而传统自然主义对他的影响则带有某种自发的性质。因此,当二者相冲突时,胡适的选择并不是从实用主义走向彻底的自然主义,而是将自然主义融合于实用主义。就其出发点与结论而言,这种理论当然并不足取,但作为中西文化冲撞、合流的产物,其理论的展开过程确实又有某种普遍的反思价值。

二、善与真

(一) 知行之辩及其内蕴

实用主义在本体论上排拒传统的形而上学,认为真实的存在并不是主体之外的超验实体,而是打上了主体创造活动之印记的人化实在,这种观点直接制约着其对认识对象的规定。按实用主义之见,"知识的对象并不是思维由之出发者,而是存在于思维之终点;它乃是作为思维内容的探索与验证过程本身的产物"[①]。从认识论上看,认识的对象确实很难视为自在的本然之物。本然界只有转化为事实界,才构成现实的认

---

① J. Dewey, *Essays in Experimental Logic*, p.334.

知客体,而化本然界为事实界又是通过广义的认识过程而实现的。实用主义以为知识对象并非现成地存在于探索过程之前,显然有见于此。

不过,肯定本然界之转化为事实界与主体的认识活动相联系,并不意味着作为认识对象的事实界完全表现为主体的构造。一般而论,所谓化本然界为事实界,无非是指以得自所与(the given)的条理(其逻辑形式表现为概念、范畴等)还治所与,从而使之进入认识领域,成为可以理解的对象。在这里,认识活动的作用主要表现为改变对象与主体的联系方式,而并不是消融或弱化对象的内在本质或规律。作为客观的规定,这种内在的本质及规律仍具有自在(非主体所能左右)的性质。就此而言,化本然界为事实界的过程在逻辑上具有双重意义:它既是从观念形态到外部对象的过渡(以概念、范畴等规范所与),又表现为从客观对象到观念形态的运动;后者不仅是指整治所与的条理(逻辑概念、范畴)本身来自所与,而且在于它内在地蕴含着进一步把握对象的自在本性的要求。正是后一点,基本上为实用主义所忽视。当它将知识对象完全规定为主体探索活动的产物时,实质上也就同时片面地夸大了上述过程的前一方面。

在实用主义那里,知(思维、经验等)作为形成认识对象的前提,主要与主体的实践活动相融合:"知(knowing)就其本义而言也就是做(doing)。"[①]与拒斥形而上学的超验实体相应,实用主义将知与行融合为一,旨在反对形而上学的思辨。根据实用主义的看法,传统哲学的主要缺陷之一,在于仅仅停留于对实在的抽象描述与解释,这种解释与主体变革环境的活动始终彼此悬隔。对实用主义而言,认识的真正目的恰恰

---

① J. Dewey, *Essays in Experimental Logic*, p. 331.

在于行:"思维的整个机能在于引起行为习惯,与思维相关但与它的目的无关的一切,则是思维的累赘,而不是它的一部分","不同的信念是根据它们产生的不同行动而被区分的"。① 如此强调知必须诉诸行,并相应地突出了行的意义,在西方哲学史上应当说并不多见。正是这一特点,使实用主义被不少哲学史家视为"行动哲学"。

从理论上看,以行为知的归宿,确实从一个侧面注意到了知与行的统一性。不过,实用主义无条件地将与行无关的一切看作是知的累赘,则又导向了另一个极端。这一点在杜威的如下议论中表现得尤为明显:"经验首先不是知识,而是动作和遭受的方式。"②经验作为一种认识形式,确实起源并展开于主体的践履过程之中。但以实践为中介,它又与客体发生认知的关系,并以对象的客观规定为其内容,这种内容在认识论上即表现为知识。实用主义将经验归结为动作与遭受,即意味着以知与行的关系取代了知与对象的认知关系;行不再是认识通向客体的媒介,相反,它消融了认知活动本身。这种观点可以看作是知识的对象形成于主体活动之说的引申。当对象被抽象地规定为主体活动之产物时,它同时也就被抽去了客观的规定而溶入于主体活动之中;从这一前提中可以逻辑地推出,认识活动(经验、思维等等)并不具有把握对象客观本性的认知意义。

在西方哲学史上,实用主义往往被归入经验论之列。就某种意义而言,这种看法不无道理。然而,人们往往又忽视了,在相近的形式之下,

---

① C. S. Peirce, *Selected Writings*: *Values in A Universe of Chance*, pp. 120–121.
② J. Dewey, A. W. Moore, et al., *Creative Intelligence*: *Essays in the Pragmatic Attitude*, p. 7.

实用主义与传统的经验论又有着重要的差异。为了具体地说明这一点，我们不妨看一下实用主义对感觉的作用的规定："感觉失去其为知识门户的地位，而得其为行为刺激的正当地位。眼或耳所受的感觉对于动物并不是世间无足轻重的事情的一种无谓的知会，而是因应需要以行动的一种招请或引诱。它是行为的引线，是生活求适应环境的一种指导因素。它在性质上是触发的，不是辨识的。经验论者和唯理论者关于感觉的知识价值的争论全部归于无用。关于感觉的讨论是属于直接的刺激和反应的标题底下，不是属于知识的标题底下的。"①感觉作为联结主客体的直接桥梁，所提供的乃是关于客体的最原始的质料。如果说，由于经验本身包含多重涵义（它既可以指与理论认识相对的认识形式，又可以在广义上包括观察、实验等认识活动，后者往往与践履过程难分难解地联系在一起），因而当它被等同于行为时，对其认知意义的消解尚多少隐而未彰，那么，否定感觉为知识的门户而把它归结为行为的刺激、引线，则以更明确的形式消解了主体对客体的认知作用：二者完全表现为一种刺激—反应的关系。而所谓反应则仅仅以行为的方式展开，并不具有辨识、摹写的性质。就其肯定并注重感觉经验的作用而言，这种看法接近于广义的经验论；但就其否定感觉的认知、辨识功能而言，则又显然有别于传统的经验论。特别值得注意的是，由强调感觉非知识之门户，实用主义又进而将经验论与唯理论之争划入无意义之领域，从而多少表现出试图在取消感觉的认识意义的前提下"超越"经验论与唯理论的倾向。显然，这确实非传统的经验论的所能范围。

作为杜威的及门弟子，胡适深谙实用主义的如上论旨，并在一定程

---

① ［美］杜威：《哲学的改造》，第46—47页。

度上沿袭了这一思路。他曾从天(自然)人(主体)关系的角度,批评传统哲学"蔽于天而不知人,妄想无为而可以因任自然,排斥智故,不敢用己而背自然,终于不晓得自然是什么"①。所谓"因任自然",注重的是自然(客体)对人(主体)的制约;"用己而背自然",则是强调人对自然的作用。这里所涉及的,是认识领域中主体与客体的一般关系。认识过程在一定意义上表现为摹写(得自所与)与规范(还治所与)的统一。如果说,摹写多少带有"因任自然"的性质,那么,规范则更多地与"用己"相联系,非"因任自然"固然无法得自然之真相,但若离开了"用己"(还治所与),则同样难以深入地把握对象的本来规定。就此而言,胡适认为仅仅"因任自然"并不能解决"自然是什么"的问题,并非毫无所见,不过,胡适把"用己"与"背自然"联系起来,将"用己"与"因任自然"视为对立的二极,这就在实质上以观念对实在的规范(还治所与)排斥了从实在到观念的过渡(得自所与)。

在胡适对自然科学的解释中,以"用己"否定"因任自然"的倾向表现得尤为明显。按胡适之见,"自然科学的材料便不限于搜求现成的材料",它"不受现成材料的拘束,可以随意创造平常不可得见的情景,逼拶出新结果来"。②如前所述,科学认识客观上意味着从本然界到事实界的过渡,而事实界确实已很难视为现成的材料。指出这一点,对于把握实验科学的性质当然重要。但是,同样重要的是,化本然(现成)界为事实界,又是一个"因任自然"的过程,如果忽视了这种情况,则从现成材料到"新结果"的转化势必将蜕变为一种主观的构造。正是认识领域中的

---

① 胡适:《淮南王书》,第51页。
② 胡适:《治学的方法与材料》,《胡适文存三集》卷一,第197页。

这一事实,基本上处于胡适的视野之外。当他强调主体可以"随意创造"新材料时,实际上已重蹈了杜威将知识对象仅仅视为主体探索活动之产物的覆辙。

通过"用己"而创造材料,是否表现为一种思辨的过程? 胡适的回答是否定的。在他看来,把认识理解为与人的行为隔绝的活动,是一种有害的陈旧观念:"从前哲学的大病就是把知识思想当作了一种上等人的美术鉴赏力,与人生行为毫无关系;所以从前的哲学钻来钻去总跳不出'本体'、'现象'、'主观'、'外物'等等不成问题的争论。"①他认为知行脱节是传统哲学的一种弊病,是有其见地的。这在某种意义上是以否定的形式,提出了联结知与行的要求。但是,胡适将离行言知视为"主观"与"外物"之争的根源,并将这种争论看作是"不成问题"的争论,则又别有另一重涵义:它内在地蕴含着通过知行关系的重新规定以泯灭"主观"与"外物"之对立的倾向。作为泯灭(消解)主客体对立的前提,知行关系便表现为知与行的融合。正是由此出发,胡适对经验下了如下定义:"经验就是生活,生活就是人与环境的交互行为。"②这种由销知入行而取消经验对客体之认知功能的观点,大致与杜威一脉相承。

不过,与杜威等不同,胡适并没有进而从感觉与行为的关系上论证经验之非认知性。在融知于行的前提下,胡适将知与行的统一性提到了突出地位。正是根据于此,胡适对孙中山的知难行易说提出了责难:"行易知难说的根本错误在于把'知'、'行'分的太分明……因为绝大部分的知识是不能同'行'分离的,尤其是社会科学知识。这绝大部分的知识都

---

① 胡适:《实验主义》,《胡适文存》卷二,第449页。
② 同上。

是从实际经验(行——原注)上得来的:知一点行一点;行一点,更知一点,——越行越知,越知越行,方才有这点子知识。"①以为知难行易说之弊在于割裂知与行,是一个可以讨论的问题。值得注意的是,胡适在此处一方面固然仍以行定义经验(知)。但同时又开始把知行统一关系理解为知与行的相互作用,而非直接同一。这就在某种程度上承认了知的相对独立性——知的认知意义,从而多少表现出与实用主义相异的思维倾向。在知行关系的如上二重规定中,蕴含着偏离实用主义的内在契机。

从知与行的相互作用这方面看,知又展开为一个过程:当胡适强调"知一点,行一点,行一点,更知一点"时,这一思想已露其端倪。作为一个过程,知具有相对的、可变的特点:"不但种类变化,真理也变化","天下没有永久不变的真理,没有绝对的真理"。② 从逻辑上看,这种议论乃是以实用主义关于实在形成于主体创造过程之说为其前提:知(真理)的过程性在一定意义上即是实在之人化过程的延伸。正是这种联系,使胡适对真理过程性的规定带有某种相对主义的性质,这明显地表现在其真理"随时而变"等抽象陈述上。不过,在否定独断论上,胡适的以上看法有其值得瞩目之处。从胡适对"道"的观念的批评中,即不难窥见此点。胡适认为:"道的观念在哲学史上有破除迷信的功用,而其结果也可以阻碍科学的发达。人人自谓知'道',而不用求知物物之'理',这便是最大的害处。"③一般说来,科学的认识固然离不开一般规律的指导,但

---

① 胡适:《知难,行亦不易》,《中国现代思想史资料简编》第3卷,杭州:浙江人民出版社,1983年,第144页。
② 胡适:《实验主义》,《胡适文存》卷二,第415页。
③ 胡适:《淮南王书》,《胡适文存》卷二,第21页。

亦不能仅仅停留于规律所提供的一般解释之上,更不能以这种解释取代具体的科学研究。如果忽视具体的科学研究,则难免导向独断论。事实上,在中国传统文化中,就多少存在着这种倾向。例如,一阴一阳之谓道,这是中国哲学中根深蒂固的观念,它对辩证地考察世界确实也起过无可否认的作用。然而,在某些哲学家乃至科学家那里,它又往往被用作抽象解释的模式。什么是电?答曰:"阴阳相激而为电"为什么磁石会吸铁?答曰:"皆阴阳相感,隔碍相通之理";火药何以能爆炸?回答还是:"阴阳种物相遇于无隙可容之中。"如此等等。这些解释只能给人以一种似是而非的满足,它不仅没有真正揭示对象及其相互作用的内在机理,而且往往使人在满足之中放弃对自然作进一步的探索,从而表现为一种特殊形态的独断论。就此而言,胡适以真理随时而变的观点,反对停留于一成不变之道而不求物物之理之说,无疑深中肯綮。不过,胡适笼统地断言道的观念可以阻碍科学的发展,则又多少忽视了普遍的理论对认识过程的规范作用,后者明显地带有实用主义的色彩。

(二) 融认知于评价

实用主义将经验理解为融合于行的反应过程,从而一开始便表现出不同于传统哲学的致思路径。作为一个与行相联系的反应过程,认识本身究竟包括哪些环节?在解决这一问题时,实用主义进而提出了其探索理论。

首先将认识规定为探索过程的是皮尔士。按照皮尔士的看法,主体在行动之前,往往处于一种怀疑的状态。这种怀疑,一方面表现为心理上的游移、躁动与不满;另一方面又导致了行为之犹豫不决,彷徨不定。

只有克服怀疑状态,确立坚定的信念,主体的行为才能获得有效的依据:"怀疑是一种不安和不满的状态,我们力图使自己摆脱这种状态而进入信念的状态。""确信使我们处于一种能以确定方式行动的条件之中。"[1]从怀疑走向确信(达到信念)便具体展开为一个探索过程。与皮尔士一样,詹姆士亦强调通过确定信念以规范行为:"实用主义的方法,不是什么特别的结果,只不过是一种确定方向的态度。"[2]不过,在詹姆士那里,这一原则并未得到更多的发挥,对此作进一步引申的是杜威。杜威将探索过程具体分为五步:1. 疑问的产生;2. 确定疑问之所在;3. 提出解决疑问的假设;4. 推绎出假设所包含的结果;5. 通过验证以接受或抛弃这种假设。[3] 在此处,从疑问到确信的探索过程论开始取得了较为系统的形态。

实用主义的以上看法在理论上有其值得注意之处。一般说来,科学认识既非仅仅以知为前提,亦非完全起源于无知。仅仅处于知的状态,认识往往缺乏内在的动力;而在绝对无知的条件下,主体同样不可能提出认识的要求。只有当不仅出现了无知的情景,而且主体也意识到了这种无知(自知无知)之时,认识活动才会发生。知与无知的这种统一,即表现为问题。从一定意义说,认识确实起源于问题,也正是在这一意义上,不少科学家将问题视为科学的生命。如希尔伯特即指出:"只要一门科学分支能提出大量的问题,它就充满着生命力;而问题缺乏则预示着

---

[1] C. S. Peirce, *Selected Writings: Values in A Universe of Chance*, p. 99.
[2] [美]詹姆士:《实用主义》,第 31 页。
[3] J. Dewey, *How We Think*, Boston: D. C. Heath & Co., 1910, pp. 72–78.

独立发展的衰亡或中止。"①实用主义以怀疑、疑问为探索过程的起点，客观上也触及了这一点，作为一种不无合理之处的见解，它对西方现代哲学，特别是科学哲学，产生了毋庸讳言的影响。在波普的"P1(问题1)—TT(试探性理论)—EE(通过证伪以消除错误)—P2(问题2)"的科学发展模式中，我们多少可以看到探索理论的影子。不妨说，正是将问题作为探索过程的必要环节而加以突出，使实用主义探索理论在西方现代哲学史中具有不可忽视的地位。

问题作为研究的出发点，本身又有其客观的根据。当原有理论与新事实相冲突而引起问题时，这种问题的产生总是与主体对新事实缺乏认识相联系。从广义上说，所谓知与无知的统一，首先是指主体意识到了对客体的无知。然而，正是这一至关重要的方面，基本上为实用主义所忽视。与勾销主体与客体之认知关系相联系，实用主义完全撇开了问题所包含的对客体的无知这一规定，而仅仅片面地突出了其意识到无知这一面，这就割断了问题与对象的联系而将它归结为主体的一种心理状态；当皮尔士将怀疑定义为"一种不安与不满的状况"时，即已明显地表现出这一倾向。后者在杜威那里又有了进一步的发展。按杜威之见，所谓疑问，无非是表示主体在行动中因遭受阻碍而处于一种不确定的情境；或者说，主体在受到刺激后一时找不到适当反应方式时所处的一种疑惑状态。根据这种理解，探索过程在总体上即仅仅表现为从疑难(心理上的不确定)的产生到疑难的解决(获得了确定的信念)，而作为探索

---

① 转引自[美]康斯坦·西瑞德:《希尔伯特》,袁向东、李文林译,上海:上海科技出版社，1982年,第93页。

终点之信念，则不外是心理上的一种习惯："信念的本质是习惯的建立。"①它完全不涉及对客体内在规定的把握。应该说，科学的认识既带有解题的性质（从问题的产生到问题的解决），同时又表现为一个对客体由无知到知的认知过程。问题固然构成了探索的起点，但它的解决在逻辑上又以认知客体为前提，而解题过程本身亦具有认知的性质。实用主义将包含双重性质的探索过程片面归结为解题过程，并把解题规定为确定信念（习惯），意味着在认识论上勾销了主体对客体的认知关系。这种看法，可以视为知融于行之说的进一步引申。

作为通过解决疑问而为行为提供信念的过程，探索主要与主体的需要、利益相联系，而无关乎真假。皮尔士说："我们一经达到坚定的信念，就完全满足了，而不管这种信念是真还是假。"②此处所说的满足，即是指与广义的需要的一致。詹姆士对此作了更明了的概括："总之，'认识'只是与实在发生有利关系的一种方式。"③而杜威则在同一意义上强调："人所必须解决的问题是对他周围所发生的变迁作出反应，以便使这些变迁朝着为他将来的活动所需要的方向走。"④在这里，主客体的关系呈现为一种以行为为中介的价值关系，认识、探索则相应地被归结为一种评价活动，其功能在于从需要、利益关系的角度，确定信念、假设的意义，"它们是好的或坏的，合乎需要的或不合乎需要的"⑤。

---

① C. S. Peirce, *Selected Writings*: *Values in A Universe of Chance*, p. 121.
② C. S. Peirce, *Selected Writings*: *Values in A Universe of Chance*, p. 121.
③ ［美］詹姆士：《实用主义》，第202页。
④ J. Dewey, A. W. Moore, et al., *Creative Intelligence*: *Essays in the Pragmatic Attitude*, p. 9.
⑤ J. Dewey, *Essays in Experimental Logic*, p. 311.

广义的认识客观上包括认知与评价两个环节,前者旨在把握对象的自在规定,后者则以确定对象的属性与人的需要之关系为内容。从整个认识过程来看,评价在某种意义上具有中介的性质:认知所提供的"真"只有与评价所提供的"善"(广义的善)相结合,才能取得目的或理想的形态,并由此进一步向实践转化;对客体之属性与主体需要之关系的确定,同时又将为认知的深化规定方向并提供内在的动力。正是在后一意义上,恩格斯指出:人类"首先产生了对个别实际效益的条件的意识,而后来……则由此产生了对制约着这些效益的自然规律的理解"①。就此而言,实用主义将评价提到突出的地位,在认识上并非毫无所见。然而,评价作为广义的认识过程的一个环节,本身又受到认知活动的制约;这不仅在于价值判断必须以对客体的内在规定及主体自身需要的认知为前提,而且作为评价权衡之准则的价值理想也是随着摹写活动所提供的真理形态的发展而发展。正是认识过程这一极为重要的方面,在实用主义那里却被作为无意义的论题而轻轻勾销了。当他们将认识定义为"发生有利关系的一种方式"时,实质上是以价值的评价消解了对事实的认知。一般而论,认知总是与真假相联系,评价则主要涉及功用;融认知于评价意味着销真于善;对此作进一步推绎,则是以有用为真理。

实用主义所走过的以上逻辑行程,在胡适那里以某种方式得到了折射。胡适认为,与行相联系的知是一个探索过程,这一过程以问题为起点:"问题是知识学问的老祖宗;古今来一切知识的产生与积聚,都是因为要解答问题,——要解答实用上的困难或理论上的疑难。"②这种注重

---

① 《马克思恩格斯选集》第3卷,北京:人民出版社,1972年,第457页。
② 胡适:《赠与今年的大学毕业生》,《胡适论学近著》,第525页。

问题在探索中的意义并相应地将探索过程理解为解题的看法,与皮尔士、杜威等大致一脉相承。不过,耐人寻味的是,胡适在此处同时又把问题划分为实用上的困难与理论上的疑难二类。所谓实用上的困难,主要与行为过程相联系,而理论上的疑难则具有超乎直接的行为之意味。对问题的以上二重规定与前文提及的知行关系上的二重规定有其逻辑的联系:理论问题与实用问题的区分,可以看作是知与行非直接同一说的引申。较之皮尔士、杜威等将问题完全归属于行动,胡适的以上看法显然有所不同。

但就总体而言,胡适对表现为解题的探索过程的理解,并未超出实用主义的框架。为了说明这一点,我们不妨看一下胡适的如下议论:"人遇困难时,他自然要寻求应付的方法;当此时候,他的过去的经验知识里,应需要的征召,涌出一些暗示的意思来。经验好像一个检察官,用当前的需要做标准,一项一项的把这些暗示都审查过,把那些不相干的都发放回去,单留下一个最中用的;再用当前的需要做试金石,叫那个留下的假设去实地试验,用试验的成败定他的价值。"[①]在这里,需要被提到了突出的地位:它不仅是形成解决问题之假设(暗示)的原动力(暗示——假设乃是在需要征召下涌现的),而且在双重意义上起着检验假设的作用;它既是假设与问题之逻辑关系的判定者(确定假设是否与解决问题相干),又是检验假设价值的试金石。从疑难的产生到疑难的解决,整个过程完全处于认知关系之外,而仅仅表现为从需要出发提出假设,又根据需要判定假设。在上述探索构架之下,理论问题与实用问题之区分开始变得模糊了,前者作为评价过程的起点,实质上已被溶解于

---

① 胡适:《五十年来之世界哲学》,《胡适文存二集》卷二,第268—269页。

后者,而融理论问题于实用问题,同时又意味着以评价涵盖认知,不难看出,胡适在此处以更简捷的形式重演了实用主义的运思路径。

就其内在机制而言,评价不仅表现为根据需要对不同的关系项加以比较权衡,而且包括对比较权衡的结果加以选择(肯定或否定亦属于广义的选择),后者即体现了意志的功能和作用:"世间没有纯粹的理性,也没有纯粹的知识思想,理性是离不了意志和兴趣的;知识思想是应用的,是用来满足人的意志兴趣的。""兴趣和意志定下选择的目标,有了目标方才从已有的经验里面挑出达到这目标的方法器具和资料。"①一般说来,认知主要与理性(理智)相联系,而评价则同时涉及意志、情感等,二者有不同的内涵。胡适以意志选择作为理性活动的前提,旨在从另一个侧面论证评价高于认知。不过,当胡适强调"无纯粹的理性"时,又多少含有反对将理性认识绝对化之意。正是从这一点出发,他对科学家之流弊提出了批评:"科学家的流弊往往在于信仰理智太过了,容易偏向极端的理智主义(Intellectualism),而忽略那同样重要的意志和情感的部分。"②

主体作为完整的人格,客观上表现为知情意的统一,它不仅具有理性认知的功能,而且含有择善的意志与审美的情感;现实的认识过程(包括认知与评价的广义认识过程)在一定意义上就是展开于知情意的交互作用之中。因此,仅仅从我思(理智)的功能上规定主体显然是有缺陷的,它不仅意味着将认识主体抽象化,而且在逻辑上将导致以认知为认识的唯一内容,从而将认识过程片面化。事实上,在极端的实证主义那

---

① 胡适:《实验主义》,《胡适文存》卷二,第 428、427 页。
② 胡适:《五十年来之世界哲学》,《胡适文存二集》卷二,第 272 页。

里,多少表现出了这一倾向。他们推崇科学、理性、逻辑,而把分析命题与可观察的经验命题之外的一切陈述作为无意义的命题加以拒斥,这就在某种程度上将主体归结为逻辑的化身,并相应地赋予认识过程以狭隘、贫乏的性质。虽然胡适作为实用主义者在拒斥超验实体这一点上与实证主义者有着共同语言,但对实证主义将理性、逻辑绝对化的倾向却并不以为然。所谓"科学家流弊"之讥,在一定意义上可视为对实证主义的以上倾向而发,这种批评显然也有其合理的一面。不过,胡适由此强调知识思想是用来满足人的意志兴趣,则是从一个极端走向了另一个极端。

必须指出,胡适突出评价的意义,其主旨并不仅仅在于克服具有实证主义倾向的科学家流弊,它还有着更深刻的历史根据。胡适引入实用主义之日,正是"五四"新文化运动方兴未艾之时,从文化史角度看,"五四"运动首先表现为对传统文化(包括传统的价值体系)的反省和评价。这确实是一个在各个领域中重新评定一切价值的时代,尽管由于理论准备的不充分以及救亡的历史任务的逼蹙,"五四"时期对传统的批评反省不可避免地带有形式主义的印记,但其空前的启蒙意义是不能磨灭的。胡适作为受过西方民主思想洗礼的自由主义思想家,比较敏锐地注意到了新思潮的历史趋向:"新思潮的精神是一种评判的态度。"①所谓评判,则主要表现为一种价值评价。从"五四"时期胡适的一系列论著来看,重新评定一切价值确实构成了其中极为引人瞩目的论题。他提倡整理国故,是为了"从武断迷信中寻出一个真价值来",他对中国哲学史的研究,则更直接地以效果评判各家学说之价值作为宗旨。在胡适接受并推重

---

① 胡适:《新思潮的意义》,《胡适文存》卷四,第1033页。

实用主义的探索—评价理论这一表象的背后,是一种更深沉的历史的选择:它或多或少以某种方式折射了时代的要求,后者使胡适之强调认识的评价性质具有不同于实用主义的历史意义。

不过,理论的历史意蕴与理论的逻辑归宿毕竟并非直接同一。尽管胡适对评价的突出在历史作用上有别于实用主义,但其理论结论与实用主义却并无二致。从探索—解题(从疑难的产生到疑难的解决)过程即评价过程(根据需要评判假设之价值)的观点出发,胡适将真理归结为一种人造的工具:"真理原来是人造的,是为了人造的,是人造出来供人用的,是因为他们大有用处所以才给他们'真理'的美名。我们所谓真理,原不过是人的一种工具。"①在这里,胡适完全忽视了,真理作为一种认知形式,具有内在的价值,这种内在的价值具体表现为真理是对客体的如实摹写;正是这种内在的价值,构成了真理的效用价值(手段的善)的前提,一旦将真理仅仅视为手段(工具)而否定其内在的价值,则势必将"真"融于"善"(手段之善),从而否定真理的客观规定。当胡适以"有用"为真理之"真"的前提时,体现的正是这样一种逻辑归宿。

(三) 从融真于善到为真而真

从以人化的实在为经验的对象,到消解探索过程的认知意义,再进而融真于善,胡适所循的基本上是实用主义的思路。不过,当胡适赋予知与行的关系以两重规定,并将作为探索起点的问题区分为理论与实用两类时,虽然整个理论框架仍未超出实用主义,但多少已表现出与实用

---

① 胡适:《实验主义》,《胡适文存》卷二,第435页。

主义有所不同的趋向。这种趋向与本体论上的自然主义、清代朴学的治学传统以及整理国故等实践相结合，在胡适的认识论上打下了不可忽视的印记。

就本体论而言，胡适在将实在规定为人造之物的同时，又以拒斥形而上学为论旨。在否定超验的实体这一点上，它与传统的自然主义有相通之处。这样，以否定形而上学之实体为逻辑中介，胡适又在一定程度上接受了传统的自然主义，并将其与近代的实证科学沟通起来。从自然主义的观点出发，胡适肯定理乃是对象本身所具有的内在规定："理是客观事物的条理"，"科学所求的知识正是这物那物的道理"。① 对知识对象所作的如上规定，已开始偏离将实在片面地视为主体作用之产物的实用主义看法。作为对象固有的内在规律，理只有通过主体的作用才能揭示："真理是深藏在事物之中的；你不去寻求探讨，他决不会露面。……自然（Nature）是一个最狡猾的妖魔，只有敲打逼拶可以逼她吐露真情。"②以为真理深藏于事物之中，这当然并不确切，但重要的是，此处之真理已不仅仅是人造的媒介，乃是以事物之条理为其内容；而把握真理的过程则既表现为从主体走向对象（主体对自然敲打逼拶），又表现为由客体到主体认识的过渡（自然向主体吐露真情）。在这里，主体与客体的关系开始获得双重性质，而不再仅仅是以主体需要为轴心而展开的价值关系。

肯定探求真理的认识性质，内在地蕴含着对感觉作用的确认："'天

---

① 胡适：《清代学者的治学方法》，《胡适文存》卷二，第551页。
② 胡适：《我们对于西洋近代文明的态度》，《胡适文存三集》卷一，第9页。

官'所受的感觉乃是知识的原料,没有原料,便无所知。"①但感觉本身所提供的只是外在现象,而无法直接把握"深藏于事物之中"的条理。欲达到普遍之真理,必须运用心知。"用心知去寻求事物的条理,剖析区分,至于无差失,那就是理。科学家求真理,是如此的。"②总起来,求真理的过程即表现为通过感觉获得关于外部对象的质料,然后,以理性思维(心知)加以归纳分析,以揭示事物的内存条理。从认识论上看,胡适的以上观点很难说是一种创见。但与正统的实用主义理论相比较,又自有其值得注重之点。首先,杜威等将感觉视为行动的刺激,并将其划入刺激——反应的范畴而剔出知识之域;对感觉的这一规定,又构成了以评价取代认知的出发点。与此相对,胡适以感觉为知识的质料,强调无感觉则无所知,这就在某种意义上恢复了感觉的认识意义,并为其逸出融真于善这一实用主义的总的理论格局提供了前提。其次,实用主义虽然并不一般地否定理性思维的作用(杜威甚至有专论如何思维之著作),但同时又仅仅将思维理解为解决疑难的工具。而作为工具,思维只有规范行动的功能,而无认知、摹写的作用。相形之下,胡适则突出了心知(思维)在揭示事物之条理中的作用,亦即将其规定为认知讨程的一个内在环节,从而开始偏离工具主义的轨辙。

就其性质而言,胡适对真理的内容及认知过程的以上理解,既可以看作是自然主义原则在认识论领域的引申与展开,同时又在某种程度上体现了近代实证科学的精神。而在胡适看来,后者又与传统的朴学治学原则相通:"顾炎武阎若璩的方法,同葛利略(Galileo,即伽利略——引

---

① 胡适:《中国哲学史大纲》上卷,北京:商务印书馆,1919年,第333页。
② 胡适:《几个反理学的思想家》,《胡适文存三集》卷二,第145页。

者)牛敦(Newton,即牛顿——引者)的方法,是一样的:他们都能把他们的学说建筑在证据之上。"①"中国旧有的学术,只有清代的'朴学'确有'科学'的精神。"②这样,以科学的治学精神为中介,胡适在引入西方近代科学方法的同时,又对清代朴学的治学原则作了相当深入的反省与总结,并多方面地受其影响。

清代朴学导源于清初,极盛于乾嘉二朝。在治学上,它以注重实证,严于求是为其原则:"通儒之学,必自实事求是始。"③这种以事实为出发点的严谨学风,使清代朴学在文献整理等方面取得了空前的成就。胡适所瞩目的,首先也正是清儒以求是为宗旨的治学原则。胡适以立说于证据之上作为沟通清代朴学与近代实证科学之前提,即表明了这一点。如果进而考察胡适整理国故的主张,则可更具体地看到朴学求实精神的印痕:"我们整理国故,只是要还他一个本来面目,只是直叙事实而已。"④事实上,胡适在小说考证、禅宗史的研究等方面,确实也在一定程度上贯穿了注重事实认知的朴学原则,并将后者与近代西方自觉的科学方法结合起来,从而在古代文化整理上作出了一定的贡献。

从直叙事实、还对象本来面目的主张出发,胡适对狭义的功利治学观念提出了异议:"我以为我们做学问不当先存这个狭义的功利观念。……当存一个'为真理而求真理'的态度"。"我们应该尽力指导'国故家'用科学的研究法去做国故的研究,不当先存一个'有用无用'的成

---

① 胡适:《治学的方法与材料》,《胡适文存三集》卷一,第 188 页。
② 胡适:《清代学者的治学方法》,《胡适文存》卷二,第 550 页。
③ 钱大昕:《卢氏群书拾补序》,《潜研堂文集》卷二十五。
④ 胡适:《胡适致钱玄同》,《中国哲学》第一辑,北京:生活·读书·新知三联书店,1979年,第 329 页。

见。"①在这里,真理已不再仅仅是功利的手段,而开始获得了某种内在的价值。如前所述,广义的认识既以认知为内容,又包括对功用的评价。尽管在现实的认识过程中,往往很难对二者截然加以分割,但我们仍可从逻辑上对二者分别加以考察。从认知这方面看,科学认识的本质乃是以求真(把握对象的自在规定)为目标,而其成果——真理则表现为对客体的如实摹写。就此意义而言,确实可以将科学的认知看作是"为真理而求真理"的过程。不过,如果由此把为真理而求真理规定为整个认识过程的终极目标,则将导致忽视真理的外在价值(手段的善)。当胡适以为真理而求真理否定功用的考虑时,多少表现出这一倾向。但是,从理论的内在结构来看,这种观点对以善(功用)的评价来排斥真(真理)的求索的实用主义倾向,又起了某种弱化的作用。

胡适对认知对象、真理性质、认识目的及过程的如上规定,与他引入的实用主义理论,各自表现了不同的思维倾向,而二者却又共存于同一体系之中,这就使其认识论思想带有某种不协调的、驳杂的外观。如果我们由此作进一步的考察,则不难发现,这种理论上的矛盾并不仅仅与两种对立观点(实用主义与传统自然主义及传统朴学原则)的交糅相联系。在更深刻的意义上,它所涉及的乃是如何认识真与善、认知与评价、科学与价值等关系。与实用主义以极端的形式突出了价值、善、评价不同,传统的朴学(以及近代实证主义所理解的实证科学)更多地表现了对科学、真及认知的注重,而二者在理论上又各有缺陷。如果说,实用主义之弊主要在于融真于善(否定真理的内在价值),以评价取代认知,那么,传统的朴学等则多少忽视了真与善(广义的善,亦即功用)的联系(从晚

---

① 胡适:《论国故学》,《胡适文存》卷二,第 620 页。

清经世致用之学的兴起首先表现为对朴学的扬弃这一事实中，即不难窥见此点）。胡适在某种程度上注意到了二者的内在局限。他对唯理智主义和狭义的功利观点的批评，同时触及了以上两种偏向。如何克服真与善、认知与评价、科学与价值的这种内在分裂？多少是基于对上述问题的思考，胡适在接受实用主义的探索——评价理论的同时，又频频地注目于传统朴学，试图在突出善（价值）的前提下，通过传统的朴学治学原则与近代科学方法的沟通，赋予真（真理）以某种内在的价值。问题的这种解决模式，逻辑地导致了如下的理论结构：对认知与科学真理的内在价值的确认，仅仅表现为对融真于善这一总的理论框架的外在附加；真与善、科学与价值、认知与评价似乎并未真正达到内在的统一。正是这种附加的性质，使胡适的认识论思想在总体上具有杂糅的形式。

三、方法论上的中西会通

认识论上的善真之辨，制约着胡适的方法论思想。综观胡适一生，方法论始终是其关注的重心；"大胆假设，小心求证"的胡氏治学定理，几乎整整影响了数代人。古史辨的主将顾颉刚便承认：他之从事古史辨伪，在很大程度上即是由于"亲从适之受学，了解他的研究方法"。(《古史辨序》)与认识论上既渗入了实用主义的观念，又对实用主义有所逸出一样，胡适的方法论思想也呈现出复杂的形态，而其基本的特点，则表现为西方近代的实证主义原则及科学方法观念与传统方法的沟通，后者既使胡适的方法论思想刻上了实证主义的印记，又使之获得了一种新的意蕴。

(一) 存疑原则

在方法论上,胡适首先提出了存疑的原则,主张"以怀疑的态度研究一切;实事求是,不作调人"①。作为一种方法论的原则,怀疑态度的基本要求便是对一切既成的原理、观念、信仰等等重新加以批判的审视和考察,以确定其真伪:"怀疑的态度,便是不肯糊里糊涂信仰,凡事须要经我自己的心意'诠订'一遍。……经过一番诠订批评,信仰方才是真正可靠的信仰。"②这种看法在拒斥独断论的同时,把经验事实与独立思考提到了突出的地位:所谓实事求是,首先便是指以经验事实为确定真伪的依据。

胡适的如上方法论思想与近代的实证论思潮有着明显的理论联系。实证论以拒斥形而上学为基本的原则,这一原则在方法论上的引申,便表现为以存疑的态度对待传统的独断教条。孔德对绝对知识的质疑、杜威以疑问为探索的起点等等,都从不同方面展示了这一趋向,而在赫胥黎那里,存疑的方法则被提到了更为突出的地位。赫胥黎既是生物学家又是哲学家,其思想倾向与西方的实证论思潮大体一致。在哲学史上,赫胥黎第一次使用了"不可知论"(Agnosticism)这一概念;赫氏所谓不可知,首先与神学相对。宗教神学认为借助神的启示,人们可以达到宇宙的终极真理,赫胥黎则以不可知论否定了这种神学信念。③ 不可知论的

---

① 胡适:《中国思想史纲要》,《胡适选集》历史分册,第 121 页。
② 胡适:《王充的哲学》,《胡适选集》述学分册,第 164—165 页。
③ T. H. Huxley: *Collected Essays*, New York and London: D. Appleton and Company, 1913. Vol. 5, p. 239.

另一锋芒所向,则是超验的本体,在赫氏看来,关于无法认识的东西及其他本体,其是否存在我都不知道,哲学上的"物质"、"精神"便是这样一种不可知的存在。① 毋庸讳言,这里深深地浸染了现象主义观念,其中所体现的基本上是一种实证主义的立场。但值得注意的是,赫胥黎并不仅仅将不可知论规定为一种与超验哲学相对的理论教条,而是特别赋予它以方法论的意义:"事实上,不可知不是一种教条,而是一种方法。"②作为一种方法,其侧重之点在于普遍的怀疑趋向。从现实形态上,赫胥黎对神学的终极真理及不可知的哲学本体的批评,都首先表现了一种怀疑的态度,正是这种方法论上的怀疑趋向,对胡适产生了深刻的影响。胡适曾说:"我的思想受两个人的影响最大:一个是赫胥黎,一个是杜威先生。赫胥黎教我怎样怀疑,教我不信任一切没有充分证据的东西。"③胡适在方法论上倡导以怀疑的态度研究一切,确实也在某种意义上导源于赫胥黎的存疑原则。

不过,作为现象主义的展开,实证主义的存疑原则一开始便带有感觉论的印记,其基本的根据即是人的认识无法超越感觉之域。所谓存疑,主要是指向现象—经验界之外的对象,当赫胥黎以不可知论为存疑态度的形式,并以此拒斥超验真理与超验本体时,便十分典型地表现了这一特点。相形之下,胡适的思路则有所不同,在这方面,他似乎同时较多地受到了清代朴学的影响。如前文所提及的,清儒在方法论上强调无证不信,其基本精神即阙疑。从内容上看,它大致包括两个方面:其一,

---

① T. H. Huxley, *Collected Essays*, New York: D. Appleton and Company, 1897, Vol. 1, p. 160.
② T. H. Huxley, *Collected Essays*, Vol. 5, p. 245.
③ 胡适:《介绍我自己的思想》,《胡适论学近著》,第630页。

"不以人蔽己",亦即反对盲目接受外部意见以妨碍对事物的正确认识,其具体要求表现为以存疑的态度对待一切已有的成说。这种方法普遍地运用于辨伪、校勘、训诂等领域。梁启超称清儒"善怀疑,善寻问,不肯妄徇古人之成说"①。这一评价确实反映了清儒的治学特点。其二,"不以己自蔽",其具体要求表现为反对专己独断,唯我为是。乾嘉学者顾广圻曾对凭主观意见擅改古书提出批评:"凡遇其所未通,必更张以从我,时时有失,遂成疮痏。"②在清儒看来,怀疑旧说,提出新意,必须以事实的考证为据;对强物从我的否定,内在地包含着超越一己之域的要求。③朴学的如上方法论思想深受胡适的赞赏,他曾一再肯定清儒的存疑态度是"道地的科学精神,也正是道地的科学方法"④。就某些方面言,朴学的存疑态度与赫胥黎的怀疑方法无疑有相通之处。然而,二者在内涵上又存在明显的差异,如果说,朴学的不以人蔽己与赫胥黎反对盲目信仰的趋向大体一致,那么,其不以己自蔽的要求则意味着超越一己之感觉,由自我的经验面向外在的事实。胡适多少已注意到了这一点,在引入实证论(赫胥黎)的怀疑方法之时,胡适也吸纳了朴学反对专己自蔽、强物从我的观念,把注重证据视为怀疑方法的核心,并以此对赫胥黎的存疑主义作了新的诠释:"严格的不信任一切没有充分证据的东西——这就是赫胥黎叫做'存疑主义'的。"⑤不难看出,在对怀疑方法的如上界定

---

① 梁启超:《论中国学术思想变迁之大势》,《饮冰室合集·文集》之七,北京:中华书局,1989年,第87页。
② 顾广圻:《礼运考异跋》,《思适斋集》卷十四。
③ 参阅拙作:《清代朴学方法发微》,《华东师范大学学报》,1985年第4期。
④ 胡适:《崔述年谱》,《胡适选集》年谱分册,第40页。
⑤ 胡适:《胡适文存二集》卷二,第239页。

中,侧重之点已由现象主义的原则(认识无法超越经验—现象之域)转向了无证不信(以事实为立论依据);存疑的方法与朴学治学原则的如上融合,其意味与赫胥黎的实证论主张已颇有不同。

当然,清代朴学作为传统学术思潮具有双重性质,一方面,其研究范围包括语言文字、天文、历算、金石等,这些学科本身具有科学的属性,正是在对这些具体学科的研究中,朴学提出了无证不信的原则;另一方面,朴学又具有经学的性质,其考证以群经为中心,天文、历算等只是经学的附庸,后者使清儒很难摆脱尊经的传统。在清儒看来,五经本身便可视为判断是非的标准:"六艺者,群书之标准,五经者,众说之指归。"①这种经学的眼界,使清儒未能一以贯之地坚持"不以人蔽己"。从以五经为指归的前提出发,清儒强调对经义只能信,不准疑:"治经则断不敢驳经。"②它表明,清儒作为经学家,并未越出经学独断论的思维框架。

胡适尽管肯定并融入了朴学无证不信的原则,但对其奉五经为圭臬的趋向却不以为然。他一再批评朴学"过于尊经",并明确申言:"尊经一点,我终究深以为疑。"③由反对尊经,胡适进而将存疑的方法与批判的态度联系起来:"科学只要求一切信仰须要禁得起理智的评判。"④所谓评判,也就是"重新估定一切价值",它具体表现为以存疑的态度对传统的思想制度作理性的审察。例如,对于相传下来的制度风俗,要问:"这种制度现在还有存在的价值吗?"对于古代遗留下来的圣贤教训,要问:"这句话今日还是不错吗?"重新评定一切价值,本是尼采在19世纪末提

---

① 凌廷堪:《礼经释例·自序》。
② 王鸣盛:《十七史商榷·自序》。
③ 胡适:《胡适论学近著》,第519页。
④ 胡适:《我们对于西洋近代文明的态度》,《胡适文存三集》卷一,第12页。

出的口号,正如赫胥黎的存疑主义主要从认识论上拒斥了独断的神学信条一样,尼采的这一主张着重从价值观上对传统价值体系的合理性提出了质疑,胡适将二者合而为一,不仅克服了朴学所内含的尊经与阙疑的矛盾,而且相应地扬弃了传统的经学独断论。

然而,由批评清儒不敢疑经,强调以存疑的态度评判一切,胡适似乎又走向了另一极端。从如下的议论中,我们不难窥见此点:"疑古的态度,简要言之,就是'宁可疑而错'。……就是疑错了,亦没有什么要紧。"①在此,怀疑的原则多少被赋予一种抽象的性质,从而开始游离事实的根基,这种凡疑皆好的主张,实质上将存疑理解为一种主观的态度,它在某种意义上可以视为实证主义强化主体经验的片面引申。从无征不信到以疑为是,胡适终于又落到实证论的窠臼。

(二) 历史方法

实证主义作为一代思潮,一开始便与进化的观念结下了不解之缘。孔德将人类精神的发展概括为三个阶段,即所谓神学阶段(虚构阶段)、形而上学阶段(抽象阶段)、科学阶段(实证阶段),三者呈现为一种依次递进的关系,这里已内在地蕴含着一种进化的观念。斯宾塞更明确地将进化视为普遍的现象,以为从生物界到社会领域,从物质到精神都呈现为一种进化过程,而哲学的任务便在于揭示这种普遍的进化规律。当然,在孔德与斯宾塞那里,进化的观念还缺乏实证科学的依据,因而多少带有思辨的形式。当达尔文的生物进化论横空出世后,进化的观念便得

---

① 胡适:《研究国故的方法》,《东方杂志》18卷16号,1921年。

到了进一步的确证和强化。赫胥黎即是进化论的坚定信奉者,他与神学的论战,意义之一便在于捍卫进化论,其《进化论与伦理学》一书,更是以发挥进化论思想为主要内容。对进化论的注重,同样体现在第二代实证论上,从杜威的实用主义哲学中,便不难看到这一点;作为实证论的变种,杜威的实用主义与生物学(包括生物进化论)有着密切的关联。从理论上看,实证主义之倾向进化论,乃是其拒斥独断论的基本立场的逻辑引申。与形而上学的独断论追求一种凝固的本体世界相对,进化论以变动的过程打破了永恒的状态,从而为反形而上学的实证论原则提供了某种根据。

　　实证主义与进化论的亲缘关系,在胡适那里亦得到了折射。事实上,早在少年时代,胡适便已受天演论(进化论)的洗礼,胡适之名(适)、字(适之)即取自天演论;实用主义的熏陶,又进一步强化了其对进化论的信奉。不过,与实证论(包括实用主义)较多地将进化论与反形而上学联系起来有所不同,胡适更侧重进化论的方法论意义:"进化观念在哲学上应用的结果,便发生了一种'历史的态度'。"①所谓历史的态度,也就是历史主义的方法。

　　胡适将进化论引向历史的方法,在逻辑上以清代朴学的影响为其中介。注重历史考察是清儒治学的重要特点。乾嘉学者卢文弨曾对朴学的历史方法作了言简意赅的概括:"学固有自源而达流者,亦有自流以溯源者。"②所谓"自流以溯源",是指通过历史的回溯,把握对象的原始状况,然后将对象的原貌与现状加以比较,以弄清事实的真相;"自源而达

---

① 胡适:《实验主义》,《胡适文存》卷二,第416页。
② 卢文弨:《答朱秀才理斋书》,《抱经堂文集》卷十九。

流",则要求在把握对象的最初状况之后,进一步考察它在各个演变阶段的不同特点,以辨古今之异。胡适注意到了清儒在治学过程中具有"历史的眼光",并肯定以历史眼光从事的考证是一种"客观的研究"。胡适本人的整理国故,也深受这种历史方法的濡染。在对国学方法作规定时,胡适曾指出:"国学的方法是要用历史的眼光来整理一切过去文化的历史。"① 正是以这种传统的治学方法为背景,胡适将进化论首先理解为一种方法论。

不过,作为历史考据学,朴学注重"求于实",亦即分别地考订具体事实,而不是把材料联系起来,作总体上的研究,这就决定了其自源达流主要着重于明古今之异,即把握对象前后变迁的不同特点,而未能将揭示各个演变阶段之间的规律性联系放在突出地位。清代史学家章学诚已尖锐地指出了这一点,以为乾嘉学者仅仅停留于史实的证核,而未能进一步"推明大道"。章学诚在史学上属于浙东学派,后者导源于清初的黄宗羲,其特点在于注重明道(把握历史过程的内在联系),如黄宗羲在《明儒学案》中便已提出了揭示"数百年之学脉"的要求。② 这一思想在章学诚那里得到了进一步的发挥。章氏以为,六经皆器,器即典章事实,而道便内在于器之中。由此,章氏主张"即器"而"明道",亦即从古代文献所记载的历史事实中,推明其道,这一看法,对朴学无疑具有纠偏的意义。

胡适在吸取朴学溯源达流之方法论思想的同时,又肯定章学诚"即器明道"的观点"自是一种卓识"③,并进而将浙东史学推明大道的历史

---

① 胡适:《国学季刊发刊宣言》,《胡适文存二集》卷一,第 20 页。
② 参见杨国荣:《王学通论——从王阳明到熊十力》,上海:生活·读书·新知三联书店上海分店,1990 年,第六章。
③ 胡适:《章实斋先生年谱》,第 69 页。

主义方法与进化论结合起来，以后者为历史方法的根据，从而超越了朴学的眼界。这里似乎存在着一个相互作用的过程：一方面，出入朴学这一治学背景，使胡适倾向于将进化论具体化为一种方法论；另一方面，将溯源达流与推明大道建立在进化论的基础之上，又使传统的历史方法得到了深化。这种深化主要表现在如下两个方面：

其一，将明变的观点纳入历史方法之中。胡适认为，进化论必须研究"天地万物变迁"的历史，这种观念运用于历史研究，就表现为明变。所谓明变，旨在"使学者知道古今思想沿革变迁的线索"，亦即把握对象的历史联系。[①] 较之朴学仅仅停留于辨古今之异，这种要求显然体现了更开阔的视野。其二，由明变而求因。进化论不仅要明万物的历史变迁，而且要揭示"天地万物变化的原因"，后者在历史考察中具体表现为揭示前因后果："凡对于每一种事物制度，总想寻出他的前因与后果，不把他当作来无踪去无影的孤立东西，这种态度就是历史的态度。"[②] 如果说，明变主要是把握对象的前后线索，那么，求因则要求进一步探明这种线索中所包含的因果联系，由明变而求因，也就是由知其然到知其所以然。爱因斯坦认为：近代科学研究的特点之一，就是"鼓励人们根据因果关系思考和观察事物"[③]。从这一意义上说，把求因引入历史考察之中，也就意味着将历史主义观点与近代科学方法沟通起来，它使传统的历史方法多少获得了近代的形态。

然而，作为实用主义者，胡适对进化论及因果关系的理解仍深深地

---

① 参见胡适：《中国哲学史大纲》上卷，第3页。
② 胡适：《问题与主义》，《胡适文存》卷二，第530页。
③ ［美］爱因斯坦：《关于科学的真理》，《爱因斯坦论著选编》，上海：上海人民出版社，1973年，第129页。

受到了实证论的制约,后者同时体现于其历史方法之上。按照胡适的看法,"实验主义(即实用主义——引者)只承认那一点一滴做到的进步","进化不是一晚上拢统进化的,是一点一滴的进化的"。① 基于这一论点,胡适把历史的线索主要视为外在的、偶然的关联,而对事物本质联系的把握,则相应地被摒斥在历史考察之外。在这方面,胡适并没有离开实证主义的立场。

这种实证论的立场更明显地表现在胡适的因果论上。孔德曾把事物的规律性联系归结为现象之间的"先后关系和相应关系",并由此拒绝对事物内在原因的探求。与之相承,胡适也将因与果还原为一种前后的相继关系,以事物的前一头为因,后一头为果,而明变求因则无非是抓住这前后两头。② 和西方的实证主义一样,胡适对因果关系的这种理解,基本上没有超出休谟主义的视域。

从如上的因果观出发,胡适进而否定了最后之因。他说:"治历史的人,应该向这种传记材料里去寻求那多元的、个别的因素,而不应该走偷懒的路,妄想用一个'最后之因'来解释一切历史事实。无论你指出来的'最后之因'是'神',是'性',是'心灵',或是'生产方式',都可以解释一切历史;但是,正因为个个都可以解释一切历史,所以都不能解释历史了。"③ 对象产生或变化的原因确实往往是多重而非单一的,如果仅仅以某种一般模式去解释各种具体对象,那就难免或者陷入形而上的思辨,或者导向机械论或还原论。然而,事物的发展固然受多重因素的制约,

---

① 胡适:《杜威先生与中国》,《胡适文存》卷二,第535页;胡适:《新思潮的意义》,《胡适文存》卷四,第1034页。
② 参见胡适:《杜威先生与中国》,《胡适文存》卷二,第535页。
③ 胡适:《中国新文学大系·建设理论集导言》。

但这些因素并非彼此并立,其间往往存在着支配与被支配、主导与非主导之分。一般而论,对象的性质及演进方向,总是由占主导地位的根本原因所规定。胡适否定最后之因,固然有反对思辨哲学的一面,但同时亦意味着以多元的、个别因素的罗列排斥对事物根本原因的探求,后者的逻辑结果则是停留于现象的描述,它既难以对事物作出科学的解释,亦无法正确地预测其发展方向。可以看到,在实证论的制约下,胡适明变求因的历史方法始终未能突破现象主义的界限。

(三) 大胆假设,小心求证

存疑的态度与明变求因从不同的方面对科学方法作了规定,由此进一步形成的问题是:从总体上看,科学研究过程究竟包含哪些环节?对此,胡适作了如下概括:"科学的方法只不过'大胆假设,小心求证'。"① 从某种意义上说,正是这一经典式的表述,构成了胡适方法论思想的核心,而胡适在现代思想史上的影响,也往往更多地与之相联系。

胡适对科学方法的如上概括,有其实用主义的渊源。前文已论及,杜威曾将思维过程规定为五步:第一,疑问的产生;第二,确定疑问之所在;第三,提出解决疑问的假设;第四,推绎出假设所包含的结果;第五,通过验证以接受或抛弃这种假设。② 这一思维过程论既是其探索理论的具体化,又具有方法论的意义。胡适在《实验主义》一文中,便着重从方法论的角度对此作了详尽的介绍和阐释,而其"大胆假设,小心求证"

---

① 胡适:《治学的方法与材料》,《胡适文存三集》卷一,第188页。
② J. Dewey, *How We Think*, pp. 72 - 78.

的研究程序,在某种意义上亦可视为五步法的一种简化形式。

不过,如前所述,作为实用主义者,杜威对怎样求真并不感兴趣,他的着重之点在于如何达到善的结果,与这一基本趋向相应,杜威的五步,并不表现为一种认知的方法,其功能主要在于摆脱困境(从疑难走向确定)。胡适尽管也把疑难的解决提到了突出的地位,但他所说的大胆假设,并不仅仅以主体对确定性的追求为内容,在这方面,他的看法同时受到了清代朴学的影响。清儒在治学中注重创新,戴震曾将这一原则概括为"但宜推求,勿为株守"①。株守是拘泥成说,推求则是通过创造性的思考,提出新的见解,这种见解最初未必以定论的形式出现,而往往带有尝试的性质,其形式接近于假设。不过,在清儒那里,由推求而提出创见,并不仅仅在于解决主体的疑难境地;如前文所述,它主要在于弄清对象的真相。胡适已注意到了这一点,在他看来,清代朴学之所以成就空前,"正因为戴震以下的汉学家注释古书都有法度,都用客观的佐证,不用主观的猜测"②。由此,胡适又进而对朴学的治学方法与西方近代实验方法作了沟通,肯定二者具有内在的一致性,并由此确认了朴学求是原则的科学性质。

朴学将推求创新与求是联系起来的治学方法,明显地影响了胡适。事实上,当胡适以实事求是为存疑方法之内核时,已浸染了朴学的精神。这一点同样体现在胡适对假设—求证方法的理解上。前文曾提及,"大胆假设,小心求证"的方法论总则与杜威的探索方法存在理论上的渊源关系,但后者并不是胡适运用的惟一的资源。如果作更全面的考察,则

---

① 戴震:《戴震集》,上海:上海古籍出版社,1980年,第54页。
② 胡适:《中国哲学史大纲》上卷,第26页。

不难看到,胡适对科学研究程序的如上规定,同时又有其传统的根源。这一点,在以下事实中便可得到印证:胡适最初正是在总结清代朴学的治学方法时,明确提出"大胆假设,小心求证"的方法论思想。按胡适的理解,"他们(清代学者——引者)用的方法,总括起来,只是两点。(1)大胆的假设,(2)小心的求证"①。如果说,杜威的探索理论使胡适强调了尝试性的假设在科学研究中的作用,那么,清代学者将创新与求是统一起来的思路,则使胡适多少注意到了假设的认知功能。胡适曾说:"假设不大胆,不能有新发明。"②这里的"发明"也就是科学的发现,其目标在于揭示对象自身的内在规定(求真),它与实用主义追求效用(善)的目标取向,意味似乎颇有不同。

胡适确认假设在科学发现中的意义,从另一方面看又意味着对发现方法的注重,在这方面,胡适的思路有别于后来的逻辑实证主义。逻辑实证主义诚然十分重视科学方法,并对此作了多方面的探讨,但他们往往又存在着一种共同的趋向,即主要把科学方法理解为一种证实的方法,至于发现过程,则常常被归入心理学之域。他们对科学研究程序的规定,也基本上限于验证过程的设计与展开。这既体现了逻辑实证主义偏重于理论的逻辑建构,而相对忽视理论的发展过程的立场,也与其对科学研究本质的看法相关。按逻辑实证主义之见,科学研究并不是一个摹写对象的过程,知识不外是对主体经验的逻辑重建,就此而言,逻辑实证主义与实用主义确实存在理论上的一致性。③ 相形之下,

---

① 胡适:《清代学者的治学方法》,《胡适文存》卷二,第575页。
② 同上。
③ 后来奎因将逻辑实证主义与实用主义糅合为一,并把知识界定为"人工构造物",亦表明了这一点。

胡适将"大胆的假设"首先理解为一种发现的方法,似乎还不像逻辑实证主义那样偏狭。尽管胡适对科学发现方法的阐释不见得有多少深度,但肯定科学方法的发现功能,对完整地理解科学方法的作用,无疑是有意义的。

科学研究的展开过程,总是涉及归纳与演绎的关系。作为经验主义的流派,实证主义往往更偏重归纳方法。在第一代实证主义那里,这一特征表现得更为明显。穆勒便认为,传统的三段论(演绎逻辑)只是解释一般命题的方法,唯有归纳才能提供并验证一般的命题。按照这种理解,演绎并不能视为获得新知的方法。这种看法深深地影响了中国近代哲学家,如严复便把演绎看作是一种思辨,以为它始终无法超越已知:"夫外籀之术,自是思辨范围。但若纯向思辨中讨生活,便是将古人所已得之理,如一桶水倾向这桶,倾来倾去,总是这水,何处有新智识来?"①由此,严复得出如下结论:"格致真术,存乎内籀。"②这种观点,和穆勒的归纳主义大致一脉相承。与严复不同,胡适对穆勒轻视演绎的偏向颇有异议:"弥尔和倍根都把演绎法看得太轻了,以为只有归纳法是科学方法。"③在胡适看来,归纳与演绎都是科学方法的必要环节,二者不可分离。"科学方法不单是归纳,是演绎和归纳互相为用的,忽而归纳,忽而演绎。"④对归纳与演绎关系的如上理解,当然还存在着把二者并列起来的机械论倾向,不过,相对于归纳至上的正统实证论,它无疑又体现了一

---

① [英]耶方斯:《名学浅说》,严复译,北京:生活·读书·新知三联书店,1959年,第58页。
② 同上书,第59页。
③ 胡适:《清代学者的治学方法》,《胡适文存》卷二,第540页。
④ 同上。

种不同的眼光。

演绎在思维行程上表现为从一般原理到特殊事实的推论,与确认演绎方法的作用相应,胡适强调在整理、研究经验材料时,必须以学理为指导:"有了学理作参考的材料,便可使我们容易懂得所考察的情形,看有什么意义,应该用什么救济方法。"①所谓以学理作参考比较,也就是运用一般的理论知识对具体对象加以比较分析,以揭示其性质与特点。胡适特别指出要引入西方科学研究成果,"欧美日本学术界有无数的成绩可以供我们的参考比较,可以给我们无数新法门"②。这些看法,与后来的逻辑实证主义颇有不同。逻辑实证主义将有意义的命题区分为分析命题与综合命题两类。所谓综合命题,也就是经验范围的观察陈述。为了保证观察陈述的客观性,逻辑实证主义往往要求净化一般的理论观念。尽管他们后来也承认观察中总是难免渗入理论,但这一事实往往成为怀疑认识能否真正把握原始对象的根据。相形之下,胡适似乎更多地从积极的方面考察理论背景在研究过程中的意义。

胡适的如上看法在某些方面上承了朴学的传统。清代学者的考证虽以归纳为重,但并不偏废演绎,二者的关系表现为会通其例与一以贯之的统一。所谓会通其例,是指通过比较分析,概括出一般的义例,这种义例包括音韵理论、校勘规则等等;一以贯之则是在一般条理通则的指导下考察千差万别的对象;前者主要是从个别到一般的归纳过程,后者则是由一般到个别的演绎过程。尽管朴学很少从一般方法论的层面对归纳与演绎的过程作细致的规定,但其治学过程确实以朴素的方式体现了归

---

① 胡适:《问题与主义》,《胡适文存》卷二,第481—482页。
② 胡适:《国学季刊发刊宣言》,《胡适文存二集》卷一,第26页。

纳与演绎的统一。在总结清代朴学方法时,胡适亦注意到了这一趋向,以为清儒的方法是"归纳和演绎同时并用的科学方法"①。当胡适批评穆勒轻视演绎时,其方法论立场无疑更多地倾向于清代朴学的如上观念。

注重条理分析是清儒治学的另一特点。清代学者认为,古代的文献典籍及音韵文字并不是杂乱无章的。"循而考之,各有条理"。惟有把握这种条理,才能对具体材料作出正确的分析和综合:"务要得其条理,由合而分,由分而合。"②在考据领域,所谓条理,主要是指通过会通其例而获得的普遍通则以及语言文字等理论。尽管在考据领域之外,清儒对理论思维的作用并未达到应有的认识,如他们往往将历史事件与人物的宏观分析及古代文献的思想内容之评价视为"求于虚",以为求于虚不如求于实。③ 然而,主张由明其理而分析具体对象,毕竟多少注意到了条理知识在整理材料中的作用。胡适曾敏锐地指出了这一点,在他看来,清代朴学所以卓然有成,原因之一便是"以小学为之根据"④。所谓小学,亦即语言文字学理论,胡适肯定理论在研究过程中的指导作用,也确实从一个侧面折射了传统朴学方法的影响。

当然,尽管胡适通过吸纳传统朴学方法的积极因素而对实证主义(包括实用主义)在方法论上的偏向作了某种限制,但这并不意味着已走出了实证论。他固然注意到了假设在科学发现中的作用,但往往又把假设的形成理解为一个非逻辑的过程:"应该知道这一步(假设的形成——引者)在临时思想的时候是不可强求的,是自然涌上来,如潮水一样,压

---

① 胡适:《清代学者的治学方法》,《胡适文存》卷二,第554页。
② 戴震:《戴震集》,第489页。
③ 王鸣盛:《十七史商榷·自序》。
④ 胡适:《胡适留学日记》卷十五。

制不住的;他若不来时,随你怎样搔头抓耳,挖尽心血,都不中用。"①由此,胡适又进而认为A、E、I、O等演绎法式及求同求异等细则并不是训练思想的正当方式。按照如上解说,则假设似乎游离于逻辑思维而主要表现为一个心理活动的过程,它在某种程度上又回到了把科学发现归入心理学之域的实证主义观点。

同时,胡适虽然注意到了学理的作用,但实用主义的浸染又使他对学理的看法带有某种经验论的色彩。如前所述,胡适将学理视为一种比较参考的材料,依此,则理论知识便似乎与经验材料处于同一序列,而理论与经验的并列,又往往容易导致二者的混同,从胡适的如下议论中,我们不难看到这一点:"经验的活用就是理性。"②从经验即理性的观点出发,胡适常常把一般理论、主义贬为"抽象名词",这里同样表现出明显的经验主义倾向。与如上倾向相联系,胡适对演绎方法的理解也存在相当大的片面性,他诚然注意到了演绎是科学方法的一个环节,但却未能注意数学方法在假设的推导、论证中的作用,在这方面,胡适与穆勒、严复等无疑又有相近之处。③

从中国近代方法论思想的演变看,严复着重于引入西方近代的"实测内籀"之学,其中既包括西方近代的科学方法,也内含着实证论的原则。王国维对实证论亦作了双重理解,并开始注意到近代实证科学的方法与朴学方法的沟通,但就总体而言,王氏更偏重于二者在历史考证中的结合。作为胡适方法论思想来源之一的西学,同样包含双重内涵,即

---

① 胡适:《实验主义》,《胡适文存》卷二,第461页。
② 胡适:《五十年来之世界哲学》,《胡适文存二集》卷二,第268页。
③ 在第三代实证主义(逻辑实证主义)那里,数学方法开始被提到重要地位。在这一点上,胡适对科学方法的理解显然逊色于逻辑实证论。

近代实验科学的方法与实用主义的原则。不过,胡适在引入西学的同时又上承了传统的方法论思想(主要是清代朴学的治学原则),并力图从一般方法论的意义上将二者结合起来,这种交融在理论上具有多重意义。首先,通过融入朴学严于求是、注重明真等治学原则,实用主义的偏向得到了某种限制,它使胡适的方法论思想呈现出有别于西方实证主义的特征;其次,胡适所引入的西学,同时包括西方近代的科学方法,后者作为外来的观念,在未能找到传统的结合点时,往往会给人以异己之感,从而不容易为人所接受,严复的实测内籀之学在当时之所以未能产生普遍的影响,与缺乏传统的接引显然不无关系,而近代西方的"科学实验态度"(胡适语)一旦与朴学方法相沟通,便开始获得了某种传统的根据,从而不再仅仅是一种异己之物,胡适的方法论思想之所以在"五四"前后产生广泛的影响,其缘由之一,即在于此;最后,西方近代科学方法与传统治学方法的会通,同时也使后者受到近代的洗礼,从而推进了方法论的近代化。当然,在胡适那里,尽管实用主义的原则受到了一定的限制,但如前所述,其基本立场并没有完全转换,后者使胡适在方法论上的中西会通,总是带上了某种实证论的印痕。

四、实用主义与马赫主义的合流

与胡适引入实用主义几乎同时,丁文江、王星拱着力将马赫主义介绍到了中国。就哲学形态而言,马赫主义大致可归入第二代实证主义,它不仅继承了第一代实证论的经验主义与现象主义立场,并以反形而上学为己任，而且在这方面走得更远。马赫本人是颇有成就的科学家及科学史家，在声学、冲击波理论及科学史方面均有重要建树，同时又善于利用科学的最新成果为其哲学的主张作论证，因而他提出的经验批判主义，似乎更具有科学的外观，亦更易影响崇尚科学的中国近代思想家。丁文江与王星拱分别从事地质学与化学的研究，具有科学家与哲学家的双重身份，因而马赫主义对他们便具有一种特别的吸引力。

作为实证主义思潮的两股支流，实用主义与马赫主义具有相近的哲学趋向，这种理论上的一致性，使它们在输入中国后，很快便彼此认同，并趋于合流。在科学与玄学的论战中，胡适便公开站在丁文江、王星拱一边，结成了所谓的"科学派"，与张君劢等为代表的玄学派相对峙。丁文江更明确地认定，詹姆士、杜威的实用主义与马赫主义并无本质的不同："凡研究过哲学问题的科学家如赫胥黎、达尔文、斯宾塞、詹姆士（W. James）、皮尔生（Karl Pearson）、杜威，以及德国马哈（Mach）派的哲学，细节虽有不同，大体无不如此。"①这里的"大体"，便是指共同的实证主义立场。

当然，尽管"大体无不如此"，但毕竟细节有所不同。相对于实用主义以不了了之的方式消解哲学根本问题，马赫主义试图以经验主义及心理主义的观点来说明传统的哲学问题；在著名的"要素说"中，这一点表现得十分明白。在马赫看来，人所认识的世界是由要素构成的，要素是最基本的、无法再还原的成分。按其性质，要素可以分为三类：第一类是组成物理经验的要素（ABC），表示时空、颜色、声音等物理性质；第二类是组成生理经验的要素（KLM），表示生理的特性；第三类是组成心理

---

① 丁文江：《玄学与科学——评张君劢的〈人生观〉》，《科学与人生观》，上海：亚东图书馆，1923年，第12页。

经验的要素（αβγ），表示知觉、表象、记忆等心理特性。要素的不同组合，即分别构成了物理世界与精神世界。马赫强调，作为构成世界的最基本的分子，要素既非物质，亦非精神，而是中性的，这样，世界的本原既不能归结为物质，亦不能说是精神，而传统哲学中争论不休的基本问题，也由此得到了超越。就其力图净化形而上学而言，马赫主义与第一代实证论及实用主义无疑一脉相承，而它以"中立要素"这类实证性的概念来说明存在，则似乎更具体地贯彻了实证的精神。然而，如果进一步追问要素究竟是什么，那便不难看到，马赫的中立要素，不过是感觉的另一种表述，其要素论仍然是对存在的经验论规定。

马赫的如上思路，基本上为丁文江、王星拱等所接受。不过，与马赫以中立要求之类的含混概念来替换感觉有所不同，丁、王更直接地以感觉论的形式出现。丁文江对物质作了如下界说："我们所晓得的物质，本不过是心理上的觉官感触。"[①]较之马赫的精致论证，这种看法无疑显得较为粗糙，但它却更直截了当地点出了马赫主义的内核。在上承马赫主义的同时，丁、王又吸纳了新实在论的某些观点。王星拱曾以肯定的方式，对新实在论的观点作了介绍："实在论者说心也不是实在的，物也不是实在的，只有感触——眼所见的，耳所听的，手所摸的——是实在的。"[②]相对于实用主义在活动的基础上将实在规定为人化的对象，王星拱与丁文江似乎更接近贝克莱的经验主义。

实证主义从第一代开始，便追求具体科学的综合，力图为科学找到一个统一的基础，孔德便把实证哲学视为科学的综合，马赫同样表现了

---

① 丁文江：《玄学与科学——评张君劢的〈人生观〉》，《科学与人生观》，第9页。
② 王星拱：《环境改造之哲学观》，《哲学》，1921年第4期。

这一趋向。尽管他不像孔德那样致力于具体科学的综合,但其中立的要素一元论,亦旨在把各种科学集合成一个整体,从而实现科学的统一。作为马赫主义的信徒,丁文江、王星拱并没有离开这一传统,丁文江在与张君劢的论战中,曾批评了张君劢将精神科学与物质科学分离开来的论点,强调二者具有内在的统一性。① 在丁文江看来,科学的统一性归根到底建立在科学方法的普遍性之上:"科学的普遍,科学的贯通,不在他的材料,在他的方法。安因斯坦谈相对论是科学,詹姆士讲心理学是科学,梁任公讲历史研究法,胡适之讲《红楼梦》也是科学。"②值得注意的是,作为肯定精神科学与物质相互统一的逻辑引申,丁文江进而确认了自然科学与社会科学的内在一致,这与马赫将科学的统一主要理解为自然科学各学科之间的联系,意味似有所不同。一般而论,作为认识自然与社会的特定方式与过程,科学无疑有其共性,而科学方法确实也从一个侧面反映了这种共性,实证主义(包括马赫主义)在这方面的探讨,并非毫无意义。从另一角度看,丁文江把科学方法视为科学统一的基础,与胡适对科学方法的推重,又表现了同一趋向。

当然,科学方法只是从一个侧面体现了科学的统一,在更高的层面上,科学的统一又与哲学相关,王星拱对此作了较为具体的论述。按王氏之见,科学的统一可以从高低两个层次去理解,低层次的统一,即各门具体科学之间的统一,与此相对的是哲学的和一:"哲学的和一,可谓高级的和一。"③如果没有哲学层面的统一,则各种具体科学甚至难以成

---

① 参见丁文江:《玄学与科学——评张君劢的〈人生观〉》。
② 同上。
③ 王星拱:《科学概论》,北京:商务印书馆,1930年,第232页。

立。唯有哲学来尽和一之职,各具体科学的秩序才能得到确立。这种看法颇近于孔德的观点:它在某种意义上似乎从马赫的要素论回归到了孔德的综合科学。不过,孔德之综合科学,始终与剔除形而上学的目标紧紧相联,而后者又意味着否定哲学的普遍规范意义。与之相对,王星拱要求在哲学的层面实现科学的更高和一,则蕴含着另一重意义:"各科专门研究,只能增富各科的知识至一定的程度,若想再行前进,须有较宽大的眼光——即是照注其他专门科学的眼光——为之引导,方可底于成功","而且,我们的胸襟是天然狭隘的,我们应当防备而更正,不应当固定而增浓。……这一培养的责任,就是哲学——科学之科学——所应该担负起来的"。① 这里的着眼点,并不是哲学的科学化,而是哲学对科学的范导功能:唯有具备哲学的眼光,才能扬弃专门领域的褊狭性,并使科学研究更有成效。如果说,实证主义在推崇科学、拒斥形而上学的同时,多少表现出将哲学归结为科学的附庸,并相应地否定了其普遍的规范意义,那么,王星拱对科学与哲学关系的如上理解,似乎已开始突破实证主义的视野。

与要求克服专门科学的褊狭性、肯定哲学的范导意义相联系,丁文江与王星拱对人生观表现出极大的兴趣。事实上,丁、王对马赫主义的介绍和发挥,即发端于科学与人生观的论战,而科学的统一性则进一步被引向科学与人生观的关系。以张君劢为代表的玄学派认为,科学以确认因果律为前提,人生观则建立于意志自由的预设之上,二者界限分别,属于不同领域。与之相对,丁文江、王星拱从确认科学的普遍性这一基本主张出发,强调科学与人生观不能分家,正如各门具体学科不能越出

---

① 王星拱:《科学概论》,第233页。

科学之域一样，人生观也受到科学的制约。在此，科学的统一具体展开为科学与人生观的统一。这种看法与马赫在认识论的基础上建立科学的统一性显然有所不同，它在某种意义已把科学泛化为一种广义的文化精神，并体现了将广义的科学精神运用于文化各个领域的趋向，而后者又或多或少折射了"五四"时期科学得到普遍信仰的时代背景。正是这种背景，使中西马赫主义呈现不同特点。

然而，由强调科学的统一性而对科学精神加以泛化，同时又蕴含着某种唯科学主义的倾向，与人生观受制于科学相应，作为主体的人也主要成为科学的对象。从丁文江、王星拱的如下议论中，便不难看到这一点："我的思想的工具是同常人的一类的机器。机器的效能虽然不一样，性质却是相同。"①"科学是凭借因果和齐一两个原理而构造起来的，人生问题无论为生命之观念，或生活之态度，都不能逃出这两个原理的金刚圈。"②在此，主体多少被规定为一种机械的存在，而人生则与物理或力学运动并无二致。丁、王似乎忽视了，人生固然不是与科学隔绝的神秘之域，但也并非完全从属于科学定律的机械过程，一旦将其归结为类似机器的运动，则人生便必然失去了丰富的内涵而变得抽象、干涸。如果说，在科学与哲学的关系上，丁、王对实证主义的眼界有所超越，那么，在科学与人生观的关系上，丁、王似乎又回到了实证论的唯科学主义立场，后者进一步凸显了实证主义的内在缺陷，并使克服这种缺陷成为尔后的实证主义无法回避的问题。从冯友兰对新实在论与逻辑实证主义的超越中，便不难看到这一点。

---

① 丁文江：《科学与玄学——评张君劢的〈人生观〉》，《科学与人生观》，第10页。
② 王星拱：《科学与人生观》，第16页。

第四章

新实在论的融入与逸出

在实用主义崛起之际，英美哲学界同时出现了实证主义的另一流派——新实在论，其主要代表有英国的穆尔、早期的罗素，以及美国的霍尔特、培里、蒙塔古等。到20世纪三四十年代，新实在论便开始在中国产生影响，并逐渐形成了不同的衍化趋向，冯友兰便是中国近代新实在论的主要代表之一。冯友兰曾以"新理学"在中国近代哲学史上独树一帜。作为近代中西哲学会通交融的历史产物，新理学既植根于中国传统哲学，又镌刻着西方哲学的印记。就总体而言，传统的影响主要来自程朱理学；西学的制约则首先与新实在论相联系。新实在论的洗礼，使冯友兰与旧形而上学保持了一定的距离，而传统哲学的浸染，则使冯友兰难以忘怀普遍的本体与人生的终极意义，二者在理论上蕴含着某种内在的紧张。如何化解这种紧张并超越二者的对峙？冯友兰建构新理学的过程，在一定意义上便可以看作是解决如上问题的一种尝试，而其中又始终交错着对实证论的融入与逸出。

一、重建形而上学

新理学的建构，以新实在论为逻辑出发点。作为实证主义的一个流派，新实在论各个代表人物的具体观点尽管不尽相同，但其基本哲学倾向则彼此相近，后者首先表现为排拒思辨的教条。何为思辨的教条？美国的新实在主义者对此作了如下界定："所谓'思辨的教条'是指为了种种哲学上的目的而作的一种假定，认为有一个完全齐备的、完全普遍的原则,一个单一的根本的命题,能够充分恰当地规定或解释一切事物。"①从外延看,思辨的教条既是指新黑格尔主义及贝克莱主义等,又是指哲学史上的唯物论。在反思辨教条的旗帜下,新实在论将锋芒同时指向了这两者:"传统的心灵主义的概念,如意志、活动性、直接性、生命等等,和唯物主义把物体看作是一个不可简化的实体一样,都是根据于同一的根本性的误解。"②新实在论的这些看法,带有明显的反形而上学的性质。对"思辨教条"的拒斥,实质上即是对传统形而上学的否定,而在这种批评与否定的背后,则蕴含着超越唯心论与唯物论的意向,它与孔德以来的实证主义在理论上颇为合拍。如果把现代西方哲学划分为实证主义与人本主义两大主流,那么,新实在论无疑当归属于广义的实证主义思潮。当然,与马赫主义及实用主义一样,新实在论并非第一代实证主义的简单重复。相对于第一代实证主义而言,新实在论的特点在于引入并注重逻辑分析方法,新实在论的重镇罗素,便是现代逻辑的创始者之一。正是现代逻辑分析方法的自觉运用,使实证主义开始向分析哲学迈进,而在后来的逻辑实证主义那里,这一趋向又得到了进一步的发展。这样,从逻辑上说,新实在论大致构成了从第一代实证主义向第三代实证主义(逻辑实证主义)过渡的中介。

冯友兰早年留学美国,曾师从美国的新实在论者蒙塔古(W. P. Montague),在哲学上深受新实在论的影响,这种影响明显地体现在对传统哲学的反省过程中。冯友兰在接受新实在论的洗礼之后,于20世纪30年代对中国传统哲学作了较为系统的整理和总结,其二卷本的

---

① [美]霍尔特等:《新实在论》,伍仁益译,北京:商务印书馆,1980年,第23页。
② 同上书,第20页。

《中国哲学史》便是这一时期的代表作。在冯氏看来,哲学史上的形而上学,很多是"坏底形上学";逻辑分析方法的缺乏,使传统哲学往往混淆了具体存在与形而上的形式,从而导致各种错误的结论。即使宋明理学,同样亦有此缺陷:"宋明道学,没有直接受过名家的洗礼,所以他们所讲底,不免著于形象。"①由于未能对哲学作逻辑的净化,便产生了各种无意义的哲学争论,唯物唯心之争,即属于这一类的争论。事实上,"说'万物本体是心'或'万物本体是物'都没有方法可以证实"。根据真正的哲学标准,这一类争论都应取消:"照我的意思,真正的哲学,是要取消这种争论的。"②在此,冯友兰既引入了逻辑分析的方法,又以能否证实作为意义的标准。对传统哲学的如上批评,不仅与新实在论如出一辙,而且在理论上接近于后来的逻辑实证主义。这一点,冯氏本人亦并不讳言:"维也纳学派(逻辑实证主义——引者)对于形上学的批评的大部分,我们却是赞同底。他们的取消形上学的运动,在某一意义下,我们也是欢迎底。"③冯友兰对维也纳学派的如上肯定,即反映了新实在论与逻辑实证主义之间的内在联系,又在一定程度上表现了他在对待传统哲学上的实证论立场。

    作为一种思潮,实证主义所否定的不仅是传统的形而上学,而且是任何形式的形而上学。新实在论同样表现了这一特点,尽管它在某些方面仍带有形而上学的痕迹,如将共相视为一种实在(详见后文),但至少在理论上,新实在论并没有把建立新形而上学作为哲学的目标,当新实

---

① 冯友兰:《三松堂全集》第5卷,郑州:河南人民出版社,1986年,第146页。
② 冯友兰:《对于儒家哲学之新修正》,《三松堂学术文集》,北京:北京大学出版社,1984年,第621、618页。
③ 冯友兰:《三松堂全集》第5卷,第221页。

在论拒斥"思辨的教条"时,它事实上便在一般意义上,对形而上学是否可能的问题作了否定的回答。在这一点上,冯友兰与新实在论及实证主义的其他流派出现了重要的分歧。按冯氏之见,传统的形而上学固然有缺陷,但这并不意味着形而上学在理论上完全不可能;对旧形而上学(亦即"坏底形上学")的批评本身并不是目的,拒斥坏的形而上学,乃是为了重建形而上学。从逻辑上看,冯友兰对中国传统哲学的反省总结,对旧形而上学的分析批判,即旨在为建构新形而上学提供理论前提。正是基于这一思路,冯友兰对西方实证主义提出了批评:"西洋的哲学家,很少能利用新逻辑学的进步,以建立新底形上学。而很有些逻辑学家利用新逻辑学的进步,以拟推翻形上学。他们以为他们已将形上学推翻了,实则他们所推翻底,是西洋的旧形上学,而不是形上学。形上学是不能推翻底。"①可以看出,冯友兰在接受实证主义(包括新实在论)思想的同时,又力图超越实证论,而这种超越首先便表现在:继打破旧形而上学之后,又进一步以逻辑分析方法建构新形而上学。

冯友兰认为,重建形而上学,必须从分析经验入手,而经验总是与实际事物相联系,因而分析经验也就是分析经验中的实际对象;"哲学始于分析、解释经验,换言之,即分析、解释经验中之实际底事物。"②所谓经验中的实际事物,无非是现象界的另一种表述。这样,经验的分析实质上也就可以还原为现象的分析。这种注重现象分析的致思趋向,与一般的实证论又有相通之处。实证论的基本特征,便是以现象为认识的对象,并把认识的任务规定为对现象诸要素及其相互关系的分析描述。不

---

① 冯友兰:《三松堂全集》第5卷,第147页。
② 冯友兰:《三松堂全集》第4卷,第12页。

过,在实证哲学那里,现象分析的结果首先表现为各种可感知的经验要素,而按冯友兰之见,现象分析的结果则主要以普遍规定的形式存在,这些规定可以概括为两类:其一,某物之所以为某物之根据,如通过分析方形的具体现象,可以得到方的对象之所以为方的一般根据;其二,构成某物的一般质料或"绝对底料"。如果说,实证主义主要限于现象与经验的沟通,那么,冯友兰则从分析经验现象出发而又不限于现象:他的注重之点更在于从现象中抽出共相。

当然,对经验现象之逻辑分析,并不意味着思维行程的终结。冯友兰曾对哲学作了如下界说:"哲学乃自纯思之观点,对于经验作理智底分析、总括及解释,而又以名言说出之者。"①此处之分析,便是指逻辑分析,所谓总括,则是对分析的结果进一步加以逻辑构造。构造的第一步表现为普遍规定(逻辑分析的结果)的形式化,亦即将共相与殊相分离开来,使之成为与事实无涉的纯粹形式。这种形式首先以理的形态存在,所谓理,即是前文所说的某物之为某物的根据。不过,作为纯粹的形式,它并不构成对象事实上的根据,而仅仅是一种逻辑上的前提。换言之,它非内在于事物之中而决定事物,而只是事物的一种逻辑条件。从逻辑上说,一切具体事物均依照理而存在,但被依照的理却并不随事物的变化而变化:"实际上有依照某理之实际底事物,某理不因之而始有;无依照某理之实际底事物,某理不因之而即无。"②"理世界在逻辑上先于实际底世界。"③在此,理与实际的事物表现为两个序列:理决定事物而又

---

① 冯友兰:《三松堂全集》第4卷,第7页。
② 同上书,第41页。
③ 冯友兰:《三松堂全集》第5卷,第150页。

独立存在。这种超时空的理,冯氏称之为"真际";理与实际事物之分界,同时便表现为"真际"与"实际"的对峙。

除了理之外,新形而上学(新理学)体系的基本范畴还包括气、道体以及大全(宇宙)。所谓气,是指没有任何规定(抽去了一切属性)的绝对质料,由于它是在剔去了一切实际内容之后得到的,因而也是一个纯形式的范畴,冯友兰称其为"真元之气"或"无极"。由气到理的过程,便是道体,而从静的方面看,真元之气、一切的理以及道体则总称为"大全"或"宇宙"。气、理、道体、大全等基本范畴,具体又展开为四组命题。

新理学的第一组命题是:"凡事物必都是什么事物,是什么事物,必都是某种事物。有某种事物,必有某种事物之所以为某种事物者。"即凡是存在的事物,都属于某一类,而有某类事物则必然有某类事物之理。简言之,存在蕴含类,类蕴含理。由此命题,冯氏以为又可以推出两个结论:其一,虽无具体事物,但规定该事物之理仍可存在;其二,理存在于具体事物之先。不难看到,新理学的这一组命题事实上把理世界先于并独立于实际世界这一点进一步加以突出。第二组命题涉及事物的存在。理决定事物为某一类事物,而某一类事物的存在,则离不开气,气构成了事物所以能存在者。当然,此处之气,是指绝对的质料,它与具体事物之关系,亦为一种逻辑的关系。第三组命题主要说明无极(气)而太极(理)的流行。所谓流行,也就是气实现理(气依照理)的过程,实际世界便存在于这一过程之中,而一切的流行便构成了道体。在此,冯氏试图通过理与气在过程中的融合,来阐释实际世界的形成。最后一组命题是:"总一切底有,谓之大全。"大全又称宇宙,但它不是物质的宇宙,而是指逻辑上可能的一切存在。道体是就事物动的方面而言,大全则是就事物静的方面而言。①

概言之,通过对经验现象的分析,抽象出事物的一般规定并使之形式化,由此而建构一个以理、气、大全、道体为主干的新理学体系,这便是冯友兰重建形而上学的逻辑行程。这里包含着两个相互联系的环节,即逻辑分析与逻辑构造。就前一方面而言,新理学与新实在论具有极明显的渊源关系。新实在论以逻辑分析为哲学的基本方法,与后来的逻辑实证主义有所不同,它不仅从现象之中抽象出各种可感知的经验要素,而且注重分析类的普遍规定,后者也就是共相。在新实在论看来,无论是可感知的简单性质,还是一般的共相,都是实在的。这种实在,并非内在于殊相,而是表现为先于殊相的独立存在。蒙塔古曾对此作了如下概述:"每一特殊的物或事,皆有共相以为其性质,此共相先于特殊的物或事而独立暗存(Subsist)。"②此处包含两步:首先,运用逻辑分析方法,从殊相中抽出共相,然后,将这种共相规定为殊相存在的根据(即决定某一殊相之所以为殊相的根据),并由此肯定其逻辑上的在先与独立。冯友兰从经验现象中分析出普遍之理,又以理规定具体事物,基本上重演了新实在论的逻辑行程。

不过,新实在论尽管肯定了共相的先在性与独立性,但在总体上,他们对重建形而上学并不感兴趣。作为实证主义的分支,新实在论同样表现出一种将哲学科学化的趋向。在他们看来,哲学的任务并不像传统形而上学那样,对整个宇宙作总体上的说明,哲学与科学乃是处于同一层

---

① 冯友兰:《三松堂全集》第5卷,第148—154页。
② [美]蒙塔古:《认识方法》,参见冯友兰:《孟特叩论共相》,《三松堂学术文集》,第115页。

面:"哲学的任务并非根本地不同于专门知识的任务。它和它们处在同一平面上,或者在同一领域内。这是程度上的区别,而不是种类上的区别;这个区别,正像实验物理学和理论物理学之间、动物学和生物学之间、或是法学和政治学之间的区别。"①罗素虽有共相世界之说,但这种共相世界与传统形而上学意义上的本体世界并不完全相同,它往往与命题之间的逻辑关系有着更为切近的关系。正是在后一意义上,罗素认为,哲学问题最终都可以还原为命题涵义的逻辑分析:"每一哲学问题,当我们给以必要的分析和提炼时,就会发现,它或者实际上根本不是哲学问题,或者在我们使用逻辑一词的意义上说是逻辑问题。"②这样,尽管新实在论由殊相而共相的运演过程与实证主义的其他流派略相异趣,但其基本思路则并未离开实证论。如果说,将哲学与科学列入同一层面大致上承第一代实证主义的传统,那么,将哲学问题还原为"含义的逻辑问题",则下启后来的逻辑实证主义。

新实在论的以上趋向,对试图重建形而上学的冯友兰来说,显然很难接受。在肯定新实在论的共相理论的同时,冯友兰又对新实在论的实证主义立场提出了种种批评。按冯氏之见,哲学不能归结为科学,科学所讨论的,只是宇宙间一部分事物,而哲学所考察的,则是宇宙的全体。这种看法,显然是对实证主义(包括新实在论)将哲学科学化的倾向而发的。同样,冯友兰也不赞同将哲学仅仅理解为命题意义的逻辑分析:"若哲学仅是追问此诸意义,则哲学即与逻辑无大差别。近来虽有一部分哲

---

① [美]霍尔特等:《新实在论》,第48页。
② [英]罗素:《我们关于外间世界的知识》,陈启伟译,上海:上海译文出版社,1990年,第24页。

学家如此说,但我们并不如此主张。"①此处之"一部分哲学家"虽然主要指逻辑实证主义(维也纳学派),但同时也兼及新实在论。

重建形而上学的理论要求既然在西方实证主义那里得不到完全的满足,那么,目光便十分自然地转向了中国传统哲学。尽管冯友兰曾对传统形而上学颇有微词,但这种不满主要针对其中坏的形而上学而发。在他看来,除了坏的形而上学外,传统哲学中还包含着可以借鉴的形而上学,后者首先便是指程朱理学。程朱通过铢分毫析,从林林总总的对象中抽象出一般的理,并使之与具体事物相分离而获得了独立的品格,这种思维路向与新实在论无疑有相通之处。不过,程朱并没有停留于对理的铢分毫析,在抽出一般之理之后,他们又通过思辨的构造,建构了一个具有本体论意义的理世界,并试图对理世界与实际世界的关系作出总的说明。这种思辨的构造,使程朱理学既不同于仅仅解释宇宙某一部分的科学,也有别于命题涵义的逻辑分析;它在本质上具有一种形而上的形态,而这种形态对于不满于哲学科学化与逻辑化的冯友兰来说,显然具有内在的吸引力。冯氏一再盛赞程朱"重新发现了理世界",并对此作了如下评价:"理世界的重新发现,使人得一个超乎形象底、洁净空阔底世界。它是不增不减,不生不灭,无动无静。有某种实际底事物,必有某理。但有某理,不一定有某种实际底事物。……这个新'见',可以'开拓万古之心胸'。这是一个精神的极大底解放。"②如果我们把冯友兰的新理学与程朱理学作一比较,便不难看到,从概念范畴到基本观点,二者都有着难以否认的历史联系;而在理世界决定实际世

---

① 冯友兰:《三松堂全集》第4卷,第21页。
② 冯友兰:《三松堂全集》第5卷,第138页。

界这一总的理论构架下,这种联系表现得尤为明显。这一点,冯友兰本人亦并不讳言,他曾不止一次地提到,其"新统"(新形而上学)乃是接着程朱理学的传统而讲的,并不无寓意地将自己的体系名之为"新理学"。如果说,实证主义(主要是新实在论)的逻辑分析主要为重建形而上学提供了近代的形态,那么,程朱理学的思辨体系则为新形而上学的建构提供了历史的内容。从理论运演的内在关系来看,正是传统哲学的渗入,构成了冯友兰从逻辑分析转入逻辑构造(建构新形而上学体系)的内在契机。

当然,程朱理学虽然在一定意义上满足了重建形而上学的需要,但这并不意味着其体系已完全与新形而上学(新理学)一致。按冯氏之见,真正的形而上学的概念与命题,都是形式概念、形式命题或逻辑概念、逻辑命题,新理学体系中的理、气、道体、大全等,便是这样一种纯形式的概念,而其四组命题,则都是分析命题。所谓形式命题或分析命题,也就是与事实完全无涉的重言命题,因此,冯友兰也把这种命题称之为重言叙述:"我们所谓最哲学底形上学底命题,亦可说是重复叙述。"①不难看到,一方面,新理学不同于单纯的命题涵义的分析,它试图对宇宙的全体作出说明;另一方面,这种说明又是一种形式的说明,其特点是不涉及具体内容。换言之,它主要从逻辑上考察真际(理世界)与实际(现实世界)之间的关系。所谓"理"、"气",并不是存在于具体时空中的实体,而是纯粹的逻辑形式,理在事先,也并非时间上的在先,而是逻辑上的在先。正由于新理学仅仅从逻辑上、形式上考察宇宙大全,因而冯氏又称其为"最哲学底哲学"。

---

① 冯友兰:《新理学在哲学史中之地位及其方法》,《三松堂学术文集》,第555页。

如果以"最哲学"的标准去衡量程朱理学，那么，它就显得不很够格了，这突出地表现在它对理、气等范畴的形式性缺乏清晰的了解。就理而言，"宋儒对于理之为非实际底亦有看不清楚，或说不清楚者。例如宋儒常说：'理之在物者为性'，'心具众理而应万事'。此等话是可解释为以理为'如有物焉'。此错误有时即朱子亦不能免"①。就气而言，"旧理学中说，气有清浊正偏，可见其所谓气，是可以说是甚么者。既可以说是甚么，则即是一种事物"②。质言之，在程朱那里，理、气等范畴中的实际内容还没有被完全剔除，从而，它们在不同程度上仍具有实体的性质。按冯氏之见，本体论范畴一旦被实体化，就会陷于坏的形而上学，因为在如上情况下，它既非永真的形式命题（分析命题），又不能为经验所证实。

稍加分析便可看到，在冯友兰对旧理学的如上批评中，蕴含着以下前提，即对实证主义意义标准的确认。第一代实证主义尽管没有明确地提出意义标准，但它根据能否为经验所证实来划分科学与形而上学，实际上已经开始将实证原则视为划界标准；新实在论引入了逻辑分析方法，以为命题唯有能还原为逻辑命题，才是有意义的，在前文所引的罗素的论述中，这一点表现得十分明显；后来的逻辑实证主义则进而把一切有意义的命题区分为分析命题与综合命题两类，认为综合命题对实际有所肯定，可以为经验所证实，分析命题则是重言式的形式命题。当冯友兰将新理学的概念及主要命题归结为形式概念与分析命题，并以此批评旧理学非形式化之弊时，实际上即表现出向实证主义意义标准靠拢的趋

---

① 冯友兰：《三松堂全集》第4卷，第39页。
② 冯友兰：《三松堂全集》第5卷，第229页。

向。这样,一方面,冯氏通过上承程朱理学而将逻辑分析与逻辑构造结合起来,并由此重建了形而上学,从而偏离了实证主义(包括新实在论)的轨辙。① 另一方面,他又力图将形而上学的体系形式化,使之取得分析命题的形态,以达到与实证主义意义标准的一致,就此而言,又表现出向实证主义回归的态势。两种趋向共存于同一体系中,使新理学在总体上具有一种扑朔复杂的特点,而在如上形态的背后,则蕴含着如下意向:化解形而上学与实证主义之间的紧张与冲突。综观冯友兰重建形而上学的整个逻辑行程,我们可以看到,正是如上意向的内在制约,使冯友兰在把本体逻辑化的同时,又把逻辑本体化了,而其结果则是使新理学体系成为一种实证主义化的形而上学。

然而,形而上学的实证论化,并没有使新理学成为一种成功的形而上学。从总体上看,新理学所要解决的中心问题,是所谓真际(理世界)与实际(实际世界)之间的关系。按照冯友兰的看法,理世界是实际世界的决定者,但这种决定究竟是如何实现的?换言之,理世界如何过渡到实际世界?程朱曾以非形式化的方式来解决这一问题,但最后并未能克服理世界与实际世界的对峙。冯友兰试图以形式化的方式来对此作出逻辑的解释,但同样未能如愿。除了"有理始可有性,有性始有实际的事物",以及"无极而太极"之类的空洞推绎之外,新理学始终未能对理如何在物之先又决定实际之物这一问题作出更多的说明。总之,尽管冯友兰

---

① 新实在论时期的罗素以及维也纳学派初期的卡尔纳普虽然也讲"逻辑构造",但他们主要着眼于经验知识系统的建构,同时,其观点带有还原论的倾向,如卡尔纳普《世界的逻辑构造》一书的主要概念,便是"可还原性"(reducibility)。他们试图在最简单的命题(与直接感觉相关的原始命题)的基础上,构造出认识论意义上的世界图景,这与冯友兰以共相构造本体论意义上的理世界,略相异趣。

将"最哲学的哲学"之任务规定为对宇宙全体作出解释,但在对现实世界的解释上,新理学却显得极为苍白无力。就此而言,新理学无疑是一种失败的形而上学。

从理论上看,新理学之不成功亦非偶然。当冯友兰试图融合实证主义与形而上学以建构新形而上学时,即已潜含了后来的理论结果,如上所述,冯氏将形而上学形式化旨在沟通实证主义与形而上学,并扬弃二者之冲突。然而,哲学就其本质而言是无法形式化的,因为形式化意味着剔除一切实际内容,而一旦将哲学变成一种无内容的形式化体系,便必然导致如下结果:哲学与具体科学及经验的脱节。新理学形而上学的建构虽然以经验对象的分析为起点,但按冯氏之见,一旦通过逻辑分析而获得了普遍的共相,便不仅无需再与经验事实相联系,而且应从共相中净化一切经验内容。换言之,科学与经验仅仅是逻辑分析的对象,而并非逻辑建构的内在要素。经过这种净化,哲学的观念便蜕变为一种贫乏的逻辑推绎。诚然,冯友兰在强调逻辑分析时并不完全排斥综合(其逻辑构造在某一意义上亦可视为一种综合),但是,与科学及经验的疏离隔绝,却使其综合过程在一定程度上成为缺乏现实根据的思辨虚构(所谓"真际"、"理世界"正是这种虚构的产物)。这样,尽管冯友兰力图超越实证主义与传统的思辨哲学,但对游离于科学经验的形式化的追求,最终决定了冯友兰既未能摆脱抽象的逻辑推绎,亦未能消除思辨的虚构。

新理学作为一种新形而上学固然是流产了,但这并不意味着它在哲学的演进过程中一无可取。在会通并超越实证主义与形而上学的尝试中,新理学确实作了一些有"新"意的探索。后者突出地表现在如下两个方面:其一,运用新的逻辑分析方法,以净化传统哲学。这里所说的净化,主要是指对传统哲学概念、命题的分析与澄清,冯友兰曾说:"我们期望不久之后,欧洲的哲学思想将由中国哲学的直觉和体会来予以补充,同时中国的哲学思想也由欧洲的逻辑和清晰的思维来予以阐明。"①所谓欧洲的逻辑与清晰思维,主要便是指实证主义的逻辑分析方法。在冯友兰以前,严复、王国维等已开始意识到应当以西方的逻辑方法来廓清传统哲学概念,使之精确化,并在这方面做了一些工作,冯友兰则进一步将这种分析与澄清作为重建形而上学的前提,而新理学对"理"、"气"、"道"等传统概念的分析界定,确实比前人更为清晰。以廓清传统哲学概念作为建构新理学的环节,这当然并不足取,但从哲学史的发展看,这种分析净化工作不仅推进了中国哲学的近代化,而且对中西哲学的会通与融合,也具有不可忽视的意义。其二,新理学在形而上学的形式下,对世界的统一性原理与发展原理作了某种探讨。如所周知,实证主义在拒斥形而上学的同时,也拒斥了对世界统一性原理与发展原理的考察。他们试图使哲学科学化,而在这种趋向的背后,则是取消哲学的世界观功能。后来的逻辑实证主义甚至将哲学的任务仅仅规定为对科学命题的逻辑分析(新实在论已初露其端,罗素即是一例),从而使这种趋向进一步发展。相对于实证主义对哲学的褊狭理解,新理学虽然仍带有思辨的特点,但毕竟重新确认了统一性原理与发展原理在哲学中的地位,从而多少具有纠偏的作用。如果说,形而上学的实证化蕴含着哲学近代化的思维倾向,那么,实证主义的形而上化则表现了突破实证论的要求。

---

① 冯友兰:《中国现代哲学》,《三松堂学术文集》,第289页。

二、命题的二重化与辨名析理

实证主义与形而上学的相拒而又相融,不仅体现于新理学的本体论,而且构成了其认识论与方法论的内在特征。

如前所述,冯友兰以经验现象的分析为重建形而上学的第一步。与本体论上的这一思路相应,冯友兰认为,哲学的观念、命题虽然都是形式的(不包含经验内容),但要把握这种观念,则必须借助感觉经验:"就我们之知识言,我们之知形而上者,必始于知形而下者。我们的知识,始于感觉。感觉之对象,事事物物,皆是形而下者。"① 质言之,从认识的程序来看,只有首先把握了形而下者,才能进而把握形而上者,而形而下者作为具体对象,则唯有诉诸感觉经验才能为人所知;本体(理世界)的存在虽然不依赖于经验,但对它的认识则离不开经验。同样,科学认识也必须从经验出发:"科学中底命题,都是与理有关底命题","人欲知某种事物的理的内容,必须根据经验,以为推测"。② 总之,无论是形而上之知,抑或科学的认识,都必须从感觉经验入手。与注重经验相应,冯友兰把归纳提到了十分突出的地位,以为寻求普遍之义理,必须始于归纳法。

就其将形而上学列入知(认识)之对象而言,冯友兰的如上思维路向与实证主义无疑有所不同。然而,在强调广义的认识(形而上学与科学

---

① 冯友兰:《三松堂全集》第 4 卷,第 37 页。
② 冯友兰:《三松堂全集》第 5 卷,第 242 页。

知识)均起源于经验,并以归纳为求知的基本方法这一点上,其思路又接近于实证论而有别于一般的思辨哲学。实证论的基本信念是认识不能超越经验,在其实证原则中,这一点表现得相当明显:所谓实证,主要便是以经验为检验命题的主要乃至唯一的准则。新实在论虽然没有明确提出经验论原则,但他们以为,认识的内容与对象是直接同一的,并据此提出了直接呈现说(对象直接呈现于认识之中)。不难看出,与直接呈现的对象直接同一的观念,无非是感觉的另一种表述,新实在论将这种观念置于认识的中心,本质上表现的仍是一种经验论的原则。对此,新实在论者并不讳言,如培里即认为,新实在论接近于休谟的观点。不妨说,在这方面,新实在论及整个实证主义思潮,确实大致上承休谟的传统。冯友兰尽管没有完全循沿实证主义(包括新实在论)的如上思路,但他对经验作用的注重,多少体现了与实证主义一致的趋向。这样,一方面,冯氏始终没有放弃形而上学的追求,另一方面,又力图融入实证主义的经验论原则。实证主义与形而上学的这种纠缠,在一定意义上表现了在认识论上沟通超验的理世界与现实经验的努力。

然而,无论是形而上学的命题,还是科学的命题,本质上都具有普遍必然的性质,而经验则总是与特定时空中的具体对象相联系,因而具有特殊的、或然的性质。由此便产生了如下问题:如何能从特殊、或然的经验过渡到普遍必然的命题?作为经验主义的流派,实证论在这一问题面前显得无能为力,其唯一的解决方法便是取消形而上学命题,并把科学的认识归结为现象之间联系的描述。但这实际上并不是真正解决问题,而只是回避问题。同样,新实在论的直接同一说,除了将共相的认识还原为殊相的认识之外,在这方面也没有提供更多的东西,冯友兰当然也意识到了困难的所在。那么,出路何在?与实证论以现象主义为归宿不同,冯氏力图通过命题本身的划分来解决如上难题。按冯氏之见,存在着两类命题,一是本然的命题,一是实际的命题。本然命题以本然的义理为内容,不管是否为人实际地表述,都是存在的;实际的命题则以本然的命题为依据,乃是人们对本然命题的陈述,如欧氏几何学,只是一种实际的命题系统,它本身是以一种最为完全的几何学为依据,后者便是本然命题构成的几何学系统。本然命题是永真的,实际命题唯有与本然命题相结合,才具有真的性质。不难看出,所谓"本然命题",无非是一种不依赖于经验而存在的认识形式,它在本质上具有超验的性质,或者不妨说,它乃是认识论化了的理世界。

冯友兰对命题的如上划分,使人自然地想起了程朱的观点。按程朱之见,以天理为内容的真理,是一种本有的系统,不管是否为人们所陈述,它总是存在的:"天地间只是这个道理,流行周遍,不应说道圣人不言,这道理便不在。这道理自是长在天地间,只借圣人来说一遍过。且如易,只是一个阴阳之理而已,伏羲始画,只是画此理,文王、孔子,皆是发明此理。"①冯友兰的"本然命题"之说,与此显然不无关系。事实上,在《新理学》中,冯氏也一再以程朱这类议论作为其设定本然命题之根据。可以说,在这里,冯友兰正是通过融入程朱理学而赋予本然的命题以超验的性质,并相应地将形而上学与科学命题的普遍必然性归源于经验之外的理世界。而经过如上推绎,从特殊及或然的经验到普遍必然之知的过渡便被勾销了:普遍必然的命题作为永真的本然命题,并非形成于后天的经验,而是先于并独立于经验而存在;经验的作用仅仅在于帮助人们理解并掌握它们。冯友兰的这些看法,同时亦是其二重世界的理

---

① 朱熹:《朱子语类》卷九。

论在认识论中的引申,正如他在本体论上无法解决从真际(理世界)到实际(现实世界)的过渡一样,他在认识论上也无法解决从特殊的经验到普通的命题之过渡,其最后的出路只能是以消解问题的方式来了结问题。当然,相对于实证论的现象主义归宿而言,冯友兰将普遍必然之根源推到超验之域,似乎更多地表现出思辨哲学的特点。

不过,冯友兰对本然命题的设定尽管上承旧理学,并相应地带有传统的思辨色彩,但在实证主义兴起与发展的历史条件下,它却具有一种新的理论意蕴,后者主要表现在对约定论的批评之中。约定论之源,可以追溯到受马赫主义(第二代实证论)影响的法国哲学家彭加勒。彭加勒认为,科学的定律及原理无非是人的一种约定,其作用在于规定概念的意义。在后来的逻辑实证主义(维也纳学派)那里,这种约定论的观点又得到了进一步的发展。逻辑实证主义在后期将哲学的任务由语义分析进而规定为句法分析。句法分析以一定的规则为依据(这些规则具体区分为形成规则与变形规则)。那么,句法分析规则本身又以什么为依据?逻辑实证主义将其诉诸人们的任意选择。卡尔纳普说:"对于语言的形式,我们在每一方面都有完全的自由;不论是构成句子的规则还是变形规则(后者通常称为'基准'和'推论的规则'),都可以十分任意地选择。"[①]这一观点又被称之为"容忍原则",它同时蕴含着如下观念,即作为逻辑分析之对象的命题及相互关系,其内容最终亦具有约定的性质。

对逻辑实证主义的约定论观点,冯友兰不以为然。根据本然命题说,冯氏认为,命题的意义及其相互关系总是包含着本然的内容,用什么

---

① R. Carnap, *Logical Syntax of Language*, translated by Amethe Smeaton, London: Routledge, 2000, xv.

符号去代表这种命题及其相互关系,这固然可以约定,但命题的内容及关系本身则不能随便约定。例如,用⊃来代表蕴含关系(如果……则),这可以由人约定,"但命题间有这种关系,则不是人约定底,亦不是逻辑学所创造底,它是本来就有底"①。在数理逻辑史上,罗素与希尔伯特对数的概念的内容有不同的规定,并由此推演出不同的系统,这是否可以证明概念内容可以任意约定?对此,冯友兰作了如下回答:"我们规定了一个概念的内容,而又可以从之推演出一个系统,这就表明这个概念的内容,可以如此规定,这就是说,为这个概念的对象底理的内容,有与此规定相当者。罗素规定数是类之类而可以从这个规定推演出一个系统,希柏特(今译希尔伯特——引者)规定数是原始底东西,而亦可以从这个规定推演出一个系统,这就表明数在某方面本来可视为类之类,在某方面本来可视为原始底东西。"②质言之,人们所表述的概念、命题,总是有一个本然的对应者,这个本来如此的对应者,是超越于主体经验的,因而不能随便约定,罗素与希尔伯特对数的内容之规定,便都是以各自本然的对应者为依据,故并非任意的约定。可以看到,所谓"规定的"概念及命题,即属于前文所说的"实际的命题",而概念之"本来"内容及"本来"联系,则与"本然命题"相关。在这里,冯友兰正是由肯定概念命题的本然性质出发,驳斥了实证主义的约定论。换言之,命题的二重化,构成了否定约定论的前提。尽管冯友兰并没有将本然内容进而理解为对象的客观规定,但以本然内容批评约定论,毕竟使其"本然命题"具有不同于程朱"本来之理"的意义。

---

① 冯友兰:《三松堂全集》第5卷,第245页。
② 同上书,第248页。

与批评约定论相联系,冯友兰对逻辑实证主义仅仅停留于辨名也颇有异议。逻辑实证主义不仅在总体上将哲学的功能规定为命题的语义分析与句法分析,而且将这种原则引入了对科学的理解之中,这一点,在物理主义那里表现得相当明显。物理主义是卡尔纳普、费格尔等人在现象主义破绽百出之后提出的一种新的主张,认为一切特殊的科学命题都可以转化为相应的物理命题,作为一切科学的共同语言,物理语言实际上被规定为一种形式的语言。卡尔纳普说:"物理主义的问题是一种科学的,更确切地说来,是一种逻辑的、句法的问题。"①这种看法实际上以语言的逻辑分析取代了对本然之理的把握,它或多或少使哲学与科学囿于名言之域。对逻辑实证主义的如上倾向,冯友兰深为不满。在他看来,逻辑分析固然包括句法分析,但绝不能停留于此。对命题的句法分析(辨名)必须与析理相联系:"照我们的看法,逻辑分析法,就是辨名析理的方法。这一句话,就表示我们与维也纳学派的不同。我们以为析理必表示于辨名,而辨名必归极于析理。维也纳学派则以为只有名可辨,无理可析。"②

为什么辨名必须归极于析理?冯友兰作了如下分析。按冯氏之见,名并非仅仅是单纯的符号,它总是有其自身的意义,而这种意义,便是由理所规定的。这样,要真正弄清概念(名)的意义(辨名),便不能离开对理的考察。名的如上性质,决定了由名所构成的分析命题不能仅仅被理解为语言形式。事实上,分析命题总是对理有所表示,正是这一点,决定

---

① [美]卡尔纳普:《哲学和逻辑句法》,傅季重译,上海:上海人民出版社,1962年,第56页。
② 冯友兰:《三松堂全集》第5卷,第233页。

了分析命题具有普遍必然的性质："理是永恒底,所以分析命题是必然地普遍地真底。"分析命题如此,科学的综合命题更是这样："科学中的命题,都是与理有关底命题。"①尽管冯友兰所说的理,还不是事物之间的必然联系,而主要是指共相之间的逻辑联系,但他肯定概念与命题并不是空洞的语言符号,而是与本然之理(共相及其相互关系)相关,这毕竟注意到命题分析应当突破语言形式的转换而指向共相及共相之间的逻辑关系。较之维也纳学派(逻辑实证主义)"只谈名词"(卡尔纳普语)的主张,冯友兰的析理说无疑具有更广的理论视野。从另一个侧面看,虽然冯氏所说的析理主要指把握共相之间的逻辑关系,但超越语言分析的要求,对其本体论上的形式化倾向,多少也有所限制。

冯友兰对析理的注重,内在地镌刻着传统的印记。"辨名析理"这一提法,本身与魏晋玄学相联系。如果追溯得更远一点,那么,在先秦哲学中,我们即可看到这一传统。《墨经》已将"察名实之理"②视为逻辑思维的重要内容。在以后的宋明理学中,对理的把握更被提到了极为重要的地位。理学家把格物致知与穷理视为同一过程的两个方面,并以穷理为铢分毫析的目标。朱熹曾指出:"欲识其义理之精微,则固当以穷尽天下之理为期。"③所谓"识其义理之精微",也就是把握经典中命题与概念的内在涵义。而在朱熹看来,要达到这一点,便离不开穷理的过程。质言之,名言无非是理的一种载体,致知的任务便在于超越名言而深入其内在之理。程朱对致知过程的这种理解,对冯友兰无疑产生了不可忽视的

---

① 冯友兰:《三松堂全集》第5卷,第234、242页。
② 《墨子·小取》。
③ 朱熹:《朱子语类》卷五十九。

影响：其析理的主张，在一定意义即可视为穷理之说的引申。当然，中国传统哲学在总体上对形式逻辑较为忽视：墨辩在先秦之后便被渐渐遗忘了，魏晋的名辩思潮只是昙花一现，印度的因明传入不久，便很少有人问津。与这一历史特点相应，程朱理学在强调穷理的同时，并未给辨名以应有的地位。这一点，冯友兰在重建新理学体系时，已敏锐地注意到了。如果说，净化传统哲学的要求使维也纳学派的辨名主张对冯友兰具有某种向心力，那么，传统哲学的深层浸染，则使冯友兰难以在逻辑分析与句法分析之间划上等号。

辨名析理作为一种逻辑方法，主要是所谓"正底方法"，除了正的方法之外，形而上学还要运用负的方法："真正形上学的方法有两种：一种是正底方法；一种是负底方法。正底方法是以逻辑分析法讲形上学。负底方法是讲形上学不能讲。"①在冯氏看来，大全、道体这一类形而上的对象，按其本性而言是不可思议的，因为道体是一切的流行，大全是一切的有（存在），而思议中的道体或大全，总是无法包括这个思议本身。就是说，思议中的道体、大全总是不完全的。如何解决这一难题？出路便在于运用负的方法。这种方法的特点在于"讲其所不讲"，所谓"不讲"，是指不以逻辑分析的方法来把握；所谓"讲"，则指逻辑分析之外的领悟。冯友兰认为，禅宗的方法即是负的方法，它强调第一义不可说，而只能悟："所以知第一义所拟说者之知，不是普通所谓知识之知，而是禅宗所谓悟。"②冯友兰的"负底方法"即导源于禅宗的方法。

冯友兰以悟这种负的方法作为达到道体、大全的手段，多少表现出

---

① 冯友兰：《三松堂全集》第5卷，第173页。
② 同上书，第262页。

一种神秘主义的倾向，对此，冯友兰本人亦直言不讳。较之实证主义，冯友兰在这方面似乎有所倒退，而他与实证主义之间的距离，亦相应地远了一层。不过，透过神秘主义的形式，我们可以看到，当冯友兰断言道体、大全具有不可思议的性质时，他已注意到逻辑分析在把握统一性原理与发展原理上有自身的限度：所谓"大全"、"道体"，无非是统一性原理与发展原理的思辨表述。这里以潜在的形式蕴含着如下结论，即统一性原理与发展原理的考察，具有超乎逻辑分析的性质。这种观点在某种意义上与实证主义关于形而上学超乎逻辑分析之说，显然又有相近之处。如果说，形而上学命题的形式化主要从正面容忍了实证主义的意义标准，那么，肯定"大全"、"道体"具有超乎名言的性质，则从负面表现了类似的趋向。这样，在负的方法这种神秘主义的形式之下，我们再次看到了形而上学与实证主义相拒而又相融的复杂关系。

就其内在意义而言，冯友兰认为正的方法不足以知大全、道体，并由此触及了逻辑分析在把握统一性原理与发展原理上的限度，这在理论上并非毫无所见。冯氏所理解的逻辑分析，基本上是一种形式逻辑的方法。仅仅用静态的形式逻辑方法，确实难以完全把握普遍之道。注意到这一点，对于正确地界定并解说形式逻辑与哲学的关系，无疑是极为重要的。然而，冯氏似乎不了解，通过概念的辩证运动，人们可以超越形式逻辑之界限，不断地达到并深化对世界统一性原理与发展原理的认识。尽管冯友兰在批评约定论及强调辨名与析理之统一等方面表现出逸出实证论的趋向，但在其理论推绎的深层，实证主义仍然作为内在的制约因素而渗入其间（将形式逻辑绝对化而不懂得概念的辩证运动，便是实证论，特别是逻辑实证论的显著特征），并与形而上学原则彼此纠缠，正是这种纠缠，使冯友兰终于未能找到通向统一性原理与发展原理的合理途径。

三、人生境界说：扬弃元伦理学

冯友兰通过辨名析理以建构新理学，当然并非仅仅旨在满足思辨的兴趣。天道（真际）的辨析，乃是考察人道的前提：新理学的逻辑终点不是本体论，而是人生哲学。

从伦理学上看，新实在论的重要特点，便在于开始由传统的规范伦理学转向元伦理学（Meta ethics）。元伦理学以道德语言的研究为主要内容，它在某种程度上把伦理学归属于道德概念与道德判断的逻辑分析。尽管"元伦理学"这一概念并非来自新实在论，但其基本思想在新实在论那里已经形成。按穆尔之见，伦理学的首要任务便是确定"善"、"正当"、"义务"等伦理谓词的涵义，而这一任务只有通过对伦理概念的逻辑分析才能实现。质言之，伦理学体系不必去分析人的实际行为，也毋需研究道德判断的内容，它只应考察道德概念的定义及概念之间的逻辑关系。而在一切伦理概念中，"善"的概念又居于核心地位，正是在此意义上，摩尔指出："'善的'所意味着的，事实上是伦理学特有的唯一单纯的思想对象。因此，它的定义是伦理学定义中的最主要之点。"① 新实在论的这种观点在后来的逻辑实证主义那里有了进一步的发展。逻辑实证主义将传统伦理学的命题视为无意义的假句子，在他们看来，严谨的伦

---

① ［英］摩尔：《伦理学原理》，长河译，北京：商务印书馆，1983年，第11页。

理学"应当对伦理学的词作出分析,借以表明这一切伦理判断所从属的范畴是什么"①。这样,伦理学实际上便成为一种以语言分析为内容的道德哲学。

新实在论与逻辑实证主义注重道德概念的逻辑分析,在理论上并非毫无意义。传统的伦理概念确实往往有不够精密之处,通过逻辑分析,可以对传统道德范畴加以廓清。冯友兰有见于此,在这方面亦明显地受到新实在论与逻辑实证主义的影响。在《新原人》中,冯友兰开宗明义,提出了人生有没有意义的问题,而这一问题首先又被转换为"意义"本身的含义:"所谓人生的意义者,其所谓意义的意义是什么? 此即是问:其所谓意义一词,究何所谓?"②在具体的论述中,冯氏亦时时留意于概念的分析与界定,如"应该"是伦理学的基本范畴之一,而冯友兰看来,"应该"本身还有功利意义与道德意义之别,功利的应该是有条件的,道德的应该则是无条件的;又如,人性是传统哲学中一个歧义迭出的问题,冯友兰运用逻辑分析方法,将"人之性"与"人所有之性"做了区分,前者指人之所以为人的本质规定,后者则包括人的生物之性。这些分析,确实较传统哲学显得更为清晰。

然而,与主张由辨名而析理相应,冯友兰并不赞同新实在论和逻辑实证论将伦理学仅仅归结为道德语言的逻辑分析。按冯友兰之见,哲学不能脱离人生,而人生哲学更应联系实际的日用常行。正是在此意义上,冯友兰批评名家"尚未能充分利用他们的对于超乎形象者底知识,以

---

① [英]艾耶尔:《语言、真理与逻辑》,尹大贻译,上海:上海译文出版社,1981年,第117页。
② 冯友兰:《三松堂全集》第4卷,第513页。

得到一种生活"①。名家以注重名相辨析为特点,对名家的如上批评在某种意义上也可以说蕴涵着对新实在论与逻辑实证主义的责难。从理论上看,伦理学固然应当注意概念的澄清,但其主要任务并不在此。作为道德科学,伦理学应当研究道德现象的本质及功能,考察人的行为规范,讨论人生理想与道德理想;伦理概念与命题的逻辑分析之所以重要,主要在于它有助于更好地从事以上研究、考察与讨论,新实在论与逻辑实证主义将伦理学的任务仅仅归结为道德语言的分析,强调"伦理学的直接目的是知识,而不是实践"②,这就把本质上应面向现实生活的伦理学变成了干涸、抽象的逻辑公式,从而使之失去了内在的活力。相对于新实在论与逻辑实证主义的如上偏向,冯友兰在注重道德概念之分析的同时,又要求将哲学与生活联系起来,无疑已经突破了元伦理学的理论框架。不妨说,他在某种意义上已表现出融合元伦理学与传统的规范伦理学的趋向,这种趋向,同时又可以看作是会通实证主义与形而上学这一总体思维格局在人生哲学中的进一步展开。

哲学既然应当研究人生,那么,人生的根本特征是什么?冯友兰说:"人生是有觉解底生活,或有较高程度底觉解底生活。这是人之所以异于禽兽,人生之所以异于别底动物的生活者。"③所谓解,即是了解,觉则是自觉,了解是借助概念而展开的活动,自觉则是一种心理状态。人在从事具体活动时,总是既对所从事的活动有所了解,又自觉自己正在从事这种活动,这种了解与自觉的统一,便是觉解。在此,冯友兰将对象性

---

① 冯友兰:《三松堂全集》第5卷,第50页。
② [英]摩尔:《伦理学原理》,第26页。
③ 冯友兰:《三松堂全集》第4卷,第522页。

的理解与自我意识联系起来,注意到了人的活动既展开为一个理性的了解过程,又表现为主体的一种明觉状态。换言之,理性并不仅仅表现为指向对象的活动,而且同时以主体自我意识(对理解过程本身的一种自觉意识)为内容。较之实证主义仅仅将理性视为以语言为对象的逻辑操作而言,冯友兰的如上看法无疑更深入地揭示了理性自觉的主体特征。

觉解作为人生的一般特征,同时构成了道德行为的内在品格。冯友兰指出:"严格地说,只有对于道德价值有觉解底,行道德底事底行为,始是道德行为。"[①]根据这一观点,冯友兰对自发的行为提出了批评。自发的行为虽然也可以合乎道德规范,但由于缺乏觉解,因而往往有如下缺陷:其一,它常常失于偏执;其二,自发的行为往往是出于一时的冲动,缺乏恒常性;其三,自发的行为往往很单纯,缺乏深沉的感人力量。一般而论,道德行为的特点之一即在于理性的自觉,正是自觉的理性,为道德行为提供了正确的指导,保证了行为的一以贯之,并赋予它以崇高的品格,从而使之区别于本能的冲动。合道德的行为与道德行为尽管在外观上有相近之处,但二者同时存在着本质的差异,这种差异归根到底便在于前者缺乏明觉。这一点,先秦儒家已经注意到了,后来的宋明理学对此作了进一步发挥。冯友兰的如上看法,大致上承了儒学(特别是宋明理学)的传统,而他以觉解来概括道德行为的特征,则使其人生哲学的理性主义性质更趋鲜明。

不过,儒家在强调理性主义的同时,往往表现出一种将理性伦理化的倾向。孔子便将"知"规定为"知人",孟子则把"智"界说为把握仁义而保持不失,这种倾向在宋明理学中有了进一步发展,他们往往将致知理

---

① 冯友兰:《三松堂全集》第4卷,第578页。

解为德性的体验,甚至将伦理之外的科学研究斥为"玩物丧志"。对理学家的偏狭眼界,冯友兰明确地持否定态度,他指出:"知识即道德,仍是不能说底。""宋明人的语录中,有许多讨论,亦是不必要底。例如他们讨论人于用居敬存诚等功夫外,名物制度,是不是亦要讲求……道学家的末流,似乎以为如要居敬存诚,即不能作这些事。"①按冯氏之见,道德行为固然要以理性为指导,但理性不能仅仅被归结为道德理性。事实上,要达到完善的道德行为,仅仅知善知恶是不够的。正是在这一意义上,冯友兰认为:"在天地境界或道德境界中底人,除求关于道德底事的理的知识外,亦更须求别方面底知识。"②不难看出,与道德之外的"知识技术问题"相关的理性,已超出了伦理理性而含有科学理性之意,它在某些方面与实证主义所注重的理性(即表现为逻辑运演的理性)有相通之处。尽管冯友兰并不赞同实证主义脱离实际人生的思维趋向,但实证主义对科学理性的理解,对冯友兰仍产生了重要影响。正是通过引入这种超越德性之知的理性,冯友兰多少克服了传统儒学囿于伦理理性之弊。

当然,扬弃理性的伦理性,并不意味着限制理性的作用。对冯友兰来说,作为道德行为的内在要素,理性在道德主体中具有主导地位,理想的人格即在于达到"完全的理性":"无论就理性底哪一义说,人都是理性底,而不完全是理性底。但完全地是理性底却是人的最高标准,所以人必自觉地,努力地,向此方面做。"③与这种理性化的要求相应,冯友兰对情感欲望作了如下解说:"人的心有感情欲望等,此是人之同于或近于禽

---

① 冯友兰:《三松堂全集》第 4 卷,第 543、564 页。
② 同上书,第 662 页。
③ 同上书,第 389 页。

兽者。"①欲望是意向的表现形式,把感情与欲望视为类似动物的本性,显然是对情意的贬抑,这样,所谓完全的理性化,也就意味着从理想人格中剔除情意要素,这种看法在某种程度上又回到了程朱理学。程朱在将理性伦理化的同时,又把这种伦理理性提到了至上的地位,在道心对人心的宰制中,这一点表现得十分明显。② 冯氏似乎未能摆脱这一传统。

人格本质上是一个知(理性)、情(情感)、意(意志)相统一的整体,一旦抽去了情与意的要素而片面地突出理性的作用,不仅容易使人格变得抽象干涸,而且将导致忽视道德行为的自愿原则。冯友兰在这方面也表现出类似的倾向,在他看来,当然之则作为一种理性的规范,乃是"本然有底",这里的"本然"与本体论上的"真际"与认识论上的"本然命题"相当,带有超验的性质。对这种本然的规范,人们无法根据内在的意愿加以选择,而只能通过觉解来遵循。与理性的这种强化相应,冯友兰把道德行为与"乐"看作是不相容的两极,以为乐总是"我的乐",它至多只能与功利境界相联系,而不能成为道德行为的要素。这种看法虽然注意到了快乐论的局限,但无条件地从道德行为中摒除乐,同时无疑也弱化了行为的自愿原则,它与程朱有"乐苦之心"的主张,表现了相近的价值取向。事实上,真正的道德行为固然必须以自觉的理性来规范,但同时也应当出于主体的自愿选择,如果以理性的规范排斥内在的意愿,那么前者便会蜕变为一种理性的强制,而与此相关的行为也就失去了完美的道德意义。

---

① 冯友兰:《三松堂全集》第4卷,第547页。
② 参见杨国荣:《善的历史——儒家价值体系的历史衍化及其现代转换》,上海:上海人民出版社,1994年,第六章。

在冯友兰那里,理性主义的原则也展开于人生境界说之中。按冯友兰的看法,根据觉解(理性自觉)的不同程度,可以区分出相应的人生境界。所谓境界,也就是宇宙人生对人(主体)的不同意义:"人对宇宙人生底觉解的程度,可有不同。因此,宇宙人生,对于人底意义,亦有不同。人对于宇宙人生在某种程度上所有底觉解,因此,宇宙人生对于人所有底某种不同底意义,即构成人所有底某种境界。"① 在此,冯友兰把境界理解为一种与人的觉解相联系的意义世界。按冯氏之见,意义世界不同于存在世界,存在世界独立于每一个体之外,因而是共同的;意义世界则表示人与公共世界的意义关系,它建立在不同觉解之上,因而有高下之差异。就其从意义的角度考察人与存在的关系而言,冯氏的如上看法显然楔入了实证主义的某些因素。实证主义(特别是后来的逻辑实证主义)将意义的问题提到了相当突出的地位,而所谓意义又总是相对主体而言,从而不同于单纯的存在。不过,从总体上看,实证主义者更多地是从认识论的角度考察意义,而这种考察又常常带有现象主义与形式主义的特征;他们所理解的意义世界,无非是由综合命题所构成的经验世界以及由分析命题所构成的逻辑世界,除此之外的一切存在则被归入无意义之域。与此相异,冯友兰主要从人生哲学的角度探讨意义世界,并相应地把意义世界理解为精神境界,这种探讨已超出了实证主义的意义理论。

作为意义世界的人生境界,按冯友兰的看法,可以区分为四种:一是自然境界。这一境界的人对他所从事的活动尚无清楚的了解,其行为常常是按个人的习惯或社会的习俗而进行。二是功利境界。这一境界

---

① 冯友兰:《三松堂全集》第4卷,第549页。

中的人尽管对从事的活动有较清楚的了解,但其行为常常是"为自己的利",从而未能把个人与社会统一起来。三是道德境界。这一境界的人以对社会的贡献为目的,从而超越了个人与社会的对立。四是天地境界。这一境界的人有了更高一层的觉解,他不仅意识到了人是社会的一员,而且人亦是宇宙的一员,因而要对宇宙有所贡献,这就是所谓"事天"。从自然境界到天地境界,表现为一种层层递进的关系,而其前提则是觉解的不断提高。

可以看到,所谓自然境界、功利境界在理论上涉及两个基本的伦理问题,即义利关系与群(大我)己(小我)关系。冯友兰对功利境界与道德境界的具体论述过程,也就是以上两个理论问题的展开过程。如上所述,功利境界的特征在于"为利",道德境界之特征则在于"行义",二者之差异,首先表现为义与利相对立。按冯氏之见,哲学史上的功利论或快乐论,基本上没有超出功利的境界。在冯友兰看来,快乐论的观点作为一种道德哲学,是行不通的,因为如果完全以避苦求乐为行为的目的,那么,道德规范"即失其普遍效力"。不过,由此冯氏又走向了另一极端,即把道德行为的价值仅仅归结为主体的动机(意向)及行为本身:"道德行为的道德价值,则即在其行为本身","一个人只要尽心竭力,去实现其行为的意向的好,则虽其行为的意向所向底好,不能实现,亦无碍于其行为的意向的好的实现"。① 依此,则价值判断的根据主要便在于行为的动机,而与行为的结果无关。

冯友兰对义利关系的如上规定带有明显的道义论性质。如前所述,道德行为作为一种社会现象,总是具有二重性:从其起源、作用来看,它

---

① 冯友兰:《三松堂全集》第4卷,第578、622页。

乃是以社会的功利关系为基础,带有工具的性质;但同时,作为人的尊严、人的理性力量的体现,道德又有其内在价值,并相应地具有超工具、超功利的一面。前者赋予道德以现实性的品格,后者则体现了道德的崇高性。冯友兰强调道德的价值在动机及行为自身,固然突出了道德的内在价值,并将道德的崇高性(超功利性)这一面以强化的形式展现出来,但同时又未免忽视了道德的外在价值,后者使其对义利之辩的看法在总体上带有抽象的性质。在这方面,冯友兰与严复所引入的早期实证论(如穆勒),似乎颇有不同。

就其内涵而言,与义相对的利主要是指个体之利,而义本身则体现了群体的要求。这样,义利之辩必然将逻辑地展开为群己之辩,按冯友兰的看法,与群体(社会)相对的"我"有两种含义:一是作为功利主体的我,一是作为主宰的我。功利的我是假我,主宰的我才是真我。"必先无'假我',而后可有'真我'。"①由无我(无功利的我)到有我(有真我)的过渡,便是通过功利境界到道德境界的递进而实现的。冯友兰所说的无我与有我,其实是同一论题的两个方面,而其中的内在意蕴,则是个体应当从属于社会:以主宰的形式表现出来的真我,也就是"行义"的我。而行义的基本要求即是为社会而牺牲个体:"一个人应该牺牲他自己,以求社会的利。"②在这里,真我与假我的关系实际上成为群己关系的具体化:真我作为普遍之义的内化,已具有"大我"的品格,与个体之利相关的假我则与"小我"处于同一序列,无假我而有真我,意味着将小我融于大我之中。正是在此意义上,冯友兰强调:"社会是一个全,个人是全的一部

---

① 冯友兰:《三松堂全集》第4卷,第560页。
② 同上书,第610页。

分。部分离开了全,则不成其为部分。"①

道德境界之后,是所谓天地境界。在这种境界中人达到了与宇宙(天地)的合一。一旦达此境界,我的精神便可以得到极大的升华,人与己、内与外、我与万物不再是相互对峙的;同时,这又是觉解发展的最高境界,自觉的理性成为人的内在品格,遵循道德规范已无需勉强。可是,如何才能达到这种同天的境界? 在解决这一问题时,冯氏开始将本体论与人生哲学联系起来。在他看来,借助本体论中的道体、大全等概念,人们便可以游心于天地之境界。"道体及大全的观念,可使人游心于'有之全'。这些观念,可使人知天、事天、乐天,以至于同天。这些观念,可以使人的境界不同于自然,功利,及道德诸境界。"②在此,本体论构成了通向天地境界的形而上学之路。

毋庸讳言,冯友兰对天地境界的如上描述,多少带有某种玄虚的色彩,不过,透过玄虚抽象的形式,我们却可以看到某些值得注意的见解。这不仅在于它肯定了精神境界应当不断地升华,而且更在于其统一天与人、真与善的思维倾向。当冯友兰强调达到道德境界之后,还应当进一步与宇宙大全合一时,他也在实质上确认了道德上的善应与本体论上的真相融合。这种融合表现于主体本身,便具体化为理性自觉与自然的合一:自觉的理性化为人的第二天性(自然),从而在行为中达到不勉而中,正是真与善、天与人、自觉与自然的如上统一,使天地境界具有高于道德境界的价值。这种看法在某种程度上统一了儒家的自觉原则与道家的自然原则,并使之获得了新的含义。如果将其与实证主义作一比

---

① 冯友兰:《三松堂全集》第 4 卷,第 553 页。
② 冯友兰:《三松堂全集》第 5 卷,第 159 页。

较，那就可以进一步注意到其理论意义。实证主义（包括新实在论与逻辑实证主义）在以逻辑分析为哲学的主要功能，并把传统伦理学转换为元伦理学时，或多或少地表现出如下趋向，即把主体及人生逻辑化。相对于这种进路而言，冯友兰的天地境界说无疑包含更为深沉的理论意蕴：作为天与人、真与善、自觉与自然的统一，天地境界乃是对人生逻辑化的超越。

第五章

走出实证主义

中国近代新实在论的另一重镇是金岳霖。与冯友兰糅合新实在论和程朱理学而建构新理学,并以人生哲学为其逻辑归宿有所不同,金岳霖的注重点更多地指向认识论与方法论,其理论行程表现为从新实在论出发而又范围进退之。如果说,在冯友兰那里新实在论主要赋予传统哲学(主要是程朱理学)以新的形态,那么,金岳霖则以新实在论为走向现代哲学的中介,并在超越新实在论的过程中作出了新的理论建树。后者从更广的意义上可以看作是中国近代实证主义思潮的逻辑终结。①

一、元学的逻辑构造与超逻辑的道

受新实在论影响,金岳霖对传统的形而上学颇有微词。在他看来,传统的形而上学往往热衷于从宇宙本体的角度讨论心物关系等问题,而这种心物之辨其实并没有多大意义:"如果我们以物为心,或者以心为物,那么,结果是宇宙一元,唯心派的'心'与唯物派的'物'就是一件东西,叫它'心'也好,叫它'物'也好,没有很大的分别。……两派闹了许久的上下前后,而对于一时一地的一事一物,没有增加我们的知识。"②既然心物之争并不能增加我们的知识,那么,结论自然是应当超越唯心派

---

① 除金岳霖之外,20世纪30—40年代受实证论影响者还有洪谦等。洪谦早年师从维也纳学派(逻辑实证主义)的领衔人物石里克,并于40年代中期撰写了《维也纳学派哲学》一书。但他的工作主要限于介绍、阐释,而未能形成自己完整、独特的体系。
② 《金岳霖学术论文选》,北京:中国社会科学出版社,1990年,第156—157页。以下简称《文选》。

与唯物派。在《知识论》中，金岳霖便明确申明："本知识论既不是唯心，也不是唯物的知识论。"①这种超越唯心与唯物的要求与新实在论大致一脉相承，体现了同一种实证主义趋向。

不过，批评传统形而上学并不意味着拒斥一切形而上学。在金岳霖看来，玄学（形而上学）有新老之分，对二者可以有不同的态度："我觉得新玄学与老玄学有极重要的分别，反对老玄学的人，不见得一定反对新玄学。"②心物之争一类的形而上学固然没有意义，但不能由此否定一般的玄学。讨论哲学，总是不能完全离开玄学（形而上）的问题，因为玄学不仅可以给人以"情感的满足"③，而且是解决其他哲学问题的必要前提。例如，归纳理论总是涉及秩序问题，而知识的秩序最终又与世界本身的秩序相关，后者便是一个玄学的问题。④ 金岳霖的这些看法固然不同于后来的逻辑实证主义，但与实证主义思潮的另一分支——新实在论却有某些相近之处。新实在论在试图超越唯心唯物之争的同时，并未放弃对存在等问题的探究；美国的新实在论者便把逻辑研究与存在的考察联系起来⑤；同样，英国的新实在论者罗素也始终关注着实在的基本形式等本体论的问题。M·K·穆尼茨在概括罗素哲学的一般特征时曾指出："罗素的哲学，就其最一般的观点而言，从其长期发展过程来看，主要讨论本体论和认识论这两方面的问题。"⑥这一分析是有见地的。金

---

① 金岳霖：《知识论》，北京：商务印书馆，1983年，第17页。
② 《文选》，第158页。
③ 金岳霖：《论道》，北京：商务印书馆，1987年，第17页。
④ 同上书，第2—3页。
⑤ 参见 E. B. Holt, *The Concept of Consciousness*, London: George Allen, 1914, p. 3.
⑥ ［美］M·K·穆尼茨：《当代分析哲学》，吴牟人等译，上海：复旦大学出版社，1986年，第151页。

岳霖深受新实在论特别是罗素哲学的影响,其批评旧玄学而又不简单地否定玄学,便体现了这一点。如后文将要论及的,对玄学意义的确认,同时又是对中国传统哲学的某种认同。

与新老玄学之分相联系,金岳霖所肯定的玄学,主要便是新玄学。如何从无意义的老玄学过渡到有意义的新玄学?这就涉及玄学的重建。按金氏的看法,首先应当净化老玄学,要实现这一目标便必须运用奥卡姆剃刀。在完成以上步骤以后,则需要进一步通过逻辑分析来建构新玄学。由此形成的玄学,金氏常常称之为"唯实哲学"或实在主义,并认为其特点在于"最能分析"。①

正是运用逻辑分析的方法,金岳霖对玄学问题作了考察。他首先提出了两个基本的范畴,即"能"与"式"。所谓能,也就是"任何事物底材料"②。万事万物各有其能,但能本身却不具有任何性质,它既非共相,亦非殊相,既无生灭,亦无增减。能与亚里士多德所说的"质料"及朱熹所说的"气"有近似的一面,但又并不完全相同:亚氏之质料和朱熹之气,带有某种实体的意味,金岳霖的能则并不是一种实体,它主要表现为一种没有任何规定的逻辑抽象;所谓"能是任何事物底材料",便是指逻辑意义上的一般质料(事物在逻辑上所以能存在者)。正因为能是一种逻辑的规定,因而由"能"之名,并不能得能之实。③ 可以看到,金氏所设定的这种能,与冯友兰所说的真元之气颇有相近之处,不过,金岳霖更多地表现出向现代科学靠拢的趋向,如他之强调能无生灭,便是以能量守

---

① 参见《文选》,第158—160页。
② 金岳霖:《论道》,第15页。
③ 同上书,第21页。

恒的定律为依据。①

除"能"之外,还有"可能"。所谓可能,是指一种"样式"或"架子",它可以有"能",但未必一定有"能":"可能虽可以有能,而不必有能……所谓可以是逻辑方面的可以,是没有矛盾的可以。"②作为一种"没有矛盾"意义上的可以,它不同于现实的可能。如果将可能包举无遗地以析取方式排列起来,那么,这种可能即表示为"式":"式是析取地无所不包的可能。"③质言之,"式"也就是一切的样式。从逻辑上说,能总是存在于式之中,式也不能离开能。金岳霖以如下命题表述了这一含义:"无无能的式,无无式的能。"④作为一种逻辑关系,式与能无先后之分。在此,金氏实际上试图通过式能关系的逻辑化,以避免传统的理气先后之争。

能与式如何构成现实的世界?金岳霖以可能的现实化作了解释。与亚里士多德以形式因为动力因不同,金岳霖认为式常静而能常动。所谓能常动,是指能总是有出有入,它可以离开某一可能(样式)而进入另一可能。能一旦进入某一可能,则这一可能便成为实现了的可能,例如,人之所以成为一种现实的存在,是因为能进入了"人"这一可能(样式)之中。由于可能是一种普遍的样式,因而可能之实现同时也就意味着普遍的样式获得了现实的规定。这种具有现实规定的样式,也就是一般所谓的共相:

若有"能",则有"能"的可能不仅是可能,而且是普通所谓"共

---

① 金岳霖:《论道》,第27页。
② 同上书,第21页。
③ 同上书,第22页。
④ 同上书,第24页。

相"。可能成了共相,就表示以那一可能为类,那一类有具体的东西以为表现。①

这样,通过"能"与"可能"的结合(能出入于可能),逻辑上的可能世界便转化为现实的共相世界。

可能的实现,从另一侧面看,也就是可能的具体化。在能进入可能之前,可能只是抽象的样式,而没有具体的表现,可能与共相的区别之一,即在于可能无"体",而共相则有具体的表现形式。当然,仅仅达到具体的本然世界还不够,"如果本然世界只是一个硕大无伦的具体的东西,现实虽并行,而我们仍可以说它费。因为那样一来大多数的关系都没有现实"②。因此,具体的本然世界还要经过一个分解化、多样化的过程。这一过程也就是所谓个体化的过程:

> 具体分解化后,多数化后,本然世界就不只一个具体。每一个个体均各有它底特别情形。从性质方面说,也许有分别不出来的两个体(这已经是很少有的事),但从关系方面说,多数个体中,差不多无一个体有任何其它个体底所有的关系,现实未个体化之前,不容易现实的关系,个体化后,很容易现实。③

正是通过个体化的过程,超时空的"能"开始成为特定时空中的存在,而

---

① 金岳霖:《论道》,第42页。
② 同上书,第70页。
③ 同上书,第72页。

共相世界也同时有了多样的表现形式。

可以看出，金岳霖由能、可能、式出发，推绎出共相世界与多样的个体，并由此设定了整个存在。这一过程，基本上表现为一种逻辑的构造。如前所述，在金岳霖那里，作为体系出发点的能、可能、式，无非是一种逻辑的抽象，它们既没有任何具体的性质，又超越时空而无生无灭，完全表现为纯形式化的规定；同样，从超现实的可能世界，到现实的共相世界与个体存在，也不外乎是一种逻辑的推论。就其试图对存在作出说明而言，这种推论无疑应当归入玄学（形而上学）之列。然而，作为一种形式化的逻辑构造，它又确实不同于传统的形而上学，而在某种意义上接近于新实在论。前已论及，新实在论并不完全拒绝对存在问题的讨论，不过，与传统的思辨哲学不同，他们力图将存在论建立在逻辑分析的基础之上。霍尔特便认为，整个宇宙可以看作一个演绎系统，其中高一级的存在可以从更基本的存在中推绎出来。[1] 培里也强调，物理的实在可以分解为类似逻辑概念的简单事项和关系，并由此断言："逻辑先于物理学。"[2] 在罗素那里，心、物等对象进一步被理解为一种逻辑的结构。从某种意义上说，新实在论在拒斥传统的思辨形而上学的同时，又试图把形而上学加以逻辑化，金岳霖对存在的逻辑构造，大致体现了相近的思路。

当然，相近并不意味着相同。新实在论在以逻辑分析方法解决形而上学问题的同时，又受到第二代实证论——马赫主义的某种影响，后者

---

[1] 参见 E. B. Holt, *The Concept of Consciousness*, pp. 154–160.
[2] ［美］拉·巴·培里：《现代哲学倾向》，傅统先译，北京：商务印书馆，1962 年，第 110 页。

突出地表现在把感觉视为原始的存在。霍尔特把宇宙视为一个演绎系统,其中高一级的存在可以从较为基本的存在中推绎出来,而最基本的存在,则被归结为"中性实体"。所谓"中性实体",大致也就是马赫所说的"要素"或詹姆士的"纯粹经验",其内涵为最直接的感觉材料,这一点,新实在论者也并不讳言①。在罗素那里,上述观点表述得更为明确。按罗素的看法,我们总是无法断定外部对象的存在,我们所能确认的,只是直接呈现的感觉材料;关于外部对象的存在,无非是由直接的感觉材料所作的一种推论。② 罗素后来虽然放弃了推论说,而更侧重于逻辑的构造,但其逻辑构造的基本材料,总不外是感觉材料,例如,他以逻辑分析的方式构造"心"与"物",并以"事素"为建构物质的中性材料,而事素无非是感觉。正是在此意义上,罗素认为:"感觉对于心理界和物理界是共有的东西:它们可以被下一定义,为心和物的交点。"③就其以感觉为基本的、原始的存在而言,新实在论的以上看法明显地带有某种心理主义的色彩,不妨说,正是逻辑构造与心理主义的交融纠缠,构成了新实在论在本体论上的基本特点。相形之下,金岳霖对基于感觉的推论很少表现出兴趣,在他那里,我们似乎很难看到心理主义的痕迹:本体的逻辑化,基本上压倒了由实在到感觉的还原。如后文将要指出的,对心理—感觉主义的这种拒斥,为金岳霖在认识论上超越新实在论提供了内在的理论前提。

新实在论在对存在作逻辑构造的同时,又引入了感觉的还原与推

---

① 参见[美]拉·巴·培里:《现代哲学倾向》。
② 参见[英]罗素:《哲学问题》,何明译,北京:商务印书馆,1959年。
③ [英]罗素:《心的分析》,李季译,北京:商务印书馆,1963年,第102页。

论,这一两重化的思辨趋向,内在地制约着其对殊相与共相的看法。一般说来,通过感觉推论而获得的实在,主要表现为殊相,而逻辑的构造往往涉及普遍的形式,因而首先与共相相联系。这样,感觉的推论与逻辑的构造的并存,常常容易导致殊相与共相的对峙,从新实在论的论述中我们看到的正是这样一种合乎逻辑的结果。罗素便明确申言,存在着两个世界,即殊相的世界与共相世界:

> 共相的世界也可以说就是实在的世界。实在的世界是永远不变的、严正的、确切的,对于数学家、逻辑学者、形而上学体系建立者和所有爱好美胜于爱好生命的人们,它是可喜可悦的。存在的世界则转瞬即逝、模糊不明、没有确定的界限、没有任何明显的计划或安排。①

在此,共相被理解为一种超然于殊相的实在,二者完全展开为两个彼此独立的序列。这种带有柏拉图主义色彩的观点,同样渗入其他的新实在论者之中,如蒙塔古即认为,在存在的逻辑序列中,一般总是在先的。②总之,在新实在论那里,对应于逻辑形式的共相与对应于感觉材料的殊相一方面各有其实在性,另一方面又彼此分离。

较之新实在论对共相与殊相的如上规定,金岳霖的看法颇有不同。如前所述,金岳霖将可能与共相作了区分。可能虽然是一般的样式,但

---

① [英]罗素:《哲学问题》,第70页。
② W. P. Montague, *The Ways of Knowing Or the Methods of Philosophy*, New York: Macmillan, 1925, p. 73.

它在未实现以前,缺乏具体的表现形式,因而还不是共相。作为普遍的样式,可能主要与能相对,而就可能与能的关系而言,二者既可相合,亦可相分:当能进入可能时,二者即相合;当能未进入可能时,则二者处于相分状态。与可能不同,共相是一种现实的关系,它主要与殊相相对。作为一种现实的普遍关联,共相一方面不囿于特殊的时空及特殊的存在,另一方又不能脱离时空及特定存在:

> 由前一方面说,共相超它本身范围之内的任何个体,由后一方面说,它又不能独立于本身范围之内的所有的个体。由前一方面说我们可以说共相是 Transcendent 的,由后一方面说,我们也可以说它是 Immanent 的。至于可能,无论从哪一方面看来,总是 Transcendent 的。①

质言之,共相既超越于殊相(个体),又内在于殊相(个体)。这样,尽管在可能的世界中,一般的样式可以在逻辑上与"能"相分,但在现实的世界中,共相并不表现为殊相之外的独立实在,"它总是潜寓于个体界"②。这种看法,显然已扬弃了新实在论的共相世界说,而其根据,则蕴含于对存在的逻辑构造之中。按照金岳霖的理解,现实世界产生于可能与能的结合(能入于可能),在这一过程中,共相与它的具体表现形式(殊相)乃是同时形成的,因此,这里并不存在作为感觉推论的殊相世界与作为逻辑形式外化的共相世界之对峙。可以看出,金岳霖力图在统一的逻辑构

---

① 金岳霖:《论道》,第 74 页。
② 同上书,第 90 页。

造下,超越共相世界与殊相世界的分离。

从现代西方哲学的演进来看,新实在论仍是在反叛绝对唯心论的过程中兴起的。所谓绝对唯心论,首先便是指新黑格尔主义。英国新黑格尔主义的主要代表布拉德雷为了论证绝对的实在是惟一的大全,曾提出了"内在关系说"。所谓内在关系说,便是认为关系总是在关系项之内,关系项及其关系最终归属于它们之上的整体。以 A、B 表示关系项,R 表示关系,在 ARB 的关系中,R 并不具有独立的性质,而是仅仅表示 A 与 B 的内在属性,并内在于二者之中。罗素后来对此作了较为简明的概括:"内在关系说主张,两项之间的每种关系基本上是表示这两项的内在属性,归根到底,是表示这两项所构成的那个总体的属性。"① 总之,按布拉德雷的意见,关系及关系项只有在以实体性的大全为基础时,才能获得意义。②

对新黑格尔主义的如上看法,新实在论深为不满,罗素便对内在关系说多次提出批评。在罗素看来,除了对称关系之外,大量存在的是非对称关系。对非对称关系,内在关系说是完全说不通的,如在"A 比 B 大"这种关系中,B 对 A 就显然不具有"比……大"这一关系,换言之,这一关系并不是 A、B 两项共有的内在属性。在 1907 年的一篇论文中,罗素明确指出:"我的结论是,这个公理(指内在关系说——引者)是伪的","这样我们就得到一个许多事物的世界。它们的关系不能得自相关事物的一种所谓'性质'或经院哲学上的本质。在这个世界里,凡复杂的东西都是成自有关系的简单的事物。"③ 与新黑格尔主义相对,罗素将外在关

---

① [英]罗素:《我的哲学的发展》,温锡增译,北京:商务印书馆,1982 年,第 47 页。
② 参见 F. H. Bradley, *Appearance and Reality*: *A Metaphysical Essay*, Cambridge: Cambridge University Press, 2012, Chapter XIII, XIV.
③ 引自[英]罗素:《我的哲学的发展》,第 53 页。

系提到了突出地位，并相应地以多元论否定了新黑格尔主义的整体主义及绝对一元论。不过，在强调多元论的同时，作为新实在论者的罗素似乎对事物之间的普遍联系及世界的统一性有所弱化。

在内在关系与外在关系问题上，金岳霖虽然吸取了新实在论的某些观点，但又与之保持了一定的距离。与罗素一样，金岳霖明确肯定，"不是所有的关系都是内在的"①。不过，与罗素完全否定内在关系论不同，金岳霖并不简单地拒斥内在关系论。按照金岳霖的看法，性质与关系不同，就性质而言，一个个体只受一部分个体的影响。"从关系说，一个体受任何个体底影响。"②换言之，关系固然并不像新黑格尔主义所理解的那样，会必然影响关系项的性质，但它确实制约着相关个体之间的"关系"。基于这一观点，金岳霖认为："每一个体都反映整个的本然世界，就是说每一个体与其余所有的个体都有这样的关联。"③这里已多少渗入了内在关系论。在金岳霖对道的解说中，上述倾向表现得更为明显。根据金氏的界定，道即式与能的统一，具体地说，"居式由能，莫不为道"④。由能，即能之出入，居式，则指能存在于式之中。就是说，无论是对象的变动，还是其静态的存在，都体现了道；就前者而言，道可以说是规律，就后者而言，道则表现为统一的整体。正是在此意义上，金岳霖说："'宇宙'是'全'，'全'表示整体"，"'宇宙'不仅是全而且是大全。"⑤

相对于新实在论强调"多元"、"个体"，金岳霖的如上看法无疑更多

---

① 金岳霖：《知识论》，第149页。
② 金岳霖：《论道》，第87页。
③ 同上书，第89页。
④ 同上书，第40页。
⑤ 同上书，第218页。

地注意到了事物之间的相互关联与普遍联系。换言之,在金岳霖那里,世界既不是布拉德雷那种神秘的"绝对",也并不呈现为罗素那种彼此分离的原子或原子事实,而是展开为一个相互联系的统一整体。稍加分析便可看到,在金岳霖的如上看法中,深深地楔入了中国传统哲学的观念。事实上,金岳霖对中国传统哲学始终予以极大的关注,尤其是中国哲学中道的观念,更为金氏所重视。按金氏之见,每一文化区都各有其中坚的思想,每一中坚思想都有其最崇高的概念,"中国思想中最崇高的概念似乎是道"①。作为一个哲学范畴,道在中国传统哲学中无疑有着极为重要的地位,从天道观到伦理思想、认识理论,等等,我们几乎都可以看到"道"的印记。就天道观而言,道所体现的首先是统一性原理。道家之以道为万物之本,儒家之强调"弥纶天地之道"(《易传》)等等,都表现了对世界统一性的一种确信。这种观念在中国哲学中无疑源远而流长,它对金岳霖同样产生了不可低估的影响,金岳霖将其元学(本体论)著作名之为《论道》,即从一个侧面表现了这一点。不妨说,正是传统哲学的如上背景,使金岳霖在内在关系与外在关系问题上逸出了新实在论而接近于新黑格尔主义,而通过道的观念与内在关系论的某种融合,金氏又多少扬弃了新实在论(特别是罗素)由强调多元论而忽视普遍联系及统一性原理的偏向。

  以肯定世界的整体性为前提,金岳霖对理与势的关系作了考察。理指共相的关联,势则指殊相的生灭。个体总是变动不居,但个体的变动并非无规律可循,它总是蕴含着共相的关联,这种关联具有普遍性,它不

---

① 金岳霖:《论道》,第16页。

仅体现既成的联系,而且"显示未现实的关联"①。作为普遍的关联,理具有必然的性质,这也就是金岳霖常常说的"理有固然"。正由于对象的变动受普遍必然之理的制约,因而世界可以用理性的方式去理解:"我们不仅可以理解已往而且可以理解将来。"②如后文将要指出的,金岳霖的这一看法在逻辑上构成了其解决归纳问题的本体论前提,它与实证主义的观点存在深刻的差异。实证主义尽管形态各异,流派迭出,但有一点是共同的,即原则上都把现实世界中的共相关联视为现象之间的联系,除了逻辑关联之间的必然性之外,他们基本上不承认其他的普遍必然性,在这方面,实证主义大体上承了休谟的传统。金岳霖对理(共相关联)的理解,无疑已突破了实证论的休谟主义眼界。

不过,肯定共相关联的普遍必然性,并不意味着仅仅以共相的关联来说明殊相的变动。在强调"理有固然"的同时,金岳霖又指出:"势无必至。"③就因果关系而言,因与果之间的联系是必然的,有某因,必有某果。但某因是否出现,则并非必然。换言之,某一对象可能受多种因果关系的制约,但究竟哪一种因果关系得到实现,则取决于各种具体条件。这样,"一方面,无论个体如何变如何动,我们总可以理解(事实成功与否当然是另一问题);另一方面,无论我们如何理解,我们也不能完全控制个体底变动"④。金岳霖的这一看法已开始注意到了偶然性的作用,就是说,个体变动的现实历程总是有"非决定"的因素。相对于新黑格尔主义片面地强调个体只有在大全之内才有意义,金岳霖对共相关联与个体

---

① 金岳霖:《论道》,第113页。
② 同上书,第151页。
③ 同上书,第201页。
④ 同上书,第167页。

变动关系的理解,无疑更为合理:如果说,实证主义由突出"势无必至"而忽视了"理有固然";新黑格尔主义在注重"理有固然"的同时未能看到"势无必至",那么,金岳霖则对二者关系作了较为全面的解决。

按照金岳霖的看法,研究元学(形而上学)并不仅仅为了求得"理智的了解",而且更在于达到"情感的满足"。就后者而言,世界就不应当仅仅被视为一种冷漠的对象,也正是基于这一价值取向,金岳霖将作为统一性原理的道,同时又理解为一个无极而太极的过程。道本无始,但在逻辑上却有一个无量上推的极限,所谓无极,便是指这一极限,它构成了万物之所从来。道本无终,但从逻辑上它总是有一个无终之终,这个无终之终即是太极。太极虽无法达到,但却构成了"绝对的目标",这种目标,实际上类似亚里士多德所说的"目的因"。作为绝对的目标,"太极至真,至善,至美,至如"①。在这一境界中,不仅真善美趋于统一,而且任何紧张、对抗、不均衡都归于消失,"情尽性,用得体,万事万物莫不完全自在,完全自如"②。实在的这种境界体现了人的价值理想,因而能给人以情感的满足。正是在此意义上,金岳霖认为:"无极而太极不仅表示方向而且表示目标,表示价值。"③

金岳霖对实在的如上规定,明显地渗入了不同于新实在论的意味。如果说,新实在论对实在的考察基本上以逻辑分析为主,而这种分析又或多或少地可以追溯到古希腊冷峻的逻各斯(Logos)传统,那么,金岳霖则在对存在作逻辑构造的同时,又力图使实在的考察具有某种人文的意

---

① 金岳霖:《论道》,第212页。
② 同上书,第214页。
③ 同上书,第220页。

义,后者与中国传统哲学有着更为切近的联系。如所周知,天道与人道的融合,是中国传统哲学的特点之一。儒家认为"诚者,天之道;诚之者,人之道"(《中庸》)。这既体现了天人合一的观念,又同时赋予天道以某种价值的意义;道家强调"道法自然"(《老子》),而自然不仅仅是本然,它同时又被理想化为一种消除了紧张与冲突,绝对和谐(道通为一、万物一齐)的价值形态。总之,在天道的考察中注入人文的意蕴,确实构成了中国哲学的传统。金岳霖曾以天人合一为中国哲学最突出的特点,而所谓天人合一,又被理解为"坚持根本同一,泯除一切显著差别"[①]。当金岳霖强调在太极中"真就是美,美就是真,而它们也都是善",并以"至如"为其特征时,他无疑比较自觉地上承了中国的传统哲学。

不过,金岳霖的玄学尽管融入了不少传统哲学的因素,但从总体上看,其整个体系仍然表现为一种逻辑的构造。作为受过新实在论洗礼的哲学家,金岳霖所追求的仍是形式化(逻辑化)的形而上学,正是这一点,使其体系与冯友兰的新理学一样蕴含着难以克服的理论困难。如前所述,作为其玄学体系基石的能、可能、式,基本上表现为一些逻辑的设定。可是,逻辑的本体如何过渡到现实的世界?超时空的逻辑规定如何转化为时空中的存在?在无极而太极的过程中,同样有类似的问题:无极如何走向太极?金岳霖以能入于可能来说明现实世界的形成,但这仍未超出逻辑推绎之域。金岳霖试图以若干逻辑命题的构造来解释存在,看来并未能如愿。

同时,金岳霖以道为统一原理,并以太极规定道。道作为真善美的统一,作为至如的存在境界,无疑已超出了逻辑之域。它在某种意义上

[①] 《文选》,第355页。

表现为形而上的目的因。实证主义的影响,使金岳霖自觉地追求一种形式化的玄学体系;对传统哲学理智上的认同与情感上的依恋,又使金氏始终难以放弃形而上的终极关怀。那么,超逻辑的存在境界(道、太极)与形式化的逻辑构造如何统一?对金岳霖来说,这依然是个历史的难题。总之,与冯友兰一样,金岳霖试图建立一个新的玄学(元学)体系,但内在的理论困难却使他未能达到企望的目标。事实又一次表明,在实证主义的基础上重建形而上学,是很难成功的。

二、对唯主方式的诘难

元学意义的确认,主要表现为新实在论与传统本体论的沟通。引入新实在论,当然并不仅仅在于重建元学,毋宁说,它的理论内蕴更多地关联着认识论。在金岳霖那里,我们确实可以看到一个具有独创内容的认识论体系。而金岳霖对实证主义的扬弃和超越,也主要体现于此。

金岳霖认为,知识应当从官觉(感觉)说起,因为官觉既是知识之窗,又是知识的大本营:"说知识有进步,简单地说,就是不同的正觉有增加。"① 就其以感觉为知识之源而言,这种看法与实证主义无疑彼此相近。早在实证主义的历史源头——休谟那里,对感觉的确信即构成了基本的信条,实证主义从第一代到第三代(逻辑实证主义)大体都继承了这一传统。新实在论作为广义的实证主义之分支,在这方面也并不例外。

---

① 金岳霖:《知识论》,第953页。

罗素便认为,全部知识经过分析,最后总是可以还原为原子命题与逻辑规则,而原子命题即是一些直接由感觉而获得的命题。①

一般说来,感觉论总是涉及两个相互联系的问题:其一,感觉是否以外物为对象?其二,感觉能否提供真实的存在(客观实在)?在这两个问题上,金岳霖与实证主义(包括新实在论)发生了原则的分歧。在金氏看来,罗素和维也纳学派尽管注重感觉,但他们与康德一样,在总体上仍以唯主方式为知识论的出发点。所谓唯主方式,即是仅仅限于此时此地的官觉(感觉)现象,亦即将认识封闭在当下的感觉之内,始终不超出感觉。这种方式存在着两个致命缺陷:

首先是它无法得到独立的外物。唯主方式限于此时此地的感觉,只承认当下的感觉,而不承认这种感觉以外物为对象,这样,他们便只能通过推论来得到外物。然而,要从感觉的内容推论外物,在理论上有不可克服的困难,因为感觉内容是随感觉而生灭的,感觉停止,则感觉内容也就不复存在。从这种稍纵即逝的感觉内容中,当然难以推断外物。罗素曾作过种种推论的尝试,但结果并不成功。

唯主方式的另一缺陷,是得不到真正的客观认同并难以区分真假。唯主方式仅仅停留于此时此地的感觉,即使对他人的存在,也难以推断,这就无法达到主体间的真正的共识。于是,按照唯主方式,主体便只能限于个体的私人经验,从而很难超越自我中心论。与陷于私人经验而达不到主体间的公共性相联系,唯主方式也无法对真假作出客观的判断,至多只能达到感觉内容的一致。②

---

① 参见[英]罗素:《我们关于外间世界的知识》。
② 金岳霖:《知识论》第一章。

唯主方式的如上缺陷,最终将使知识成为不可能。因为知识总是关于外部对象的认识,而这种认识又必须超越个体的私人经验而具有公共的、客观的真理性。与唯主方式相对,金岳霖以肯定有外物作为知识论(包括感觉论)的前提。在金氏看来,怀疑外物之有,仍是唯主方式的偏见。因为一旦封闭于此时此地的感觉,则外物的存在便成了问题。事实上,"知识本来是对于外物的知识,有官觉和有外物这两命题本来应该有同等的待遇"①。

金岳霖从各方面对外物的实在性作了考察。首先,外物总是独立于知识及感觉之外。外物作为所知(知识的对象),并不是知识及感觉的产物,也并不随知识的存在而存在。与"存在即被感知"的命题相对,金岳霖明确指出:

存在和知道存在是两件事。即令我们不知道 X 存在的时候,我们不能说 X 存在,然而 X 底存在既不靠我们知道也不靠我们说。②

其次,外物的实在性还在于,它们各有自身绵延的同一性。世界上没有不变的东西,但外物不管怎样变,当它还是某物时,它总是其自身而不是他物。正是这种绵延的同一,构成了对象独立性的重要表征:"独立存在底一部分的意义就是表示在间断的两官觉事实 $S_1 S_2$ 中或在间断的两知识经验 $K_1 K_2$ 中,A 这一官觉或知觉对象是同一的。"③引用唯主的方式

---

① 金岳霖:《知识论》,第86页。
② 同上书,第100页。
③ 同上书,第106页。

便得不到这种同一性,因为从感觉无法推论出外物的同一性。

除了对外物实在性的如上解说外,金岳霖还从性质的相对性与独立性之区分上,对此作了论证。金氏认为:"性质两字在这里有两个用法:一是在关系网中而不与某一官觉类相对待的性质;二是在关系网中与某一官觉类相对待的性质。"①例如,在"耳遇之而成声,目遇之而成色"这一感觉关系中,"色"、"声"即是相对于某一感觉类的性质,就是说,它们确实具有相对性的一面,但这种性质与耳目所遇的"之"一样,虽处于关系之中而并非主体的创造,换言之,性质之相对性并不排斥其独立性。

金岳霖的如上看法扬弃了从感觉推论存在的唯主方式,并具体地阐明了作为感觉对象的外物之实在性,从而为知识论(首先是感觉论)提供了一个坚实的前提。就其否定推论说而言,这种知识论原则无疑与其元学(元学本体论)前后相承;但就其直接肯定外物之有而言,显然又与其元学立场有所不同:外物之上的逻辑本体,似乎已被超越;换言之,对外物实在性(独立性)的确认,已压倒了形式化的逻辑构造。它表明,在知识论的领域,金岳霖已开始多少突破了其元学上的逻辑——形而上学。这既可以看作是金氏在面临元学困难之后的一种理论选择,又可以视为由知识论反省元学而达到的积极结果。

感觉既然以独立存在的外物为对象,那么,它是否能将这种外物如实地提供给主体?这是感觉论必须解决的另一问题。金岳霖提出了"所与是客观的呈现"这一命题,对上述问题作出了独特的回答。所与是外物在类(感觉类)的感觉活动中的呈现,它构成了知识最基本的与料。作为知识的基本材料,所与既是感觉的内容,又是感觉的对象:

---

① 金岳霖:《知识论》,第103页。

> 所与有两方面的位置,它是内容,同时也是对象;就内容说,它是呈现,就对象说,它是具有对象性的外物或外物底一部分。内容和对象在正觉底所与上合一。①

在这里,感觉已不仅仅限于自身,其内容也不再是私人体验,而是与对象完全重合。质言之,内(感觉内容)与外(感觉对象)并不存在无法逾越的鸿沟,二者统一于所与。

从上述观点出发,金岳霖对因果说与代表说提出了批评。因果说以为,外物是呈现之因,呈现是外物之果。代表说则以为呈现代表外物。二者的共同特点是把呈现与外物(代表与被代表者、果与因)视为二项或两个个体。这种看法很难回答贝克莱、休谟等人的责难:既然呈现与外物是两项,而二者又分别处于意识之内与意识之外,那么,外(对象)如何能进入内(意识)?二者如何能达到一致?如果运用所与是客观的呈现这一理论,那么,如上问题便可以得到消解:所与作为客观的呈现,本来无内外之分;在所与中,感觉的内容就是对象本身,二者并非彼此隔绝,而是完全合一。

就其肯定感觉内容与对象的统一而言,金岳霖的如上看法与新实在论(主要是美国的新实在论)无疑有相通之处。新实在论从反对二元论、坚持一元论的原则出发,强调感觉与它的对象本质上是同一的。霍尔特认为:"感觉、知觉和它们的'对象'也是一个东西。"②蒙塔古也断言:"我在视觉范围内所感知的东西,可能与我身外的物质世界中存在的东西,

---

① 金岳霖:《知识论》,第130页。
② E. B. Holt, *The Concept of Consciousness*, p. 219.

在每个方面都是同一的。"①这种看法与实证论的休谟主义传统似乎有所不同,因为它在某种意义打通了感觉与外物的障壁,注意到了二者之间的联系,从这方面看,它与金岳霖确乎呈现了相近的思维趋向。

不过,新实在论由肯定感觉内容与对象的同一,又进而表现出忽视二者区别的倾向。在他们看来,如果把意识与外物视为两种存在,那便是一种二元论,因而他们常常把感觉内容与对象的一致理解为外物直接进入意识,如培里即认为:"当事物被认知时,它们就是心灵的观念。它们可以直接进入心灵,而当它们进入心灵时,它们就变成了所谓观念。"②如果说,贝克莱的"存在即被感知"说实质上将存在(外物)意识化,那么,新实在论的如上观点则在某种意义上将意识现象物理化,或者说,将感觉同化于外物(客体)。这一点,在蒙塔古的如下论述中,表现得相当明显:"一切从知觉上被经验的客体(感觉材料),都享有其现实的物质实在的地位。"③后来的批判实在论曾把新实在论的如上看法称之为"泛客观主义",认为其特点在于把精神的内容变成存在的实体,④这种批评并非毫无根据。

与新实在论不同,金岳霖提出"所与是客观的呈现",固然肯定了感觉内容与对象的合一,但这种合一乃是以承认意识与存在的区分为前提的。从前文所引的论述中,我们便不难看到这一点。金岳霖明确指出,所与有两方面的位置,它既是内容,又是对象。这里所说的"位置"也就是指存在的方式,就是说,从存在方式看,作为意识的感觉内容与作为外

---

① W. P. Montague, *The Ways of Knowing*, p. 308.
② [美]拉·巴·培里:《现代哲学倾向》,第 300—301 页。
③ W. P. Montague, *The Ways of Knowing*, p. 292.
④ 参见 A. O. Lovejoy, *The Revolt Against Dualism*, Open Court Publishing, 1960.

物的对象不能混为一谈。所谓合一,无非是指感觉乃是外物本身的呈现,亦即改变了存在方式的外物。呈现与被呈现者除了存在方式的差别之外,没有本质的不同。较之新实在论将感觉材料等同于存在实体,金岳霖的以上看法无疑已扬弃了意识的物理化。

新实在论将个体的感觉同化于客体,在理论上便产生了如下问题:既然个体的感觉与存在的实体同一,那么,如何区分真理与谬误、实在与虚妄?按照新实在论的同一说,每一个体的感觉即是客体本身,依此推论,则个体在一切条件下所获得的感觉都是客观的,从而,正觉与幻觉、错觉、梦觉等等之区分,也就被模糊了。事实上,新实在论在解释谬误这一问题上,确实显得无能为力。当然,新实在论在理论上陷于如此困境,其更内在的根源还在于仅仅局限于个体的感觉:在仅仅注意个体的感觉这一点上,新实在论与其他的实证主义者并无二致,而从个体感觉出发,便很难对正觉与错觉等作出正确的区分,因为在这种情况下显然难以达到公共的标准。

相形之下,金岳霖所表现的则是另一种思路。在金岳霖看来,感觉活动应当以正觉为标准去加以校对。关于正觉,金氏作了如下界定:

> 正常的官能者在官能活动中正常地官能到外物或外物底一部分即为正觉。[1]

所谓正常,是相对于个体所属的类而言。个体如果具有所属类的类型,那么,他就是正常的官能类。正常的个体(亦即具有所属类的类型者)在

---

[1] 金岳霖:《知识论》,第125页。

正常的感觉活动中，总是目有同视，耳有同听："对于同一外物或同一外物底同一部分，在它没有性质上的变更时期内，一类中的正常官能个体在正常的官能活动中所得到的呈现是有同样性质的。"①质言之，所谓客观的呈现，首先是相对于感觉类而言。正是在此意义上，金岳霖认为，客观即是"类观"。② 通过引用合乎类型的类观，我们便能对特定个体的感觉加以校正，从而区分正觉与错觉。

可以看到，与实证主义不同，金岳霖的如上看法已开始从作为个体的认识主体转向了作为类的认识主体。在个体范围内无法解决的真伪、正误问题，一旦引入了类观，便有了普遍的标准：所谓正觉，无非是合乎类观的感觉，而感觉的内容与对象，正是合一于"正觉底所与"之上。如果说，肯定感觉内容与对象的统一主要沟通了意识与外物，那么，将这种统一建立于类观（正觉的所与）之上，则使二者的沟通超越了私人经验而能够提供客观的实在。因为在后一情况下，"所与就是公于一官觉类底任何正常官觉者底呈现"③。既然在相同的条件下，同一类中具有正常官能的不同主体能够对同一对象获得相同的呈现，那么，这种呈现所给予的无疑是真实的存在。④

从以上观点出发，金岳霖对维也纳学派提出了批评："有些人喜欢把官觉底呈现视为主观的，把语言视为客观的，维也纳学派的人似乎有此

---

① 金岳霖：《知识论》，第133页。
② 同上书，第147页。
③ 同上书，第474页。
④ 墨子曾提出以众人耳目之实为取舍标准，金氏的看法与此有相通之处。不过，墨子所谓"众人"，乃是一种个体的集合，而金岳霖所说的类观，则是普遍的类观，二者涵义颇有不同。相对说来，金氏的看法与荀子"凡同类同情者，其天官之意物也同"之说更为接近，但金氏之论证无疑更为深入和精密。

主张。本书认为这办法不行。"①作为实证主义的第三代,逻辑实证主义(维也纳学派)对感觉的理解基本上没有超出休谟的立场。在他们看来,感觉总是个体性的,无法在主体间加以传递,因而只能归入私人经验之列。唯有语言才能超越私人性,并能在主体间加以传递,从而具有客观的性质。按照金岳霖的看法,维也纳学派的以上观点是难以成立的。这不仅在于语言本身离不开感觉:语言的符号首先要由感觉给予,语言要获得意义,也必须承认有客观的所与;而且更在于,感觉绝非仅仅是私人的主观经验。诚然,在非类观的条件下,感觉主体 S_n^m 与 S_n^{m+1} 两者的呈现可以不同,并相应地无法沟通,但在类观的情形下,"S_n^m 和 S_n^{m+1} 两官觉者可以交换他们底官觉"②。就是说,感觉如果是正觉,那么,它们同样具有主体间的可交换性。金岳霖的这一见解已注意到,感觉本身具有两重性:就其以特定时空中的外物为对象,而这种对象又总是呈现于作为个体的主体而言,它无疑是特殊的;但就其表现为类观而言,又超越了个体而具有公共性(主体间的可传递性)。实证主义将感觉仅仅归结为私人的主观经验,其根源之一即在于未能从作为个体的主体过渡到作为类的主体。

金岳霖以肯定外物的独立存在为感觉论的前提,并提出"所与是客观的呈现"的命题,从而为解决感觉能否给予客观实在这一问题提供了富有启示意义的思路。尽管金岳霖似乎把感觉的客观主要建立在类观的基础上,而未能把主体的感性活动进而理解为实践活动,但从总体上看,其感觉论无疑已超出了实证主义的轨辙。

---

① 金岳霖:《知识论》,第223页。
② 同上书,第474页。

三、概念论

感觉的对象是"像","所与是客观的呈现"所回答的,首先是如何"觉像"。觉像之后,必须进而明理:"知识不仅是觉像而且是明理。"①理是共相及共相之间的关联,与像不同,理无法直接呈现于主体之前,只能通过抽象才能把握。在认识过程中,主体总是首先将对象转化为意象,但意象仍未完全摆脱具体的特点,只有从意象提升到意念(概念),才能以一范多,以型范实,而这一步便是通过抽象而完成的:"原来所执的一由意象跳到意念,抽象的程序才能算是达到主要点。这一跳是由类似具体的跳到完全抽象的。在这一跳之后,所执的一已经成为思议的内容。"②金岳霖相当注重从意象到意念的飞跃,以为只有在这一步完成后,才表明真正获得了经验知识:"所谓经验,换句话说,就是得到意念。真正地有知识上的经验,也就是真正地有意念。"③

从意象到意念的抽象过程,同时即表现为以概念(意念)④去摹状和

---

① 金岳霖:《知识论》,第353页。
② 同上书,第230页。
③ 同上书,第384—385页。
④ 金岳霖在《知识论》一书中对意念和概念作了区分,但就内涵看,其意念相当于现在通常所说的概念。事实上,金岳霖本人对二者的区分并不十分严格,如在《论道》中即把意念的双重作用称为概念的双重作用(见金岳霖:《论道》,第9页)。据此,本书对二者不作细分。

规律所与:"抽象实在有两方面,一是摹状,一是规律。"①关于摹状,金岳霖作了如下界说:

> 所谓摹状,是把所与之所呈现,符号化地安排于意念图案中,使此所呈现的得以保存或传达。②

所与作为直接的呈现,对主体来说最初仅仅表现为"这"或"那",而且这种呈现往往稍纵即逝;只有把所与放在一定的概念结构中,它才能被理解,并进而得到保存,从而可以在主体间加以传达、交流。例如,如果所与提供了 X、Y、Z 三项,其中 Y 为红色,Z 为黄色,而 X 则不知其为何色,这时,我们便可以对三项加以比较。比较的结果,也许可以发现 X 浅于 Y 色而深于 Z 色,这时我们便可称 X 为橘黄或橘红,亦即把 X 这一所与安排在橘黄或橘红这一概念中。这一过程也就是以概念(橘黄、橘红)去摹状所与(X)。正是通过这一摹状的过程,具体的"这"(X)开始转化为抽象的意念(橘黄或橘红)。

从另一方面看,摹状同时又表现为一个赋予概念以意义的过程。概念的意义也就是"所谓"(所指称者),而这个"所谓"即存在于所与所提供的实在之中。在摹状中,一方面,所与被安排在概念结构中,从而为主体所理解;另一方面,概念也由此而获得了自身的意义。以上文所举的例子而言,"橘黄"、"橘红"是概念,而"所谓橘黄或橘红并不是凭空的,我们实在是把 X,Y,Z 底颜色作比较观,实在是由观察它们,比较它们,而得

---

① 金岳霖:《知识论》,第 355 页。
② 同上书,第 356 页。

到橘黄或橘红底所谓。就这一方面说,单就这一方面说,我们底橘黄或橘红意念得自所与"①。作为得自所与的过程,摹状便同时带有摹写的性质,金岳霖的这一看法,事实上已接近于反映论的观点。

通过摹状,具体的意象开始提升为抽象的意念,它使主体超越了特殊的时空,获得了关于对象的普遍知识。从注重摹状这一抽象过程出发,金岳霖对休谟的经验论提出了批评。在金氏看来,经验论者往往停留于具体的意象,"休谟底哲学就有这毛病。他底哲学和别人底哲学一样非有抽象的意念不可,但是他把抽象的意念视为类似具体的意象,所以所谓抽象根本说不通"②。由于只承认意象,不承认意念,便无法对所与加以摹状,因为意象是特殊的,它不能超越特殊时空去摹状其他对象。从而,停留于意象便难以获得普遍必然的知识,而只能局限于此时此地的个体经验。在此,金岳霖事实上已注意到,休谟在认识论上走向怀疑论,乃是其狭隘的经验论立场的逻辑归宿。

休谟是实证主义的先驱。在《知识论》中,金岳霖曾把休谟称为"十八世纪底维也纳学派"③。这样,对休谟的批评同时也是针对维也纳学派(逻辑实证主义)而发的。维也纳学派将有意义的命题分为两类:其一为分析命题,它不涉及对象而仅仅表现为重言式的逻辑命题;其二为综合命题,亦即涉及现象界的经验命题,它往往与观察陈述相当(可以还原为观察陈述并以观察陈述加以检验),而观察陈述总是或多或少地渗入了私人经验。既然关于对象的综合命题最终建构于观察陈述之上,而

---

① 金岳霖:《知识论》,第357页。
② 同上书,第228页。
③ 同上书,第44页。

观察陈述又不能摆脱个体性与私人性,那么,知识的普遍有效性就成了问题。① 就其停留于现象而言,维也纳学派的观点与休谟确实有相通之处,二者在某种意义上都未能真正理解从意象到意念的抽象。相形之下,金岳霖的摹状说无疑已开始超越忽视概念摹写作用的现象主义观点。

在金岳霖以前,罗素曾提出了摹状词理论,对概念的摹状作用似乎也有所注意,金岳霖的摹状说与此并非毫无相关之处。事实上,罗素所说的摹状与金岳霖所说的摹状,在英语中乃是同一个词(description)。不过,罗素的摹状词理论主要在于以摹状词来代替普通的专名。在罗素看来,专有名词如果有意义,就必须指称一个对象,但这样一来往往会导致承认各种虚假的实体,如"金的山"、"圆的方"等等,为了避免过多的本体论承诺,就应当以摹状词取代专名。摹状词的特点在于并不直接指称对象,它的意义只有在句子的前后联系中才能确定。就此而言,罗素的摹状词理论实质上将概念与对象的关系转换为概念之间的逻辑联系(同一句子不同概念的前后联系),从而摹状也就并不表现为对对象的摹写。较之罗素的上述看法,金岳霖强调以概念摹状所与,显然更自觉地坚持了实在论的立场。

除了摹状之外,概念对所与还具有规律的作用。关于规律,金岳霖作了如下界说:

所谓规律,是以意念上的安排,去等候或接受新的所与。②

---

① 逻辑实证主义后来也意识到了这一问题,并由现象主义转向了物理主义,但同时又表现出某种形式主义的偏向。
② 金岳霖:《知识论》,第364页。

所与作为知识最基本（原始）的材料，最初表现为经验上的杂多，它虽呈现于主体之前，但却缺乏秩序与条理。概念则规定了一定的条件、准则，凡是合乎这一条件、准则的，便可以归入某一类，不合乎此条件的，则加以排除。这样，以概念去规律所与，也就是按照概念所规定的条件，去接受所与，并加以整治，使之归入概念所代表的共相之中，从而获得内在的秩序。例如，一群由狗、猫、猴、马等所构成的动物呈现于主体之前，当主体尚未能以概念去对它们加以规律时，它们往往表现为一堆杂多，但一旦以"猫"、"狗"、"猴"、"马"等概念去接受它们，亦即将它们归入相应的类，这些所与便得到了整治并具有了秩序，而这一过程即体现了概念的规律作用。

从哲学史上看，康德已开始注意到了概念的规范作用。按照他的观点，感性直观所提供的材料往往缺乏普遍必然性，只有经过知性范畴的整理，才能提升为科学的知识。金岳霖所说的概念的规律作用，与康德所理解的知性范畴的功能，显然有相近之处。不过，在康德那里，范畴被视为先验的思维形式，而知性范畴对感性材料的整理，则往往被归结为人给自然立法的过程。与这种先验的看法相对，金岳霖认为，概念的规律固然是一个接受所与，并使之归入相应的类，从而获得内在秩序的能动过程，但它不能规定所与如何呈现。[①] 亦即并不表现为一个给对象立法的过程；主体借以规律所与的概念，并不是先验的范畴，它本身归根到底来自所与。对规律的以上理解，显然已开始扬弃先验论。

就另一方面而言，康德虽然注意到了知性范畴对感性材料的规范作用，但他对范畴的理解不仅带有先验的性质而且显得较为狭隘，后者突

---

① 金岳霖：《知识论》，第366页。

出地表现在康德将知性范畴仅仅规定为十二对,从而多少使概念的规范作用受到了限制。在这方面,新实在论(以及后来的逻辑实证主义)似乎有所不同。以罗素为例,他虽然将摹状主要理解为句子成分之间的联系而多少与对象分离开来,但却相当注重对经验材料的逻辑建构,而后者主要即表现为将感性材料纳入一定的逻辑结构。这一过程在一定意义上也可以视为以逻辑形式去整理材料。不过,逻辑建构中的逻辑形式往往显得相当空泛,常常容易导向形式主义。事实上,罗素便试图将认识建构为一种演绎系统,而演绎系统即以形式化为其特征。相形之下,金岳霖则在将康德的知性范畴引申为广义的概念(意念)的同时,又强调概念得自所与,而并不仅仅是空泛的逻辑形式,从而对康德与新实在论(以及逻辑实证主义)作了双重超越。

对概念的摹状与规律作用的如上阐释,乃是一种分析的说法。在现实的认识过程中,摹状与规律总是彼此联系而不能分离:

> 我们没有只有摹状成分而无规律成分的意念,我们也没有只有摹状作用而无规律作用的时候。①

首先,无规律不能摹状。主体总是在接受所与的过程中摹状所与,只有当主体能运用概念去接受所与时,才能对所与加以摹状。金岳霖举例说,如果一个人不能以"香蕉"这一概念去接受所与,那么,他也就无法用"香蕉"这一概念去摹状所与。简言之,摹状所与的过程同时也就是规律所与的过程。同样,规律也离不开摹状,如果我们不能运用某一概念去

---

① 金岳霖:《知识论》,第 376 页。

摹状对象,亦即不知道它的"所谓",那么,我们也就无法运用该概念去接受新的对象。总之,"意念不规律,它不能摹状,不摹状,它也不能规律。二者交相为用,意念才成其为意念"①。

摹状与规律的统一,也就是得自所与和还治所与的统一。通过摹状,概念从所与中获得了意义,从而避免了与对象的脱节;通过规律,概念又进一步还治所与,从而使作为直接呈现的所与得到了整治。正是在这一过程中,主体逐渐形成了知识经验。"知识经验就是以所得还治所与","真正地有知识上的经验,也就是真正地有意念。所谓真正地有意念,就是得自所与,与还治所与。这就是从所与有所得而又能还治所与"。② 如果对这一过程作进一步的分析,则可以看到,它具体又包括相互联系的两个方面:首先是化所与为事实。本然的世界还不是认识论意义上的事实,本然的对象只有呈现于主体之前,并为主体所接受和整治,才能化为主体所知的事实。"最初级的材料仍是 X,Y,Z……等等。这种材料要经过我们底接受才成为'客观的事实'。求知不仅是和事实见面而已,一部分的工作,在发现事实,等到事实发现,功已半矣。"③金岳霖的这一看法将本然的对象与认识论意义上的事实作了区分,注意到了从本然的存在到被知的事实之转化,表现为一个以所得还治所与的过程。

所与之中本身有秩序,有共相的关联④,对所与的摹状与规律不仅仅是化所与为事实,而且意味着进而把握共相之间的关联。"就概念之

---

① 金岳霖:《知识论》,第 382 页。
② 同上书,第 470、385 页。
③ 同上书,第 462 页。
④ 同上书,第 446、265 页。

为形容(即摹状——引者)工具而言,它描写所与之所呈现的共相底关联"①。这样,通过对所与的摹状与规律,主体便不仅形成了关于特殊事实的知识,而且能够达到对普遍之理的认识。质言之,概念对所与的摹状与规律,同时表现为知事与明理的统一。

金岳霖关于概念双重作用的学说,对感性与理性的关系作了较好阐述。一般说来,实证主义在注重感觉经验的同时,对理性的作用并不完全排斥(新实在论及逻辑实证主义将逻辑提到突出的地位,便多少包含有肯定逻辑思维之意)。不过,他们在理论上始终未能真正解决感性与理性的关系:对他们来说,二者往往或者彼此分离,或者表现为两个并立的序列。在这方面,逻辑实证主义的看法似乎更具有典型意义。如前所述,逻辑实证主义将有意义的命题区分为综合命题与分析命题,前者为特殊的经验命题,后者则主要是普遍的逻辑命题。按照逻辑实证主义的理解,综合命题总是经验的,而分析命题则永远是先验的,二者在来源上完全彼此分离,互不相关。不难看出,在综合命题与分析命题如上划界的背后,实质上蕴含着感性与理性的某种分裂。与实证主义相对,金岳霖以概念的摹状与规律的统一,论证了知识经验无非是以得自所与还治所与,就其得自所与而言,它是后验的,就其还治所与而言,又是先验的(先于还治之所与)。感性与理性、后验与先验本质上是一个相互联系的过程,而这一过程同时又是知事与明理的统一,这一理论显然已超越了实证主义的视野。

当然,超越实证主义并不意味着完全割断与实证主义的联系。事实上,在金岳霖的概念论中,仍然可以看到某些实证论的印记。这首先表

---

① 金岳霖:《论道》,第7页。

现在金氏对概念的历史性似乎注意不够。他固然肯定了概念的双重作用，但却并没有进而强调得自所与、还治所与本质上展开为一个不断深化的历史过程；与此相联系，他突出了抽象概念的作用，但辩证意义的具体概念却基本上在他的视野之外。这些看法或多或少折射了实证论注重逻辑、忽视历史以及追求形式化的思维趋向。

四、接受总则与归纳问题

通过以概念摹状和规律所与，主体不仅化所与为事实，而且把握了共相的关联。那么，怎样才能使由此形成的知识经验具有可靠性？这里首先便涉及逻辑原则的运用。金岳霖对此作了如下解说：

> 逻辑命题是摹状底摹状和规律底规律。它是摹状底摹状，因为意念不遵守它，不能摹状，它是规律底规律，因为意念不遵守它，也不能规律……它既是规律底规律，当然是意念之所必须遵守的基本条件。①

质言之，遵守形式逻辑的规律是形式知识经验的必要条件，任何概念唯有合乎逻辑规则，才能对所与加以摹状与规律。

作为摹状与规律基本条件的思维规律，主要也就是形式逻辑的同一

---

① 金岳霖：《知识论》，第409页。

律、排中律以及矛盾律,这些思维规律,金岳霖称之为"思议原则"。在三条思议原则中,最基本的是同一律,因为"它是意义可能底最基本的条件"①。只有遵循同一律,概念才能获得确定的意义,否则,正常的思维活动与思维交流便无法进行。排中律是思维最基本的概念形式,它穷尽了一切可能,从而表明逻辑命题都是必然的。逻辑思维总是追求必然的命题,因而排中律便构成了逻辑思维的基本规律。三条思议原则中最后一条是矛盾律,"矛盾律是排除原则,它排除思议中的矛盾"②。矛盾不排除,思维便不可能,概念如果有矛盾,它就不能成为接受的方式。总之,在金岳霖看来,逻辑规律尽管本身不能提供知识,但却为知识经验的形成提供了必要的担保。对形式逻辑的这种注重,显然不同于思辨哲学(例如黑格尔的思辨体系),而更接近于实证主义的传统。

逻辑固然是知识经验的必要条件,但它主要以消极的方式(不能违背形式逻辑的意义上)为知识提供了担保。除了形式逻辑之外,对所与的墓状与规律还必须引用归纳原则:

> 我们从所与得到了意念之后,我们可以利用此意念去接受所与。在此收容与应付底历程中,无时不引用归纳原则。③

接受所与,形成知识,总是不能不运用归纳的原则,在此意义上,金岳霖将归纳原则称为接受总则,而以得自所与还治所与的过程,同时即表现

---

① 金岳霖:《知识论》,第414页。
② 同上书,第416页。
③ 同上书,第458页。

为一个归纳的过程。不难看出,金氏在此首先把归纳理解为一种发现的方法。

金岳霖对归纳功能的如上规定,与逻辑实证主义显然有所不同。作为经验主义,逻辑实证主义诚然相当注重归纳的作用,但如前所述,就其总的倾向而言,它基本上把归纳理解为一种证明的方法,而不是发现的方法。在逻辑实证论看来,科学发现主要是一个心理学的问题,它并无规则可循,只有证明过程,才与归纳相联系,而所谓证明又往往被视为确证(Confirmation)。如卡尔纳普便将归纳的作用主要规定为提供确证度,亦即确定证据与假说之间的逻辑关系。[①] 逻辑实证主义对发现过程与证明过程的区分以及关于证明过程的分析诚然提供了一些有意义的见解,然而,把归纳排除在获得知识的过程之外,却不免忽视了归纳在科学发现中的作用。事实上,归纳固然并不是一部发现的机器,但科学发现的过程中总是包含着归纳的作用。就此而言,金岳霖肯定归纳是一个"事中求理"的过程,无疑较逻辑实证主义更为合理。

然而,归纳原则不论是作为发现方法还是证明方法,本身总是有一个是否可靠的问题。与演绎不同,归纳是一个从特殊到普遍的过程,归纳的结论总是超出了其前提,在这种情况下,如何保证归纳结论的可靠性?这一问题归根到底涉及归纳原则是否靠得住。从休谟开始,人们便不断地对此提出疑问。金岳霖曾长期为这一问题所困扰,在他看来,如果归纳问题不解决,那么科学知识的根基便会发生动摇,这样,要使知识经验获得可靠的保证,便不能不对归纳原则的有效性问题加以探讨。

金岳霖认为,休谟所提出的归纳问题,首先涉及将来是否与以往相

[①] 参见[美]卡尔纳普:《科学哲学导论》,张华夏译,广州:中山大学出版社,1987年。

似。按照休谟的看法，归纳的前提总是关于以往的事实，而其结论则指向将来，然而，以往的真，并不能担保将来的真。例如，太阳每天从东方升起，这是我们不断经验到的事实，但这并不能担保明天太阳也一定从东方升起。简言之，将来可能推翻以往，因此，归纳原则靠不住。与休谟相对，金岳霖认为，无论将来如何，它都不会推翻以往，即使出现了反例，也并不意味着以往被推翻，因为时间不停留，从逻辑上说，当反例出现时，它已不是将来。① 当然，归纳的原则之所以不能为将来所推翻，不仅仅在于反例的如上性质。这里更重要的是将归纳原则与归纳的具体结论加以区分。按金岳霖的看法，归纳原则可以概括为如下形式：

如果 $\quad a_1 \text{──} b_1$

$\qquad a_2 \text{──} b_2$

$\qquad a_3 \text{──} b_3$

$\qquad \vdots \quad \vdots$

$\qquad a_n \text{──} b_n$

则（大概） $\quad A \text{──} B$

简言之，在以上形式中，a_1、b_1 等表示特殊事例，$A \text{──} B$ 是由此得出的具体结论，而归纳原则则表现为"如果──则"的逻辑关系。现在退一步，假定将来出现某一反例，即 $a_{n+1} \not\text{──} b_{n+1}$，那么，归纳的过程即表现为：

如果 $\quad a_1 \text{──} b_1$

$\qquad a_2 \text{──} b_2$

$\qquad a_3 \text{──} b_3$

$\qquad \vdots \quad \vdots$

---

① 参见金岳霖：《论道》，第 10 页。

$$a_n \longrightarrow b_n$$
$$a_{n+1} \longrightarrow\!\!\!/\ b_{n+1}$$

则 $\quad\quad A \longrightarrow\!\!\!/\ B$

在这种情形下，反例"$a_{n+1} \longrightarrow\!\!\!/\ b_{n+1}$"所推翻的既不是归纳原则的前件(即 $a_1 \longrightarrow b_1$ 等)，也不是归纳原则本身，它所推翻的只是上述归纳过程的具体结论($A \longrightarrow B$)。换言之，反例至多只能推翻某一归纳过程的具体结论，而并不能触动归纳原则。事实上，从 $a_{n+1} \longrightarrow\!\!\!/\ b_{n+1}$ 推出 $A \longrightarrow\!\!\!/\ B$，本身也内在地蕴含着归纳原则("如果——则")的引用①。

归纳在某种意义上也表现为一个推论的过程，而这一过程的第一前提即是归纳原则，第二前提则是例证。② 这一过程的具体形式是：

如果 $a_1 \longrightarrow b_1, a_2 \longrightarrow b_2, a_3 \longrightarrow b_3 \cdots\cdots a_n \longrightarrow b_n$，则(大概)$A \longrightarrow B$

$a_1 \longrightarrow b_1, a_2 \longrightarrow b_2, a_3 \longrightarrow b_3, \cdots\cdots a_n \longrightarrow b_n$

所以，(大概)$A \longrightarrow B$

可以看出，只要第一前提(即归纳原则)正确，而例证(观察陈述)又真，那么，归纳推理就是有效的。就逻辑关系而言，表现为"如果——则"的归纳原则，本质上展开为一个蕴涵命题，只要不出现前件真而后件假的情况，这一蕴涵命题则必然为真。而根据上文的分析，不管是否出现反例，在归纳过程中，从前件的真中，总是可以推出后件的真，这样，归纳推论的有效性，也就相应地有了某种逻辑上的保证。

金岳霖对归纳原则可靠性的如上论述，表现了解决休谟问题的某种尝试。尽管金氏认为纯逻辑的理由不能完全担保归纳原则，但以上的阐

---

① 参见金岳霖：《论道·绪论》。
② 金岳霖：《知识论》，第436页。

释却展示了相当的逻辑力量。就其从逻辑关系上对归纳原则的永真加以解说而言,自然容易使人联想起逻辑实证主义。逻辑实证主义注重归纳,而休谟问题又使归纳面临难以回避的困难。为了赋予归纳以可靠的形式,逻辑实证主义力图建立一种归纳逻辑的体系。在这方面,卡尔纳普具有相当的代表性,他曾直言不讳地说:"我们很想这样构造一个归纳逻辑体系,使得对于任意一对语句,其一断言证据 e,其二陈述假设 h,我们能够给 h 关于 e 的逻辑概率以一个数值。"这种归纳逻辑甚至被类比为一部归纳的机器:"我相信可能存在一部具有不太过分的目标的归纳机器。给定一定的观察 e 和一个假说 h(例如预言的形式或甚至规律集合的形式),则我相信用机械的程序在许多场合下,能够确定其逻辑概率或 h 在 e 的基础上的确证度。"① 为了实现上述目标,卡尔纳普曾作了种种的努力,这种努力说到底,无非是试图通过归纳推论的形式化(使之成为类似演绎逻辑的体系),为归纳提供一个确定的基础。尽管金岳霖从来没有试图将归纳形式化,相反,他始终对归纳与演绎逻辑作了严格的区分,但金氏通过对归纳过程的逻辑分析以论证归纳原则的可靠性,这一解题方式无疑在某种意义上表现出与逻辑实证主义相近的思路。

然而,逻辑实证主义对归纳问题的考察,基本上没有超出逻辑的领域,除了试图构造一个类似演绎的归纳逻辑体系这种并不成功的努力之外,逻辑实证主义对休谟提出的问题似乎没有作出更多的回应。对照之下,金岳霖则表现了较为开阔的视野。在他看来,解决休谟问题,不能仅仅限于逻辑的分析,从根本上说,"休谟底问题是秩序问题"②,而真正的

---

① [美]卡尔纳普:《科学哲学导论》,第33—34页。
② 金岳霖:《知识论》,第419页。

秩序则展开为一种普遍必然的联系。休谟从其狭隘的经验论立场出发，只承认现象的恒常会合，而否认对象之间存在普遍必然的联系，依据他的看法，所谓普遍必然性，实质上无非是现象的恒常会合："各物象间这种'必然联系'的观念所以生起，乃是因为我们见到一些相似例证中这些事情恒常会合在一块。"①通过经验观察而得到的"恒常会合"，总是涉及以往或现在，而与将来无关：它只是表示过去如此，而不能保证将来也这样。于是，建立在这种"会合"之上的归纳，也就不能不发生问题：

> 休谟既正式地没有真正的普遍，他也没有以后我们所要提出的真正的秩序。他只有跟着现在和以往的印象底秩序，既然如此，则假如将来推翻现在和以往，他辛辛苦苦得到的秩序也就推翻。②

在此，金岳霖已注意到，解决休谟问题的重要前提，在于为归纳寻找一个客观的根据，这种根据便是存在于对象之中的真正的秩序（普遍必然的联系）。如前所述，按金岳霖之见，事中本身包含着理，所与中也有客观的秩序，与此相应，作为归纳前提的特殊事例，并不是一种类似"这"、"那"的纯粹的特殊，它总是内含着普遍的关联，并表现为一种以普遍的方式接受了的所与。正由于 a_1、b_1 和 a_2、b_2 等特殊事例存在着真正的秩序，而真正的秩序又不同于以往现象的"会合"，它总是贯通于以往与未来，因而从特殊到普遍的归纳便具有合理的根据。换言之，只要真正揭

---

① ［英］休谟：《人类理解研究》，关文运译，北京：商务印书馆，1972年，第69页。
② 金岳霖：《知识论》，第419页。

示了特殊之中的普遍,那么,归纳推论在将来也总是有效的,从而可以不至像休谟那样,在归纳问题之前束手无策。"在承认真正的普遍之后,在承认意念不仅摹状而且规律之后,这问题的困难才慢慢地解除。"①

可以看到,金岳霖的如上看法开始将方法论的研究与本体论的考察结合起来:客观的秩序(真正的普遍)构成了从特殊到普遍的内在基础,而作为科学方法的归纳也由此获得了某种本体论的根据。解决归纳问题的这种思路,既超越了休谟的眼界,也显示了不同于逻辑实证主义的趋向。作为休谟的传人,逻辑实证主义对客体的真正秩序(普遍必须联系)同样表现出存疑的态度,卡尔纳普便曾明确肯定休谟的观点"实质上是正确的",并认为"你没有观察到必然性,就不要断定必然性"。② 这种看法决定了逻辑实证主义虽然力图解决归纳问题,但却始终只能囿于逻辑分析之域,而无法为归纳的可靠性提供更切实的基础。较之逻辑实证主义,金岳霖在这方面无疑已迈出了重要的一步。

归纳原则作为接受总则,构成了知识经验所以可能的条件。只要时间不停留,大化总在流行,所与也必然源源而来,而在化所与为事实、以得自所与还治所与的过程中,总是要引用归纳的原则。在这一意义上,金岳霖将归纳原则称为先验原则。"说它(归纳原则——引者)是先验原则,就是说它是经验底必要条件。"③金氏的这一看法与罗素有相近之处,罗素曾认为,"归纳原则对于以经验为根据的论证的有效性都是必要

---

① 金岳霖:《知识论》,第419页。
② [美]卡尔纳普:《因果性和决定论》,参见洪谦主编:《逻辑经验主义》上卷,北京:商务印书馆,1982年,第356页。
③ 金岳霖:《知识论》,第453页。

的,而归纳法原则本身却不是经验所能证明的"。就此而言,归纳原则具有先验性质。① 不过,罗素把逻辑也归入先验之列,而金岳霖则对先天与先验作了区分,以为逻辑是先天原则,只有归纳才是先验原则,先天原则是超时空的,即使在时间打住的条件下,它仍是真的;先验原则则只有在时间流逝、事实不断发生条件下才是真的。② 换言之,它的基础在现实存在之中。这样,归纳原则一方面是经验的必要条件,另一方面又并非游离于现实的经验世界。尽管金岳霖的先天、先验之说仍多少带有抽象甚至思辨的性质,但它同时又从一个侧面对归纳原则作了不同于实证论的解说。

金岳霖对归纳原则及其基础的如上考察,对解决休谟问题无疑是一种有益的尝试,其中所包含的不少见解显示了其独到的思路,它们在很大程度上已经突破了实证主义的框架。当然,归纳作为科学方法,总是与演绎联系在一起,并且内在地包含着分析与综合的统一;仅仅依靠归纳,无法达到真正的普遍,唯有将归纳与科学的分析及演绎结合起来,其结论才能真正达到普遍必然性,而这种普遍的结论又只有在经过实践检验之后,才能获得有效的形式。离开了科学方法的各个环节及实践过程,显然难以完全解决归纳的可靠性问题。作为一个从实证主义出来的哲学家,金岳霖对上述理论关系似乎有所忽视。同时,金氏把归纳原则视为接受总则,对接受过程(以得自所与还治所与)的复杂性,显然也注意不够。不过,尽管存在上述不足,金岳霖对归纳问题的探索,在总体上仍具有重要的理论意义。

---

① 参见[英]罗素:《哲学问题》,第48页。
② 参见金岳霖:《论道》,第12页。

余 论

从严复到金岳霖,中国近代的实证主义经历了曲折的演进过程。作为一种哲学思潮,中西实证论无疑存在一系列共同特征并有其相近的哲学史意义。然而,中国近代所处的历史背景以及哲学、文化传统毕竟与西方近代有着重要的差异,它使实证论思潮在东渐之后,不能不发生某种折变,对思想与社会的衍化,也相应地形成不同的历史影响。

在认识论上,实证主义大致可以归入经验论之列,其思路基本上表现为休谟哲学的逻辑展开,这一特征同样一定程度地体现于多数中国近代的实证主义者之中。不过,在接受经验论的同时,中国近代的实证论并没有完全囿于这一传统。严复虽然认为"人之知识,止于意验相符",从而与实证论一脉相承,但与孔德拒斥经验现象之后的本体不同,严复确认了现象之后的本体,并将其视为感觉的原因,从而由休谟走向了康德;胡适认为人的认识不能超出经验,但同时又肯定主体可以把握对象的真实状况(求其真),后者意味着从感觉迈向对象;金岳霖进而提出"所与是客观的呈现",强调在正常的感觉活动中,对象与内容是统一的,亦即确认了感觉能够提供客观的实在。如果说,严、胡更多地表现为对正统实证论的偏离,那么,金岳霖则已开始突破实证论,中国实证主义在感觉论上的如上衍化,又存在着内在的逻辑关联。

经验与理论的关系,是认识论所涉及的另一基本问题。在突出经验作用这一点上,中西实证论无疑有相通之处,不过,西方实证论把认识过程主要理解为现象的经验描述,拒绝对内在于客体的普遍之理加以考察,由此甚至要求从经验观察中净化一般的理论。与这一思路有所不同,中国近代的实证主义对理论思维及其成果并不完全采取简单贬抑的态度。胡适在引入实用主义的同时,亦注意到了学理在认识过程中的范导意义,尽管他对学理的界定仍带有片面性,但毕竟有别于极端的经验论;冯友兰提出辨名析理,将把握普遍之理视为认识过程中题中应有之义,虽然冯氏的理世界多少具有虚构的性质,但其析理的主张确实逸出了实证主义的经验论立场;金岳霖在确认所与是客观的呈现的前提下,进一步强调了概念对所与的规范和摹写作用,从而表现出统一经验与理性的趋向。

中西实证主义在认识论上的如上差异有其多方面的根源。由培根开其端,中经洛克、贝克莱、休谟等,西方近代已形成了一种根深蒂固的经验论传统,它在某种意义上构成了实证主义的理论前导,并规定了其基本的思路与格局。作为经验论传统演进的逻辑结果,实证主义一开始便深深地受到前者的限制。相形之下,在近代以前,中国并没有形成西方17世纪以来那种单向的经验论传统,经验主义与理性主义之间,也远非壁垒分明。清代朴学固然有某些经验论倾向,但同时却始终没有怀疑经学义理的普遍指导意义。如果由此上溯到整个中国古典哲学,则更可以看到对道、理的孜孜追求。这种哲学背景,使中国近代的实证主义很难接受极端的经验论立场,相反,倒是比较容易对理性的原则有一种较为宽容的态度;从胡适到金岳霖,都体现了这一点。进而言之,中国近代实证主义所融入的理性主义观念,本身往往便多方面地导源于传统哲学。从另一方面看,中国古典哲学没有出现单一的经验论等传统,这固然避免了理论上的褊狭,但同时亦多少妨碍了对某些认识环节的深入考察。中国近代实证主义在避免极端化的前提下,对一系列认识环节作了细致探讨,由此提出所与是客观的呈现、概念的双重作用等理论,这不仅具有突破实证论的意义,而且使中国哲学在理论上得到了深化。

认识论内在地关联着方法论。从广义上看,实证主义一开始便包含着双重内涵:它既融入了近代实验科学的方法与精神,又以现象主义等原则为主干,二者往往难分难解地纠缠在一起。孔德在社会学中引进的观察、比较、实验等方法,穆勒所系统化的归纳逻辑,逻辑实证主义所注重的符号逻辑,等等,本质上都属于实证科学的方法,当然,这些方法往往又被置于实证主义原则之下。西方近代实证主义的如上二重性,对中国近代实证主义产生了颇为复杂的影响。在实证论的形式下,中国近代的实证主义既引进了现象主义等原则,也输入了西方近代的科学方法,从严复的实测内籀之学到胡适的"科学实验室态度"等等,无不体现了如上特点。如果说,西方实证主义作为一种哲学流派,其重心始终在现象主义等原则,那么,中国近代的实证主义往往更多地关注科学方法本身。在某种意义,西方实证主义似乎构成了引入近代科学方法的中介,而这一中介之所以需要,则与中国近代科学发展相对落后、未能形成近代实验科学的方法相关:在缺乏实验科学的现实根据这一条件下,科学方法往往只能经过哲学的折射才能展示其内涵并获得确认。

以重心的转换为前提,中国近代实证主义已开始注意到西方近代科学方法与传统治学方法及一般方法论思想的沟通,王国维、胡适、冯友兰、金岳霖等都在不同程度上,从不同的侧面对此作了努力。中西方法论思想的融合,使传统方法论思想中富有生命力的内容获得了近代定位,并强化了西方近代实验方法中的科学要求,而实证主义的某些偏向,亦由此得到了一定限制。胡适要求超越感觉之域而"实事求是",冯友兰主张由辨名进而析理,等等,都在不同意义上力图避免实证论的片面性。同时,西方近代科学方法作为东渐的外来观念,在未能上接中国传统思想之时,往往会给人以异己之感,从而难以得到普遍认同;唯有与传统相沟通,才能使之获得内在根据,并为人们所普遍接受。中国近代实证主义在会通中西方法论思想方面所作的努力,对西方近代科学方法在中国的生根立足及广泛传播,确实有其不可忽视的意义。从另一方面看,传统方法论思想固然不乏值得重视的内核,但相对而言,由于缺乏实验科学的基础,它往往带有朴素的性质,并存在多方面的局限。历史步入近代以后,方法论思想本身也面临着一个如何从传统走向近代的问题,中西方法论思想的结合无疑适应了这一历史需要:它在为西方近代科学方法提供传统根据的同时,也使传统方法获得了某种近代的形式,从而推进了方法论的近代化。在这方面,中国近代的实证主义无疑展示了不同于西方实证论的理论意义。

历史地看,尽管中国古代科学曾取得了世所公认的成果,然而,科学的内在价值往往未能得到应有的确认。按照正统的观点,科学始终只是"技",而有别于"道",学术的正途是体察形而上之道,而不是科学研究,至宋明时期,甚至有视研习具体科学为"玩物丧志"者。与这一文化传统相联系,形式逻辑长期受到冷落:从先秦的墨辩到唐代传入的因明,都未能避免这一命运。直到近代,与实证主义思潮的崛起相应,科学的价值才从哲学的层面得到了肯定,而形式逻辑及科学方法也相应地越来越受到重视。这种转换既以走向近代的历史需要为其根据,又反过来为近代化的过程提供了内在的推动力。尽管中国近代的实证论不免表现出某种科学主义倾向,但相对于近代文化保守主义由批评科学而断言"科学破产",实证主义无疑更多展示了新的时代趋向。

就哲学本身的演变而言,实证主义对科学及逻辑分析方法的注重,亦有其不可忽视的意义。西方近代的实证主义一开始便强调哲学与科学的联系,并表现出追求哲学的科学化之倾向。一般而言,中国近代实证主义对哲学的科学化并不十分热衷,在这一点上,与西方的实证主义显然有所不同。不过,这并不意味着忽视科学与哲学的关系。事实上,从严复到金岳霖,都从不同程度上确认了哲学的科学基础,正是对科学基础的自觉关注,构成了中国近代实证主义超越传统哲学的重要之点。① 与肯定哲学应建立在科学之上相应,近代实证主义开始将逻辑分析的方法引入哲学之中,注重对哲学范畴、概念、命题的界说、厘定,强调论证的严密性,要求实现内容与形式的双重体系化等等,这既体现于对传统哲学的爬梳整理,也展开于其自身哲学体系的建构。相对于古典哲学,近代实证主义所运用的概念、范畴确实显得更为清晰,其内在的逻辑结构也更为严密。正如传统方法与西方近代科学方法的沟通使方法论开始步入近代一样,哲学与科学关系的突出,以及逻辑分析方法的引入等等,从更广的意义上推进了哲学本身的近代化。

如前所述,实证主义在西方兴起之后,便成为现代哲学的一大思潮,并与另一大思潮——人本主义——形成了对峙之势,二者的根本分歧之一,在于对形而上学的不同看法。实证主义的基本原则,便是所谓拒斥形而上学;从孔德到逻辑实证主义,尽管程度各异,但反形而上学确实构成了实证主义一以贯之的主线。在这一前提下,他们将对本体的研究、对价值的关怀、对人生意义的追求等等,都一一从哲学之中加以净化。

---

① 当然,这并不是说传统哲学与科学没有关联,但自觉地强调哲学应当有科学的根据,这确是近代的观念。

于是，世界似乎被分解为各种物理、数学的规定（可以用物理、数学等语言来描述的现象），而人（主体）亦仅仅作为物理学、生物学、心理学等等之对象而存在。总之，在实证哲学之域，世界与人都变得片面化了。

相形之下，中国近代的实证主义在如上问题上更多地具有二重性。一方面，他们对现象之后的本体往往采取存疑的态度，从而表现出实证论的立场；但另一方面，他们对形而上学的问题常常显得较为宽容，从而有别于西方实证主义的无情拒斥。严复对不可思议之域的确认，王国维在可爱与可信之间的徘徊，胡适之出入于实用主义与自然主义，冯友兰之批评传统形而上学与重建形而上学，金岳霖之形式化追求与确认元学意义等等，都无不展示了双重哲学品格。与其说这是实证论原则未能彻底贯彻，不如说是对西方实证主义片面性的扬弃。导致中西实证主义如上差异的原因是多方面的，从观念领域看，它显示了中国传统哲学根深蒂固的影响：无论是容忍形而上学，还是重建形而上学，几乎都与传统哲学的楔入相联系。从历史的层面看，中国近代是一个社会剧烈变革的时代，启蒙、救亡、走向现代等等时代使命，使价值的关怀、存在意义的追求等等成为无法回避的问题，而对本体的探寻则从更高的层面折射了这一点。所有这一切因素，都使中国近代的实证主义难以像西方实证论那样远离历史与本体世界。

如果作进一步的透视，则可以看到，在徘徊于现象世界与本体世界这种二重化理论的背后，蕴含着更为深沉的历史意向。自19世纪中叶以来，实证主义与人本主义两大思潮的对峙，构成了现代西方哲学的基本格局，而在二者的对峙背后，则蕴含着科学与价值、真与善、现象与本体等等的分离。实证主义在追求哲学科学化的同时，又表现出某种唯科学主义的倾向，并越来越远离现实的人生；人本主义在关注人的存在的同时，又将个体的非理性因素规定为人的终极本体，从而最终导致了非理性主义。从严复到金岳霖的哲学流变在总体上无疑应归入实证主义的思潮，但其中显然又多方面地融入了人本主义的内容。如果说，实证主义的洗礼使他们拒斥了冯友兰所谓"坏底形而上学"，那么，传统哲学的影响及历史变革的交互作用，则使他们时时与人本主义产生某种哲学的共鸣。二者的并存，或多或少表现出在实证论立场上扬弃两大思潮对峙的趋向，而其内在的理论涵义则是沟通真与善、科学与价值、现象与本体等等，它在某种意义上似乎预示了今日西方哲学中两大思潮由对立到对话、从排斥到融合的历史走向。①

当然，中国近代实证主义所表现出来的如上趋向，同时又是以两大思潮本身都未得到充分展开为前提，这就使其带有某种早熟的形态。与这一点相联系，中国近代的实证论往往缺乏实验科学的基础，而更多地表现为哲学观念的直接移入，这同西方实证主义从第一代到第三代都始终以科学的发展为背景显然有所不同，从这一意义上说，它似乎还没有完全脱离"思辨"的传统。就科学方法与逻辑学而言，中国近代的实证主义对这方面的最新成果往往不很敏感，除了金岳霖等少数学者外，其他实证主义者几乎对符号逻辑都没有作过深入的研究。事实上，早在19世纪末20世纪初，弗雷格及后来的罗素、怀特海、希尔伯特等已奠定了数理逻辑的基础，但从严复到胡适，津津乐道的始终是希腊至近代的经典逻辑，在这方面，近代实证主义对中国哲学的现代化及其与现代西方哲学的沟通等等，无疑也产生了某种消极的影响。

---

① 在罗蒂的新实用主义、伽达默尔的解释学、哈贝马斯的交往理论等等当代西方哲学的演进中，我们已不难看到这一点。

附录一

存在与境界[1]

---

[1] 原载《中国社会科学》1996年第5期。

存在与境界对本体论的关注,是中国现代哲学的特点之一,熊十力的境论,金岳霖的论道,都表现出建构本体论的思维趋向。与熊、金等相近,冯友兰也以本体论为哲学的题中之义。本体论的中心问题是存在,而存在问题的考察往往展开于不同维度。冯友兰对存在的沉思,既关联着天道,又涉及人道,后者逻辑地引向了人生境界说。天道意义上的存在更多地指向本体世界,人生境界则首先定位于人自身之"在",二者展示了对存在的不同切入方向,并内在地渗入了关于宇宙人生的终极思考。从终极的意义上追问存在,自始便交错着名言之域与超名言之域的关系问题,而形式地"说"(逻辑地"说")则终结于实际地"在"。

一

　　存在的问题属于广义的形而上学之域。受新实在论与维也纳学派的影响,冯友兰对传统形而上学(旧形而上学)曾有所批评,对实证主义拒斥形而上学的主张,也在一定意义上予以认同:"维也纳学派对于形上学的批评的大部分,我们也是赞同底。他们的取消形上学的运动,在某一意义下,我们也是欢迎底。"①不过,冯友兰同时又对传统形而上学与形而上学本身作了区分。在他看来,传统形而上学固然有缺陷,但这并不意味着形而上学本身应在理论上完全加以摒弃;拒斥旧的形而上学,乃是为了重建形而上学。冯友兰由此对西方实证主义提出了批评:"西

---

① 冯友兰:《三松堂全集》第5卷,郑州:河南人民出版社,1986年,第221页。

洋的哲学家,很少能利用新逻辑学的进步,以建立新的形上学。而很有些逻辑学家利用新逻辑学的进步,以拟推翻形上学。他们以为他们已将形上学推翻了,实则他们所推翻底,是西洋的旧形上学,而不是形上学。形上学是不能推翻底。"①

冯友兰试图重建的形而上学,是一种"最哲学底哲学",它的概念、命题、推论都只有形式的意义,而不涉及事实与经验。冯友兰对真际与实际作了区分,"真际与实际不同,真际是指凡可称为有者,亦可名为本然;实际是指有事实底存在者,亦可名为自然。真者,言其无妄;实者,言其不虚"②。"有"(being)即存在,真际是一种本然的存在,它之为真,主要似乎是就逻辑上的无矛盾而言:真际作为本然的存在,排除了逻辑上的矛盾。实际的世界(自然)包含于真际,但有真际却未必有实际,真际在外延上总是大于实际。从某些方面看,真际似乎近于康德所说的物自体,但事实上二者并不相同:在康德那里,物自体是一种事实的"在"(它虽处于认识的彼岸,但却构成了感性经验之源),冯友兰的真际,则是"逻辑底,而不是事实底"③,即它更多地表现为一种逻辑的设定。冯友兰所重建的形而上学不同于旧形而上学之处,便在于它只对于真际有所肯定,也正是这一特点,使它成为所谓"最哲学的哲学"。

哲学以本然世界为讨论对象,而本然世界又主要表现为一种逻辑的设定。由此出发,冯友兰进而运用逻辑分析与逻辑构造的方法,以建立其新形而上学。重建的第一步,表现为把作为逻辑分析结果的普遍规定

---

① 冯友兰:《三松堂全集》第 5 卷,第 147 页。
② 冯友兰:《三松堂全集》第 4 卷,第 11 页。
③ 同上书,第 10 页。

加以形式化，亦即将共相与殊相分离开来，使之成为与事实无涉的纯粹形式。这种形式首先以理的形态存在。所谓理，即是某物之为某物的根据，不过，作为纯粹形式，它并不构成具体存在的事实上的根据，而仅仅是一种逻辑上的根据。换言之，它非内在于事物之中而决定事物，而只是事物存在的一种逻辑条件。从逻辑上说，一切具体事物均依照理而存在，但被依照的理却并不随事物的变化而变化："实际上有依照某理之实际底事物，某理不因之而始有；无依照某理之实际底事物，某理不因之而即无。"①就此而言，亦可说，"理世界在逻辑上先于实际底世界"②。在此，理与实际的事物表现为两个序列：理决定事物而又超越时空；真际与实际的分界，取得了理事对峙的形式。

除了理之外，冯友兰新形而上学体系的基本范畴还包括气、道体、大全（宇宙）。所谓气，是指没有任何规定（抽去了一切属性）的绝对质料。由于它是在抽去了一切实际内容之后得到的，因而也是一个纯形式的范畴，冯友兰将其称为"真元之气"或"无极"。由气到理的过程，便是道体；而从静态看，真元之气、一切的理、道体则总称为大全或宇宙。气、理、道体、大全等基本范畴，具体又展开为四组命题。

新形而上学的第一组命题是："凡事物必都是什么事物，是什么事物，必都是某种事物。有某种事物，必有某种事物之所以为某种事物者。"即凡是存在的事物，都属于某一类，而有某类事物则必然有某类事物之理。简言之，存在蕴含类，类蕴含理，由此命题，冯友兰以为又可推出两个结论：其一，虽无具体事物，但规定该事物之理仍可存在；其二，

---

① 冯友兰：《三松堂全集》第4卷，第41页。
② 冯友兰：《三松堂全集》第5卷，第150页。

理存在于具体事物之先。不难看出,这一组命题实上把理世界先于并独立于实际世界的超验性进一步突出了。第二组命题涉及事物的存在。理决定事物为某一类事物,而事物要存在,便离不开气,气构成了事物所以能存在者。当然,此处之气,是指绝对的质料,它与具体事物之关系,亦为一种逻辑的关系。第三组命题主要说明无极(气)而太极(理)的流行。所谓流行,也就是气实现某理或某某理的过程。气实现某理,意味着成为某种或某类的事物。实际是事物的全体,气(真元之气)自身无规定,无极限,故为无极,太极是理的全体,所以实际的存在就是无极实现太极的过程。"总一切的流行谓之道体,道体就是无极而太极的程序。"在此,冯友兰试图通过理与气在过程中的融合来阐释实际世界的形成。最后一组命题是:"总一切底有,谓之大全。"大全又称宇宙,但它不是现实的物质的宇宙,而是指逻辑上可能的一切存在。道体是就动的方面而言,大全则是就静的方面而言。①

冯友兰重建形而上学的以上过程,在总体上以逻辑分析与逻辑构造为其基本环节,这里既可以看到新实在论的影响,又渗入了程朱理学的某些观念。作为新形而上学基本骨架的理、气等范畴与程朱一系的理学具有明显的渊源关系,但理学的范畴和观念同时又经过了新实在论的洗礼,取得了形式化的特点,由此构造的形而上学,已不同于非形式化的传统理学,而是表现为一个形式化的新理学体系。

然而,尽管冯友兰赋予新理学以逻辑化的形式,但他对真际、实际等等的设定,仍然未超出本体论之域。作为本体论,新理学所关注的首先是广义的存在问题,而对存在的如上考察,又主要与天道相联系。理、气

---

① 冯友兰:《三松堂全集》第 5 卷,第 148—154 页。

着重从内在根据和质料上对存在作了规定,道体指向存在与过程的关系,大全则试图把握作为整体的存在。不难看出,对存在的这种分析,内在地蕴含着天道与人道的某种分离:理、气、道体、大全等等作为描述世界的基本范畴,主要与天道相联系而并不涉及人道,质言之,在新理学中,冯友兰基本上是离开人自身的存在去考察天道观意义上的存在。按冯友兰的看法,哲学主要是从形式的方面讨论真际,而真际则表现为一个本然世界。本然世界在逻辑上先于实际的世界,并相应地先于人的存在,这样,理、气、道体等推绎作为本然世界的逻辑展开,乃是在人的存在之外就天道而论天道。对存在的这种研究路向,使冯友兰的新理学带有明显的思辨构造色彩。

从哲学史上看,近代以来,本体论的研究开始与认识论联系起来,这一趋向在康德那里已表现得十分明显。康德将存在区分为现象与物自体两个方面,这本来似乎是一个本体论的问题,但在康德哲学中,二者的区分却首先具有认识论的意义:物自体与现象的划界,主要相对于人的认识能力而言(现象为人的认识能力所及,物自体则在人的认识能力之外)。当然,康德哲学还具有二重性的特点,他对物自体的设定,仍有某种分离天道与人道的思辨意味。在这方面,胡塞尔似乎表现了不同的思路。胡塞尔提出回到事物本身的原则,他所说的事物本身与康德的物自体(thing itself)在形式上虽相近,但内在含义却刚好相反:康德的物自体超然于主体之外,胡塞尔的事物本身则是已进入主体意识之域的存在,对胡塞尔来说,回到事物本身也就是悬置超然于主体的存在而回到直接呈现于我的世界。海德格尔在一定意义上循沿了胡塞尔的思路。海德格尔一再批评以往的形而上学仅仅注意存在者而遗忘了存在本身,所谓存在本身,更多地与人的存在相联系,而遗忘了存在本身,则意味着离开人的存在去构造超验的本体世界。与传统形而上学不同,海德格尔将存在首先理解为此在(Dasein),此在既是存在,又是存在的追问者,本体论对存在的考察具体便围绕此在而展开,而对存在的这种追问和思考,同时似乎即表现为存在的自我理解。海德格尔把存在的研究限定于此在,并以现象学为切入存在的方法,在理论上无疑有其自身的问题,但他将存在的考察与人的存在联系起来,却表现了一种有别于传统思辨哲学的思路。这种趋向在维特根斯坦那里似乎也得到了某种折射。维特根斯坦把语言视为世界的界限,认为人只能知和说进入名言之域的存在,对于超乎名言之域的存在,应当保持沉默。维特根斯坦的如上立场当然有其褊狭的一面,但其中同时又蕴涵着如下含义:即存在的考察不能完全离开以名言把握世界的过程。

哲学无法回避存在的问题,但对存在的思考却可以有不同的路向,这种不同主要便表现在是否联系人的认识过程与历史实践。如果说,海德格尔肯定此在的时间性与自我塑造的向度已多少触及了存在的考察与人的历史活动的关系(当然,他更多地是涉及生活世界中展开历史过程,而远未达到历史唯物论的历史实践观念),那么,维特根斯坦将存在与名言之域联系起来,则似乎注意到了本体论不能离开广义的认识论。存在的考察从一定角度上可以看作是对存在意义的追问,而这种意义只有以人的历史实践和认识过程为背景才能揭示。当存在还处于人的历史实践与认识过程之外时,它便只具有本然的意义,对这种本然世界,我们除了说它是本然或自在的外,无法作出更多的说明,而且所谓"本然",也是相对于人的知行、名言之域而言(亦即就其尚未进入人的认识与实践过程而言)。本然世界一旦进入认识之域,便开始转化为事实界。本然界可以视为自在之物,事实界则是为我之物,而自在与为我的区分,也只有从广义的认识过程来看才有意义。离开人的历史实践与认识过程去规定存在的结构或给存在划界,便很难避免思辨的玄想。①

冯友兰试图重建形而上学以超越旧形而上学,但在知行过程之外规定存在的本体论路向,则使他并未能真正摆脱传统形而上学。他把世界划分为真际与实际,以理、气、道体、大全等范畴构划了一幅世界的逻辑图景,但这幅图景提供的似乎主要是一种玄学的构架,而并没有对真实的存在作出理论的说明。与历史上的其他思辨构造一样,冯友兰的新理学也包含着难以克服的理论困难。他把世界二重化为真际(理世界)与实际(实际世界),但二者之间的鸿沟如何逾越?换言之,理世界如何过渡实际的世界?程朱的"旧"理学曾以非形式化的方式来解决这一问题,但最后并未能克服理世界与实际世界的对峙。冯友兰试图以形式化的方式来对此作出逻辑的解释,同样未能如愿以偿。除了"有理始可有性,有性始可有实际的事物",以及"无极而太极"之类的思辨推绎之外,新理学并未对天道意义上的存在作出更多的说明。

二

真际与实际之辩主要展开于天道之域。在天道之域,存在的考察固

---

① 在这方面,值得注意的是冯契的思路。冯契以智慧说在当代中国哲学中独树一帜,智慧说以性与天道的理论为内容,后者又具体化为认识世界与认识自己。冯契没有在广义的认识过程之外去构造一个超验的本体论体系,而是基于人的认识的历史展开过程,具体地讨论本然界,事实界,可能界,价值界及其转化,从而超越了传统的思辨哲学。

然可以用思辨的方式撇开人的存在,但由天道进到人道,人的存在便成为难以回避的问题。冯友兰认为:"凡哲学系统至少必有其宇宙论及人生论。"宇宙论讨论"是"如何的问题,人生论则涉及"应该"如何的问题。① 如果说,本体论主要试图从天道的角度考察世界(宇宙)"是"如何存在的,那么,其人生论则着重从人道的角度探讨人"应该"如何存在。

对人的存在的沉思具体展开于人生境界说。冯友兰认为,人作为一种特定的存在,其根本特征在于有觉解:"人生是有觉解底生活,或有较高程度底觉解底生活。这是人之所以异于禽兽,人生之所以异于别底动物的生活者。"②所谓解,即是了解,觉则是自觉。了解是借助概念而展开的活动,自觉则是自我的一种反省意识。人在从事具体活动时,总是既对所从事的活动有所了解,又自觉自己正在从事这种活动,这种了解与自觉的统一,便是觉解。在此,冯友兰将指向对象的理解与自我的反省意识联系起来,注意到了人的活动既展开为一个理性的了解过程,又表现为主体的一种明觉状态,换言之,理性并不仅仅表现为对象性的活动,而且同时以主体自我意识(对理解过程本身的一种自觉意识)为内容。这种看法着重从理性的侧面考察了人的存在,并肯定了人作为主体性的存在,其特点在于能对自身的存在状态作反思。

觉解作为人的存在之维,本身又有程度的不同,与之相应的是不同的人生境界。所谓境界,也就是宇宙人生对人(存在主体)的不同意义:"人对于宇宙人生底觉解的程度,可有不同。因此,宇宙人生,对于人底意义,亦有不同。人对于宇宙人生在某种程度上所有底觉解,因此,宇宙

---

① 冯友兰:《三松堂全集》第1卷,第353页。
② 冯友兰:《三松堂全集》第4卷,第522页。

人生对于人所有底某种不同底意义,即构成人所有底某种境界。"[①]质言之,境界展开为一个对应于觉解的意义世界。按冯友兰的看法,意义世界不同于外部存在,外部存在独立于每一个体之外,因而是公共的。意义世界则表示人与外部公共世界的意义联系,它建立在不同的觉解之上,因而有高下的差异。在此,冯友兰实际上肯定了意义世界总是相对于人的存在而言。人道之域中对存在的这种考察路向,显然不同于天道之域中对人的存在的某种"遗忘"。

表现为意义世界的人生境界,按冯友兰的看法,可以区分为四种,即自然境界、功利境界、道德境界、天地境界。自然境界的特点是顺性而行,这一境界中的人对他所从事的活动的性质缺乏清楚的了解,其行为往往根据个人的习惯或社会习俗,"他的境界,似乎是一个混沌"。冯友兰所说的自然境界,不同于近代哲学家所谓自然状态,自然状态是对人类演化的历史阶段的一种设定,它往往表示一种前文明的状态。自然境界则是就个体存在而言,它主要对应于自在的我。从动态过程看,个体存在总是有自在与自为之分,自在之我的行为虽然也可以合乎某种社会规范,但往往由之而不知。

在功利境界,人对所从事的行为开始有了比较清楚的了解,但其行为常常是为利,并且是为自己的利。在自然境界,人对自己和对象都缺乏自觉的意识,而在功利境界,人已开始自觉到有一个"我",因此,就人的存在过程而言,功利境界无疑较自然境界提升了一层。然而,功利境界中的人关心的主要是自我之利,他的行为固然也可以在客观上利于他人或社会,但他的出发点却是为己。因此,尽管处于功利境界者亦可取

---

① 冯友兰:《三松堂全集》第4卷,第549页。

得某种成就,但从存在的角度看,其境界却很有限。

与功利境界的为己不同,道德境界以"行义"为特点,所谓行义,也就是为社会作贡献。功利境界中的"觉"表现为自觉有我,道德境界中的"觉"则进一步表现为自觉人是社会的存在。与之相联系,功利境界中的人,往往以为个人与社会是对立的;道德境界中的人则已认识到个人只有在社会中才能发展,因而已扬弃了个人与社会的对立。不难看出,功利与道德二种境界之后,既蕴含着义利之辩,又涉及群己关系的不同定位;在功利境界中,人是一种为己的存在,在道德境界中,人则是一种为他(为社会)的存在。两种存在表现了两种不同的觉解。

道德境界之后的天地境界,是存在的最高境界。在这一境界中,人不仅意识到他是社会的一员,而且亦意识到他是宇宙的一员,应于宇宙间,堂堂地做一个人。天地境界并非完全离开了道德境界,而是超越了一般的道德之境。在道德境界中,行义表现为一种有意的选择,而在天地境界中,行义已不是一种有意的选择,而展开为一个不勉而中、不思而得的过程。后者是觉解的进一步提升:自觉的理性已化为人的内在品格,因而遵循道德规范已无需勉强。天地境界中的人之所以能达到这种超然之境,在于他已通过知天、事天、乐天而自同于大全,亦即与天地宇宙合而为一,在这一意义上,冯友兰又将天地境界称为"同天境界"。一旦达到如上境界,便超越了人与己、内与外、物与我等区分,并同时自同于理世界:"在天地境界中底人,能同天者,亦可自同于理世界。"①

从自然境界到天地境界,人的存在展开为一个层层提升的过程。较之新理学对本体世界的考察,冯友兰对人的存在的规定无疑有不同特

---

① 冯友兰:《三松堂全集》第4卷,第694页。

点。在新理学中,本体世界完全与时间绝缘:它基本上处于逻辑的平面之中。换言之,新理学对存在所作的,主要是一种逻辑的处理;在人生境界说中,人的存在既是逻辑的,又超越了逻辑:人生的不同境界既是以觉解为根据的逻辑划分,又渗入了时间之维而展开为一个历时性过程。就其现实形态而言,人的存在不仅在类的层面上经历了绵绵不断的衍化变迁,而且在个体的层面上展开为一个从本然到应然、从可能之境到理想之境的过程,当海德格尔将存在与时间联系起来时,已注意到了这一点。个体存在从本然到应然的演进,主要表为一个自我努力的过程,其中包括在认知之维上求真、在评价之维上向善、在审美之维上趋美,而这一过程同时伴随着主体精神境界的提升。冯友兰根据觉解的高低把人的存在理解为从自然之境走向天地之境,无疑在一定程度上切入了存在的以上意蕴。

冯友兰以天地境界为存在的最高境界,而其人生境界说中最值得注意的亦是天地境界。按冯友兰的界说,天地境界的主要特征在于人与宇宙大全完全合一,这种合一使人既不同于自然之境的混沌,又超越了功利之境中的各种分别与计较。宇宙大全是一种天道(本体论)意义上的存在,人则是人道意义上的存在,而在天地之境中,二者似乎已获得了某种沟通。天地境界中的这种存在,显然不同于本体世界中的存在:在本体世界中,天道意义上的存在与人道意义上的存在基本上了无关系,所谓理、气、道体、大全等等都是离开人道(人的历史实践与认识过程)的逻辑规定。可以看到,被本体论(新理学的形而上学)所分离的天道与人道,在人生哲学中又开始走向统一。从某种意义上说,天地境界的内在哲学意蕴就在于重新打通了天道与人道、本体世界的存在与人的存在。

天地境界所体现的同天之境,似乎又回到了天人合一的传统观念,不过,它又并非传统观念的简单重复。从哲学史上看,儒家与道家都讲天人合一,但二者的侧重之点却相去甚远。儒家强调人道原则,天与人的合一首先以化天之天(自然)为人之天(自然的人化)为前提;道家主张"无以人灭天",其天人合一的要求更多地表现为由人之天回归天之天(自然)。前者(儒家)往往容易走向以人道消解天道,后者(道家)则倾向于以天道消解人道。从其境界说出发,冯友兰对儒道都提出了批评:"道德境界与天地境界中间底分别,道家看得很清楚,但天地境界与自然境界中间底分别,他们往往看不清楚。自然境界与道德境界中间底分别,儒家看得比较清楚,但道德境界与天地境界中间底分别,他们往往看不清楚。"[①]未能区分自然境界与天地境界,意味着将人道归结为天道;昧于道德境界与天地境界,则将逻辑地导致以人道涵盖天道。前者强化了自然原则而忽视了人道原则,后者则突出了人道原则而未能给自然原则以适当定位。与儒道有所不同,冯友兰的天地之境既以理性的自觉为内容,从而超越了自然之境的混沌,又表现为化德性为天性(化德性为人的第二天性),从而超越了勉强思为的道德之境,其中或多或少地包含着自然原则与人道原则的统一。

从新理学中的真际到天地境界,冯友兰对存在的考察经历了由天人相分到天人合一的转换。作为天人统一的体现,自然原则与人道原则似乎表征着人的存在的两种向度:即自然的人化与人的自然化。自然的人化常常与理性化相联系,其目标在于使人由前社会化的个体提升为理性的存在;人的自然化则要求抑制理性的过度强化,避免理性本质对个体存在的专制,二者内在地渗入了某种价值观的意义。同时,天地境界

---

① 冯友兰:《三松堂全集》第4卷,第560页。

要求超越人为的勉强,在同乎天地宇宙中达到从容中道,也表现了对自由之境的向往,后者同样可以看作是一种价值追求。冯友兰从以上诸方面规定人的存在,无疑一定程度上注意到了存在论(本体论)与价值观的联系。

三

新理学作为一种形而上学,以第一因的追问为其内在主题,所谓理、气、大全等等,都关联着存在的第一因。按其本性,第一因总是有超越名言的一面,冯友兰对此并不讳言:"严格地说,大全,宇宙,或大一,是不可言说底。""大全,宇宙,或大一,亦是不可思议底。"①同样,就人的存在而言,其最高境界也具有超越名言的性质:"同于大全的境界,亦是不可思议的。"②这样,存在与名言的关系,便成为不能不正视的问题。

按冯友兰的看法,所谓不可说,其具体所指又各有不同。就天道而言,不可说的情形大致有二。其一,所欲说的对象"无性",如作为绝对质料的真元之气,便由于无性而难以言说:"气所以不可名状,不可言说,不可思议者,因其无性也。"③无性也就是缺乏任何属性。要对某物有所言说,总是需以该物作主词,以它的某种规定或属性作谓词,从而形成一个

---

① 冯友兰:《三松堂全集》第4卷,第30页。
② 同上书,第635页。
③ 同上书,第48页。

命题,而作为终极质料因的真元之气既然无任何属性,因而也就无法言说。其二,所欲说的第一因至大无外,故不可说:"大全,宇宙,或大一,是不可言说底。因其既是至大无外底,若对之有所言说,则此有所言说即似在其外。"①同时,一般的名言总是分别地表示一个个的具体对象或对象的各个方面,而大全则是不可分的整体,这样,终极的存在总是有超乎名言之域的维度。

然而,终极的存在尽管不可言说,但哲学却仍要对其有所言说,在冯友兰看来,哲学的特点就在于说不可说,思不可思:"对于不可思议者之思议,对于不可言说者之言说,方是哲学。"②从哲学史上看,"说"大致可以有如下几种形式,即描述(description)、表达(expression)、规定(prescription)。描述是"说"经验对象的方式,表达是"说"主体内在情感、期望、意愿等等的方式,规定则可以看作是"说"本体世界的方式。作为形而上学的言说方式,规定近似于康德所谓给自然立法,它既不同于对经验对象的描述,也有别于主体情理世界的表达。如果说,描述指向实然,表达蕴含应然,那么,规定则似乎是实然与应然的某种交错:它包含着把握实然的意向,但又渗入了应然的设定。就其为形而上学的对象而言,终极存在也似乎是一种"实然"的存在,但它又非经验的存在,无法加以描述,因而在对其作言说时,往往只能借助形而上学的范畴(如大全等),把它"规定"为如此这般的存在。

作为"说"终极存在的方式,规定似乎又有不同的侧重点,要而言之,即实质地规定与形式地规定,或实质地说与形式地说。形式地规定更多

---

① 冯友兰:《三松堂全集》第4卷,第30页。
② 同上书,第10页。

地着眼于逻辑关系,实质地规定则涉及时空中的存在。传统的形而上学较多地倾向于实质地说,如程朱理学对理、气、心等等的规定,便常常是一种实质地说,他们往往赋予理、气等以实际的内容,亦即将其放在时空中来加以规定,从而"不免著于形象"。冯友兰曾对此提出了批评:"然宋儒对于理之为非实际底亦有看不清楚,或说不清楚者。例如宋儒常说:'理之在物者为性','心具众理而应万物'。此等话是可解释为以理为'如有物焉'。此错误有时虽即朱子亦不能免。若不能免此错误,则讲理自有种种不通之处。"① 与传统形而上学不同,冯友兰更倾向于形式地说。新理学以真际为哲学的对象,它"对于真际,只形式地有所肯定,而不事实地有所肯定"②。形式地说也就是逻辑地说。如上所述,新理学的理、气、道体、大全等都是纯形式的准逻辑概念,而其四组命题则都是不涉及事实的分析命题或重言命题,冯友兰亦将其称为"重言叙述"③。这样,对终极的存在诚然必须加以规定(有所说),但这种说又只具有形式的意义。

冯友兰试图通过逻辑地说以建构形式化的形而上学体系,在理论上并不成功。他的"逻辑地说",与程朱理学的"实质地说"尽管形式不同,但仍是一种思辨地说,或逻辑的思辨。哲学按其本性很难形式化,逻辑实证主义曾试图以人工语言来净化和重建哲学,但并未能达到这一目标,后来分析哲学转向日常语言的研究,也表明哲学形式化的路难以走通。冯友兰希望以形式地说来避免传统形而上学的困难,似乎同样未能

---

① 冯友兰:《三松堂全集》第4卷,第39页。
② 同上书,第11页。
③ 冯友兰:《三松堂学术文集》,北京:北京大学出版社,1984年,第555页。

如愿以偿。不过,冯友兰在以上讨论中所涉及的存在与名言的关系,却是一个重要的哲学问题。如果把终极意义上的存在理解为世界的统一性原理与发展原理,那么,这里确实有能否说以及怎样说(怎样以名言来表达)的问题,哲学史上不少哲学家,从庄子到海德格尔、维特根斯坦等,都注意到了这一问题。一般的名言在把握统一性原理与发展原理上,无疑有其限度,名言与超名言之域的张力如何化解,确是一个理论难题。尽管冯友兰并没有能真正解决这一问题,但他的不成功却从一个方面提示我们:应当在形式地说之外另辟新径,而可以选择的思路之一则是在认识的历史展开过程中,通过概念的辩证运动,不断在有限中切入无限,在相对中把握绝对。当然,如后文将要论及的,在如此"说"的同时,不能忽视存在的超名言这一面。

逻辑地说主要从天道的角度把握存在,就人道而言,存在的最高形态是天地境界。如前所述,这种境界在冯友兰看来也是不可言说的。天地境界的特点是浑然与物同体,亦即与物无对;而言说总是有对,要分能与所、此与彼,换言之,所说总是在说之外,从而难以"合内外之道"。但对不可言说者,还是要加以言说,"不过言说以后,须又说其说不可言说底"①。天地境界是无对之域,其得(达到)、其达(表达)都要求破对待,亦即超越己与物、天与人、内与外的对立,而欲破对待,则显然不能仅仅依靠逻辑的分析。冯友兰曾把形而上学的方法区分为两种,即所谓正的方法与负的方法:"真正形上学的方法有两种:一种是正底方法;一种是负底方法。正底方法是以逻辑分析法讲形上学,负底方法是讲形上学不

---

① 冯友兰:《三松堂全集》第4卷,第635页。

能讲,讲形上学不能讲,亦是一种讲形上学的方法。"①负的方法可以表现为破,亦即破日常经验知识所执着的对待,也可表现为类似诗的直觉,破日常对待之后是物我同体的了悟,诗的直觉则给人以天人合一的意境。如果说,在本体世界的逻辑建构中,冯友兰主要运用了正的方法,那么,对天地境界的设定,则似乎更较多地关联着负的方法。作为人存在的方式和状态,天地境界所涉及的实际上已不仅仅是"说"的问题,而更多地是"在"的问题。

名言与超名言的关系,是哲学的题中之义。哲学总是在终极意义上讨论世界的存在与人的存在,而对存在的考察则内在地引向世界的统一性原理与发展原理。追问世界的统一性原理与发展原理当然也属于广义的认识过程,但这种认识已不同于经验领域的知识,而是指向智慧之境。智慧不仅仅是对本体世界的知,它同时也是人自身精神的提升。世界的存在与人的存在,对第一因(本体世界)的探寻与人自身境界的转换,本质上是相互联系的。按其本义,把握世界的统一性原理与发展原理,也就是在有限中切入无限,在相对中体认绝对,人自身则由此逐渐达到物我、主客统一的境界。这一过程,冯友兰称之为"转识成智"。在他看来,当人由经验领域的知识进而了解此种知识与宇宙人生的关系时,"则此以前所有底知识,即转成智慧。借用佛家的话说,此可谓之'转识成智'"②。

作为一种智慧之境,存在的体认与人的境界既在名言之域中,又超乎名言之域。一方面,我们可以用概念、命题等来表达哲学的智慧,如以

---

① 冯友兰:《三松堂全集》第5卷,第173页。
② 冯友兰:《三松堂全集》第4卷,第542页。

"物我两忘"来表示人所达到的某种境界,事实上,哲学史一切真正有创见的哲学家,都以不同的方式表达了其哲学的智慧,他们的文本(text),便是一种由概念、命题等构成的名言体系。但另一方面,哲学的智慧又确实有不可说的一面:当主体在有限之中切入了无限,在相对之中体认到了绝对时,他所达到的境界已在某种意义上转化一种存在状态,质言之,已与他的存在合一。此时他固然也可用"内不觉其一身,外不察乎宇宙"之类的名言来表达他所达到的境界,但这种状态本身,却难以传达:它只能使人在抽象义理的层面知其境界,但却无法让人真正理解这种境界对他所具有的内在意义。总之,智慧之境作为人存在的境界,虽可用名言来描述,但它更多地是以主体自身的存在来确证:它已凝化为主体一种内在的精神结构,渗入人的整个存在之中。在这里,问题已不仅仅是"说",而且是"在"。冯友兰肯定在天地境界中已"言语路绝"[1],似乎亦注意到了这一点,而从新理学到人生境界说,在某种意义上也表现为逻辑地"说"转向实际地"在"。

如果由此作进一步的考察,便可注意到,通过超越对待以达到主客、内外、天人的统一,主要就消极的方面(破对待)而言;从正面看,智慧之境又蕴含着多方面的内容。首先是以道观之。在经验领域中,认识往往注重分别,并相应地容易执着于一偏之见。智慧之境则以"无对"扬弃了"对待",以道的观点(全面的观点)超越了经验领域的分别。在此,境界已具体化为主体认识世界的一种立场和态度,而这种立场与态度又构成了克服一偏之见,达到辩证综合的内在条件。在善的追求中,智慧之境以从心所欲不逾矩为其表现形式。从心所欲意味着出于内在意愿,不逾

---

[1] 冯友兰:《三松堂全集》第4卷,第634、697页。

矩则是合乎理性规范；二者的统一，使主体超越人为努力而达到了从容中道的境界。在这种精神境界中，人的行为不再出于勉强或强制，而是以不思而得、不勉而中为其特征，后者也就是道德领域中的自由之境。人的境界当然不限于向善，它同时指向审美之域。就后一领域而言，智慧之境展开为一种合目的性与合规律性相统一的意境。合目的性的内在意蕴是化自在之物为为我之物，合规律性则意味着自然的人化不能隔绝于人的自然化。人的本质力量与天地之美相互交融，内化为主体的审美境界，后者又为美的创造和美的观照提供了内在之源。可以看到，作为与人的存在合一的境界，智慧之境并不是一种抽象的精神形态，也没有任何神秘之处，它之与人同在，即"在"主体以道观之的求真过程之中，"在"从心所欲不逾矩的向善过程之中，"在"合目的性与合规律性相统一的审美过程之中。总之，主体的存在融合了其境界，境界本身又在主体现实地、历史地"在"中得到确证。

存在的追问逻辑地导向智慧之境，智慧之境又通过由"说"到"在"的转换而与人的存在合一。从存在的追问提升到智慧之境与化智慧之境为存在形态相互联系，展开为一个动态的过程，而这一过程本身又基于人的历史实践。如果要对冯友兰关于存在与境界之说作理论上的转换，那么，以上阐释也许可以成为思考方向之一。

附录二

世界哲学视域中的智慧说[①]

[①] 本文内容基于作者 2015 年 9—10 月在华东师范大学哲学系博士讨论班的系列讲座,原载《学术月刊》2016 年第 2 期。

"智慧说"是冯契先生晚年形成的哲学系统,而他对智慧的探索,则可追溯到其早年的《智慧》。① 作为长期哲学沉思的凝结,"智慧说"并不是没有历史根据的思辨构造,而是以中西哲学的衍化为其出发点。这里着重以世界哲学为视域,对"智慧说"的理论意义作一概览。

一、背景与进路

冯契哲学思想的发生和形成以广义的"古今中西"之争为其背景,对此,冯契有着自觉的意识,在《智慧说三篇·导论》中,他便明确肯定了这一点。"古今中西"之争既涉及政治观念、政治体制方面的争论,也关乎思想文化(包括哲学理论)上的不同看法。近代以来,随着西学的东渐,中西思想开始彼此相遇、相互激荡,与之相伴随的是古今之辩。从哲学层面考察"古今中西"之争,可以注意到近代思想演化的两种不同趋向。首先是对中国哲学的忽视或漠视,这种现象虽显见于现代,但其历史源头则可以追溯得更远。如所周知,黑格尔在《哲学史讲演录》中已提到中国哲学,而从总体上看,他对中国哲学的评价并不高。在他看来,孔子"是中国人的主要的哲学家",但他的思想只是一些"常识道德","在他那里思辨的哲学是一点也没有的"。《易经》虽然涉及抽象的思想,但"并不

---

① "智慧说"主要体现于《认识世界和认识自己》《逻辑思维的辩证法》《人的自由和真善美》三部著作,冯契先生将此三书称为"智慧说三篇"。《智慧》系冯契先生在西南联大学习期间(20世纪40年代)所撰哲学论文,刊于《哲学评论》1947年第10卷第5期。

深入,只停留在最浅薄的思想里面"。① 黑格尔之后,主流的西方哲学似乎沿袭了对中国哲学的如上理解,在重要的西方哲学家那里,中国哲学基本上没有在实质的层面进入其视野。今天欧美受人瞩目的大学,其哲学系中几乎不讲授中国哲学,中国哲学仅仅出现于东亚系、宗教系、历史系。这种现象表明,主流的西方哲学界并没有把中国哲学真正看作他们心目中的哲学。从"古今中西"之争看,以上倾向主要便表现为:赋予西方哲学以主导性、正统性,由此出发来理解中国哲学及其衍化。在这样的视野中,中国哲学基本处于边缘的地位。

与上述趋向相对的,是"古今中西"之争的另一极端,后者主要呈现为仅仅囿于传统的中国思想(特别是儒家思想)之中。从19世纪后期的"中体西用"说到现代新儒家的相关观念,这一倾向在中国近代绵绵相续。在价值和思想的层面,"中体西用"的基本立场是以中国传统思想为"体",西方的器物、体制、观念为"用";前者同时被视为"本",后者则被理解为"末"。新儒家在哲学思辨的层面上延续了类似的进路,尽管新儒家并非完全不理会西方哲学,其中的一些人物,对西方哲学还颇下功夫,如牟宗三对康德哲学便用力甚勤(他对康德哲学的理解是否确切,则是另外一个问题)。然而,尽管新儒家努力了解西方哲学,在研究过程中也试图运用西方哲学的概念和理论框架来反观中国哲学,但从根本的定位看,他们依然以中国哲学特别是儒家哲学为本位:在其心目中,哲学思想的正途应归于儒学,后者即广义上的中学。在更为极端的新儒家(如马一浮)那里,西方的哲学理论概念和思想框架进而被悬置,其论著中所

---

① [德]黑格尔:《哲学史讲演录》第1卷,贺麟、王太庆译,北京:商务印书馆,1981年,第118—132页。

用名词、术语、观念,仍完全沿袭传统哲学。

以上二重趋向,构成了哲学层面"古今中西"之争的历史格局。如果说,第一种趋向以西方思想观念为评判其他学说的标准,由此将中国哲学排除在哲学之外,那么,第二种趋向则以中国哲学为本位,将哲学的思考限定在中国哲学之中。这二重趋向同时构成了当代中国哲学衍化的背景。

冯契的哲学思考,首先表现为对"古今中西"之争的理论回应。在《智慧说三篇·导论》中,冯契指出:古今中西之争的实质在于"怎样有分析地学习西方先进的文化,批判继承自己的民族传统,以便会通中西,正确地回答中国当前的现实问题"[①]。可以看到,他在"古今中西"之争问题上既非以西拒中,也非以中斥西,而是着重指向会通中西:通过会通中西来解决时代的问题,构成了他的基本立场。

具体而言,会通中西包含两个方面。一是比较的眼光,即对中西哲学从不同方面加以比较。在这里,比较的前提在于把比较的双方放在同等位置,不预先判定何者为正统,何者为非正统,而是将之作为各自都具有独特意义的思想对象加以考察。这一视野背后蕴含着对"古今中西"之争中不同偏向的扬弃。二是开放的视野,即把中国哲学和西方哲学都看作是当代哲学思考的理论资源。从历史角度看,中国哲学和西方哲学固然因不同缘由而形成了各自的传统,但两者都是人类文明发展的成果,也都具有自身的理论意涵。任何时代的哲学思考都需要以人类文明已经达到的理论成果作为出发点,而不可能从无开始,中国哲学和西方哲学作为人类文明发展的成果,都为当代的思考提供了理论资源,后者

---

① 冯契:《认识世界和认识自己》,上海:上海人民出版社,2011年,第2页。

决定了今天的哲学建构不能仅仅限定在西学或中学的单一传统之中。当然,历史的承继与现实的论争常常相互交错,基于以往思想资源的哲学理论,总是通过今天不同观点之间的对话、讨论而逐渐发展。当冯契提出哲学将"面临着世界性的百家争鸣"这一预见时,无疑既展现了哲学之思中的世界视域,也肯定了世界视域下中西哲学各自的意义。

从更广的思维趋向看,中西哲学在具体的进路上,存在不同特点。冯契在进行中西哲学比较时,对两者的不同侧重和特点,给予了多方面的关注。宽泛地看,西方哲学一开始便对形式逻辑作了较多的考察,中国哲学固然并非不关注形式逻辑,但比较而言更侧重于思维的辩证之维。在认识论上,冯契提出了广义的认识论,后者既涉及感觉能否给予客观实在、普遍有效的规律性知识是否可能等问题,也包括逻辑思维能否把握具体真理、自由人格或理想人格如何培养等追问。按冯契的理解,在以上方面,中西哲学也呈现不同特点:如果说,西方哲学在认识论的前两个问题(感觉能否给予客观实在,普遍有效的规律性知识是否可能)上作了比较深入、系统的考察,那么,中国哲学则在逻辑思维能否把握具体真理、自由人格如何培养等问题上作了更多的考察。

不同的哲学传统蕴含不同的哲学进路和趋向,这是历史中的实然。对冯契而言,从更广的哲学思考层面看,这种不同的哲学进路和趋向都是合理的哲学思考题中的应有之义,既不必拒斥其中的某一方面,也不应执着于某一方面。以逻辑分析与辩证思维的关系而言,哲学研究以及更广意义上的思想活动既离不开逻辑的分析,也无法与辩证思维相分,对这两者不必用非此即彼的态度对待。同样,广义认识论中的前两个问题(感觉能否给予客观实在,普遍有效的规律性知识是否可能)固然需要重视,后两个问题(逻辑思维能否把握具体真理以及自由人格如何培养），也应该进入我们的视野。对于中西哲学在历史中形成的不同进路，应该放在更广的视域中，从沟通、融合的角度加以理解。

就西方哲学而言，近代以来，可以注意到到另一种意义上的不同进路。从德国哲学看，康德比较侧重知性，除了对知性本身的深入考察之外，从总的哲学进路看，康德哲学也趋向于知性化。知性的特点之一是对存在的不同方面作细致的区分、辨析和划界。康德便往往倾向于在对象和观念的不同方面之间进行划界：现象和物自身，理论理性、实践理性、判断力等等，在康德那里都判然相分，其哲学本身也每每限于相关的界限之中。比较而言，黑格尔更注重德国古典哲学意义上的理性。他不满于康德在知性层面上的划界，而是试图通过辩证的方式超越界限，达到理性的综合。以上不同的哲学进路对尔后的哲学思考也产生了重要的影响：从西方近代哲学的衍化看，后来的实证主义、分析哲学，在相当意义上便循沿着康德意义上的知性进路，马克思的哲学思考与理性或辩证思维的进路则存在更多的关联。

在当代西方哲学的衍化中，有所谓分析哲学和现象学之分。分析哲学以语言作为哲学的主要对象，注重语言的逻辑分析；现象学则关注意识，其哲学思考和意识有内在关联。在分析哲学与现象学的以上分野中，一个突出对语言的逻辑分析，一个强调对意识的先验考察，其间确乎可以看到不同的哲学进路。

从哲学关注的对象看，则有各种"转向"之说。在这种视域中，近代哲学首先与所谓"认识论转向"相涉，其特点在于从古希腊以来关注形而上学、本体论问题，转向注重认识论问题。当代哲学则涉及所谓语言学转向，后者以分析哲学为代表，其特点在于把语言分析作为哲学的主要工作。这种不同"转向"背后体现的是不同的哲学进路：在认识论转向发生之前,哲学主要以关注形而上学问题、本体论问题为主要进路;在认识论转向发生之后,哲学则转向对认识论问题的考察:从欧洲大陆的笛卡尔、斯宾诺莎、莱布尼兹到英国的培根、洛克、休谟,以及尔后的康德,等等,其哲学重心都被归诸认识论问题;语言学转向则将哲学的关注之点从认识论问题进一步转向对语言的逻辑分析。在分析哲学中,认识论(epistemology)衍化为知识论(the theory of knowledge),认识本身则主要被归结为基于语言的静态考察,而不是对认识过程的动态研究。

相对于以上诸种进路,冯契的智慧说无疑展现了更为开阔的视野。从知性和理性的关系看,其哲学的特点首先在于扬弃两者的对峙。一方面,冯契注重与知性相联系的逻辑分析,另一方面,又强调辩证思维的意义。智慧说的构成之一《逻辑思维的辩证法》,便较为集中地体现了以上两个方面的融合。就哲学"转向"所涉及的不同哲学问题而言,"转向"在逻辑上意味着从一个问题转向另一个问题,在所谓认识论转向、语言学转向中,哲学的关注之点便主要被限定于认识论、语言哲学等方面。按冯契的理解,转向所关涉的本体论、认识论、语言学等问题,并非分别地存在于某种转向之前或转向之后,作为哲学问题,它们都是哲学之思的题中应有之义,都需要加以考察和解决。将本体论、认识论、语言哲学问题截然加以分离,并不合乎哲学作为智慧之学的形态。以智慧为追寻的对象,哲学既应考察本体论问题,也需要关注认识论、语言学问题。事实上,在人把握世界与把握人自身的过程中,这些方面总是相互交错在一起,很难截然分开。换言之,这些被当代哲学人为地分而析之的理论问题,本身具有内在关联。冯契的"智慧说"即试图扬弃对哲学问题分而论之的方式和进路,回到其相互关联的本然形态。

在哲学进路分化的格局下，治哲学者往往不是归于这一路向就是限于那一路向、不是认同这一流派，就是执着于那一流派，由此形成相互分离的哲学支脉，在实证主义、传统的形而上学、分析哲学、现象学之中，便不难看到这种哲学趋向。与之相异，冯契的智慧说更多地表现出兼容不同哲学进路的视域。通过对不同哲学进路的范围进退，以彼此沟通、融合的眼光去理解被分离的哲学问题，智慧说在努力克服当今哲学研究中各种偏向的同时，也在哲学层面展现了其世界性的意义。

进而言之，冯契在扬弃不同的哲学进路、展现世界哲学的眼光的同时，又通过创造性的思考建构了具有世界意义的哲学系统。也就是说，他不仅从方式上扬弃了不同的偏向，而且在建设性的层面，提出了自己的哲学系统。后者具体体现于其晚年的"智慧说"之中。在《智慧说三篇·导论》中，冯契指出："中国近代哲学既有与自己的传统哲学的纵向联系，又有与西方近代哲学的横向联系。与民族经济将参与世界市场的方向相一致，中国哲学的发展方向是发扬民族特色而逐渐走向世界，将成为世界哲学的一个重要组成部分。"[①]20世纪初，王国维曾提出"学无中西"的观念，认为在中西思想相遇后，不能再执着于中西之分。从近代哲学思想的演化看，冯契进一步将"学无中西"的观念与世界哲学的构想联系起来，并且通过自身具体的哲学思考努力建构具有世界意义的哲学系统。后者既以理论的形式实际地参与了"世界性的百家争鸣"，也将作为当代中国哲学的创造性形态融入世界哲学之中。

---

① 冯契：《认识世界和认识自己》，第3页。

二、回归智慧：扬弃智慧的遗忘与智慧的抽象化

以世界哲学的视野沟通不同的哲学传统，主要与哲学思考的方式相联系。从哲学思考的目标看，冯契所指向的是"智慧"的探索。从早年时的《智慧》，到晚年的"智慧说"，其哲学思想始于智慧、终于智慧。这一哲学追求究竟具有何种意义？回答这一问题，需要进一步考察近代哲学的演进。

19世纪以后，实证主义开始登上历史舞台，作为一种哲学思潮，实证主义的核心原则是"拒斥形而上学"。在实证主义看来，超越经验的形而上学命题没有意义，只有可以验证的有关经验事实的判断，以及作为重言式的逻辑命题式才有意义。从实证主义早期形态到后来的所谓逻辑经验主义，这一基本精神贯穿始终，其影响至今没有完全消除。与西方差不多同时，近代中国也出现了类似的趋向。"拒斥形而上学"，意味着关于世界的统一性原理、发展原理的研究都没有任何意义。从知识和智慧的区分看，被拒斥的形而上学问题大致归属于广义的智慧之域。智慧与知识是把握世界的不同观念形态。知识以分门别类地理解世界为指向，每一种知识的学科都对应着世界的特定领域或方面。作为知识的具体形态，科学（science）便表现为"分科之学"：从自然科学中的物理学、化学、生物学、地质学，到社会科学中的社会学、经济学、政治学，都表现为分科之学。就认识和把握世界而言，将世界区分为不同的方面，无疑是必要的。然而，世界在被科学区分或分离之前，本身乃是以统一的

形态存在的，要真实地理解世界，仅仅停留在分而论之的层面，显然不够。如何跨越知识的界限，回到存在本身？这是进一步把握世界所无法回避的问题。智慧的实质指向便在于超越知识的界限，以贯通的视野去理解世界本身。实证主义在拒斥形而上学的同时，往往忽略了以智慧的方式去理解真实的世界。

20世纪初，分析哲学逐渐兴起。以语言分析为哲学的主要方式，分析哲学试图在哲学中实现语言学的转向。对分析哲学而言，哲学的工作无非是对语言的逻辑分析，所谓认识世界，也就是把握语言中的世界，而对进入语言中的事物的考察，本身始终不超出语言之域。从反面说，哲学的工作就在于对语言误用的辨析或纠偏。维特根斯坦就曾把哲学的主要任务规定为"把字词从形而上学的用法带回到日常用法"①。在他看来，语言最正当的运用方式就是日常用法，形而上学则每每以思辨的方式运用语言，由此使语言偏离其日常的意义。基于以上看法，维特根斯坦认为："哲学是以语言为手段对我们智性的蛊惑所做的斗争。"②根据这一理解，人的智性总是借助于语言来迷惑人本身，而哲学则要与这种迷惑作斗争。在把哲学的主要任务限定于语言分析的同时，分析哲学也往往以语言层面的技术性分析取代了对真实存在的探究。他们只知道一种存在，即语言中的存在，语言之外的真实世界，基本上处于其视野之外。

可以看到，实证主义和分析哲学尽管表现形式不同，但都呈现出将哲学技术化、知识化的倾向。实证主义首先关注经验以及逻辑，并以类

---

① ［英］维特根斯坦：《哲学研究》，汤潮、范光棣译，北京：生活·读书·新知三联书店，1992年，第67页。
② 同上书，第66页。

似科学的把握方式为哲学的正途;分析哲学则把语言作为唯一的对象,以对语言的技术化分析取代旨在达到真实存在的智慧追问。借用中国哲学的概念来表述,智慧的探索以"道"的追问为指向,以上趋向则执着于知识性的进路,以"技"的追寻拒斥"道"的追问。这种由"道"而"技"的进路,在实质的层面蕴含着智慧的遗忘。

与智慧的遗忘相辅相成的,是智慧的思辨化、抽象化趋向。从当代哲学看,现象学在这方面呈现比较典型的意义。相对于分析哲学,现象学不限于对经验和语言的关注,从胡塞尔追求作为严格科学的哲学,到海德格尔的基础本体论,都体现了以不同于知识的方式理解存在的要求。以建立作为严格科学的哲学这一理想为出发点,胡塞尔将"本质还原"、"先验还原"作为具体的进路,而通过还原所达到的,则是所谓"纯粹意识"或"纯粹自我",后者同时被理解为以哲学的方式把握世界的基础。对"根基"、"本源"等终极性问题的关切,同时也蕴含了智慧的追问。然而,另一方面,以"纯粹自我"、"纯粹意识"为哲学大厦的基础,又明显地表现出思辨构造或抽象化的趋向。海德格尔提出"基础本体论",并按照现象学的方式考察存在。这种本体论的特点在于把考察的对象指向"Dasein"(此在),其进路则表现为关注个体的生存体验,如"烦"、"畏"。"烦"主要与日常生活中的各种境遇相关,"畏"则表现为由生命终结的不可避免性而引发的意识(畏死)。在海德格尔看来,人是一种"向死而在"的存在,只有在意识到死亡的不可避免性时,才能够深沉地理解个体存在的一次性、不可重复性、独特性,由此回归本真的存在。

从现实形态看,人的存在固然包含海德格尔所描绘的各种心理体验,如烦、畏等,但又不仅限于自我的体验,而是基于社会实践的人与人的交往、人与物的互动过程,后者构成了人存在的实质内容。离开了以上过程，人本身便缺乏现实性品格。与之相对，海德格尔趋向于把这一过程看成是对本真之我的疏远。在海德格尔对技术的批判中，人与物互动的过程往往被理解为技术对人的主宰，人与人交往的过程，则被视为共在(being-with)的形式，对海德格尔来说，共在并非人的真实存在形态，而是表现为人的"沉沦"：个体在共在中同于大众，变成常人，从而失去本真自我。这种观念悬置了人的存在之社会品格，从而难以达到存在的真实形态。可以看到，尽管海德格尔试图寻求本真之我，但是以上的思辨进路，却使这种"本真之我"恰恰远离了真实的存在。概而言之，就其追问哲学的根基、提出"基础本体论"并试图对存在作本源性的考察而言，胡塞尔与海德格尔似乎没有完全遗忘智慧，然而，他们的总体进路又带有明显的思辨化的形态，后者同时在实质上表现为智慧探求的抽象化。

相对于当代哲学中智慧的遗忘这一偏向，冯契表现出不同的哲学走向。在早年的《智慧》一文中，冯契便区分了意见、知识、智慧三种认识形态，他借用庄子的表述，认为"意见是'以我观之'，知识是'以物观之'，智慧是'以道观之'"，并指出智慧涉及"无不通也、无不由也"之域①，表现出对智慧追求的肯定。同时，在《智慧》一文中，冯契特别批评当时的哲学末流，称其"咬定名言，在几个观念上装模作样，那就是膏肓之病，早已连领会的影子也没有了"②。不难看到，这种批评在相当意义上指向当时方兴未艾的实证主义、特别是分析哲学。通过数十年的智慧沉思，冯契在晚年形成了以《智慧说三篇》为主要内容的智慧学说，从而，以实际的哲学建构克服了对智慧的遗忘。

---

① 冯契：《认识世界和认识自己》，第263、264页。
② 同上书，第278页。

在超越智慧遗忘的同时，冯契对智慧的抽象化趋向同样给予了自觉的回应。上承马克思的哲学，冯契把实践的观念引入哲学的建构，并将自己的智慧说称为实践唯物主义。在这样的视野之中，智慧所探寻的不再是抽象的对象，而是现实的存在。所谓现实的存在，也就是进入人的知行过程、与人的知行活动无法相分离的具体实在。早期儒家曾肯定人可以"赞天地之化育"，后者在广义上包含人对存在的作用，由此形成的世界，已不同于知行活动尚未作用于其上的本然存在，这里已包含现实世界乃是通过人的知行过程而建构之意。冯契基于实践的观念，更自觉地强调了这一点。智慧说的主干是《认识世界和认识自己》，这里的"世界"区别于本然的、玄虚的对象而展现为真实的存在，"自己"也不同于海德格尔的此在，而是表现为现实的个体。质言之，作为智慧追寻对象的存在，无论是世界，抑或自我，都是具有现实性品格的真实存在，这一视域中的存在既不同于本然之物，也有别于现象学意义上的超验对象。就以上方面而言，"智慧说"同时表现为对智慧抽象化的超越与扬弃。

可以看到，冯契一方面以智慧的追寻、智慧学说的理论建构克服了智慧的遗忘；另一方面又把智慧的探求放在真实的基础之上，由此扬弃了智慧的思辨化、抽象化趋向。冯契对当代哲学中智慧遗忘与智慧抽象化的双重扬弃，内在地呈现了世界哲学的意义。

三、广义认识论：认识论、本体论和价值论的贯通

在冯契那里，作为智慧追寻结晶的"智慧说"同时又体现于广义认识

论之中：广义认识论可以看成是其"智慧说"的具体化。前文已提及，在冯契看来，认识论需要讨论四个问题：第一，感觉能否给予客观实在？第二，理论思维能否达到科学法则，或者说，普遍有效的规律性知识何以可能？第三，逻辑思维能否把握具体真理？第四，人能否获得自由？自由人格或理想人格如何培养？[①] 前面两个问题属一般认识论或狭义认识论讨论的对象[②]，后两个问题则不限于一般所理解的认识论。在"逻辑思维能否把握具体真理"这一问题中，所谓具体真理是指关于世界统一性原理和世界发展原理的认识，也即通常所谓形而上学、本体论方面的理论。按冯契的理解，对形上智慧的把握，同样也是认识论的题中应有之义。最后一个问题进一步指向自由人格（理想人格）如何培养的问题。对认识论的如上理解与通常对认识论的看法不同：一般的认识论主要讨论前两个问题（感觉能否给予客观实在，普遍必然的知识如何可能）。如果我们把这一形态的认识论看作狭义认识论，那么，包含后两个问题（逻辑思维能否把握具体真理，自由人格或理想人格如何培养）的认识论则可理解为广义认识论。从哲学演进的层面看，冯契对认识论的这种广义理解，包含多方面的意蕴。

在广义形态下，认识论首先开始扩展到对如何把握形上智慧这类问题的研究。以世界统一性原理和世界发展性原理为指向的具体真理，其

---

① 参见冯契：《认识世界和认识自己》，第47—48页。
② 康德在认识论上也涉及第二个问题，但在具体提法上，冯契与康德有所不同。康德关注的是"普遍必然的知识如何可能"，冯契先生则以"规律性知识"取代了"必然知识"。这里涉及冯契对真理性认识的理解，他认为真理性认识不仅仅和必然的法则相关，而且与具有或然性的存在规定相联系，这种或然性不同于因果必然性，可以视为统计学意义上的法则，在冯契看来，认识论应该把与此相关的内容也纳入自身之中。

认识内容更多地表现为形上智慧,把这一意义上的具体真理纳入认识领域,同时意味着以形上智慧作为认识论研究的对象。在以上形态中,形上智慧所涉及的具体内容是如何理解存在的原理的,在此意义上,广义认识论同时需要考察和讨论本体论的问题。进一步看,在广义认识论中,认识世界与认识自己彼此相通:自由人格(理想人格)如何培养的问题便涉及人对自身的认识和自身人格的培养,后者用中国哲学的概念来表述,也就是成就自己。成己(成就自己)的前提是认识人自身:如果说,对具体对象及形上智慧的把握涉及认识世界的问题,那么,自由人格的培养便更多地和认识人自身相联系。在冯契看来,广义的认识论即表现为认识世界和认识自己的统一。具体而言,认识过程不仅仅面向对象,而且也是人自身从自在走向自为的过程。所谓从自在到自为,也就是人从本然意义上的存在,通过知行过程的展开,逐渐走向具有自由人格的存在。成就自己(理想人格的培养)同时涉及价值论的问题:人格的培养本身在广义上关乎价值领域,理想、自由等问题也都是价值领域讨论的对象。在这一意义上,认识论问题又与价值论问题相联系。前面提及,冯契把形上智慧引入认识论中,意味着肯定认识论问题和本体论问题的联系,认识世界和认识自己的沟通以及由此引入"成己"的问题,则进一步把认识论问题和价值论问题联系在一起。这些看法从不同方面展现了广义认识论不同于狭义认识论的具体特点。

把认识论的问题和本体论问题联系在一起,这一进路包含多方面的涵义。从认识论角度看,它不同于对知识的狭义考查;从本体论角度看,它又有别于思辨意义上的传统形而上学。传统形而上学的主导趋向在于离开人自身的知、行过程去考察存在,由此往往导致对世界的思辨构造:或者把存在还原为某种终极的存在形态,诸如"气"、"原子"等等,或者追溯终极意义上的观念或概念,由此建构抽象的世界图景。与完全离开人自身的存在去思辨地构造存在模式的这种传统形而上学不同,冯契对本体论问题的考察始终基于人自身的知行过程。

这里可以具体地对冯契所论的本然界、事实界、可能界、价值界作一考察,在冯契那里,这四重界同时表现为认识过程中的不同存在形态。所谓本然界,也就是尚未进入认识领域的自在之物。在认识过程中,主体作用于客观实在,通过感性直观获得所与,进而形成抽象概念,以得自所与还治,从而使本然界化为事实界。事实是为我之物,事实界是已被认识的本然界,在冯契看来,知识经验就在于不断化本然界为事实界。

相对于本然界的未分化形态,事实界已取得分化的形式,具有无限的多样性。不同的事实既占有特殊的时空位置,又彼此相互联系,其间具有内在的秩序。冯契考察了事实界最一般的秩序,并将其概括为两条。其一是现实并行不悖,其二为现实矛盾发展。冯契吸取了金岳霖的观点,认为从消极的方面说,现实并行不悖是指现实世界没有不相融的事实,而所谓相融则是指空间上并存、时间上相继的现实事物之间不存在逻辑的矛盾:我们可以用两个命题表示两件事实而不至于矛盾。就积极的方面说,并行不悖便是指一种自然的均衡或动态的平衡,这种均衡使事实界在运动变化过程中始终保持一种有序状态。冯契认为,事实界这种并行不悖的秩序既为理性地把握世界提供了前提,也为形式逻辑提供了客观基础:形式逻辑规律以及归纳演绎的秩序与现实并行不悖的秩序具有一致性。在此,本体论的考察与认识论始终联系在一起。

与并行不悖相关的是矛盾发展,后者构成了事实界的另一基本秩序。自然的均衡总是相对的,事物间的并行也有一定的时空范围,事实界的对象、过程本身都包含着差异、矛盾,因而事实界既有以并行、均衡的形式表现出来的秩序,又有以矛盾运动的形式表现出来的秩序,正如前者构成了形式逻辑的客观基础一样,后者构成了辩证逻辑的现实根据。不难看出,冯契对事实界的理解始终与人如何把握世界本身联系在一起,具体而言,他乃是将事实界的秩序作为思维逻辑的根据和前提来把握。

进一步看,事实界的秩序体现了事实间的联系,是内在于事的理。事与理相互联系:事实界的规律性联系依存于事实界,而事实之间又无不处于联系之中,没有脱离理性秩序的事实。理与事的相互联系,使人们可以由事求理,亦可以由理求事,换言之,内在于事的理既为思维的逻辑提供了客观基础,又使理性地把握现实成为可能。

思维的内容并不限于事与理,它总是超出事实界而指向可能界。从最一般的意义上看,可能界的特点在于排除逻辑矛盾,即凡是没有逻辑矛盾的,便都是可能的。同时,可能界又是一个有意义的领域,它排除一切无意义者。二者相结合,可能的领域便是一个可以思议的领域。冯契强调,可能界并不是一个超验的形而上学世界,它总是依存于现实世界。事实界中事物间的联系呈现为多样的形式,有本质的联系与非本质的联系、必然的联系与偶然的联系等等,与之相应,事实界提供的可能也是多种多样的。冯契认为,从认识论的角度看,要重视本质的、规律性的联系及其所提供的可能,后者即构成了现实的可能性。现实的可能与现实事物有本质的联系,并能够合乎规律地转化为现实。可能的实现是个过程,其间有着内在秩序。从可能之有到现实之有的转化既是势无必至,亦即有其偶然的、不可完全预知的方面,又存在必然的方面,因而人们可以在"势之必然处见理"。与事实界的考察一样,冯契对可能界的理解,始终没有离开人的认识过程。从事实界到可能界的进展,现实的可能与非现实的可能之区分,由可能到现实的转化,都在不同意义上对应于人的认识秩序。

事实界的联系提供了多种可能,不同的可能对人具有不同的意义。现实的可能性与人的需要相结合,便构成了目的,人们以合理的目的来指导行动,改造自然,使自然人化,从而创造价值。事实界的必然联系所提供的现实可能(对人有价值的可能),通过人的实践活动而得到实现,便转化为价值界,价值界也可以看作是人化的自然。价值界作为人化的自然,当然仍是一种客观实在,但其形成离不开对现实可能及人自身需要的把握。在创造价值的过程中,人道(当然之则)与天道(自然的秩序)是相互统一的,而价值界的形成则意味着人通过化自在之物为为我之物的实践而获得了自由。

作为广义认识论的构成,对本然界、事实界、可能界、价值界的考察无疑具有本体论意义,但它又不同于思辨的本体论:它的目标并不是构造一个形而上的宇宙模式或世界图景,而是以认识世界为主线,阐明如何在实践的基础上以得自现实之道还治现实,从而化本然界为事实界;通过把握事实界所提供的可能以创造价值,在自然的人化与理想的实现中不断达到人的自由。冯契在认识世界的过程中谈存在,并把这一过程与通过价值创造而走向自由联系起来,这一本体论路向无疑有其独到之处。

以上主要着眼于关联认识过程的本体论。从认识论本身看,广义认识论又不同于疏离于本体论的知识论,而是以本体论为其根据。自分析哲学兴起以来,当代哲学对认识论的考察,往往主要以抽象形态的知识论(theory of knowledge)为进路,冯契则不主张仅仅把认识论(epistemology)归为知识论(theory of knowledge)。知识论的进路每每回避了对世界本身的把握问题,从哲学的角度看,这种回避背后常常隐含着消解客观性原则的趋向,后者较为明显地呈现于当代认识论的传统,从所谓观察渗透理论,到拒斥真理的符合论,都不难看到这一点。观察渗透理论本身无疑不无合理之处:它注意到观察过程中并不仅仅包含感性活动,其中也渗入了内在的理论视域。然而,在当代的知识论中,观察渗透理论着重突出的是人的主观背景对认识过程的作用,包括认识者所具有的观念框架对其进一步展开认识活动的影响,这种作用和影响主要突显了认识过程中的主观之维。在真理问题上,当代知识论往往趋向于否定和批评符合论。符合论根据认识内容和认识对象是否符合,判断认识是否具有真理性。这种理论本身的意义以及可能存在的内在问题,无疑都可以讨论。但肯定认识和对象的符合,同时隐含对认识过程客观性的追求,拒绝这一追求,则意味着对客观性的疏离。

在另一些哲学家如哈贝马斯那里,主体间关系往往被提到了重要的位置。哈贝马斯注重共同体中不同主体间的交流和沟通,强调通过以上过程达到某种共识,其中所关注的主要是主体间性。主体间性涉及不同主体之间的讨论和对话,后者在认识过程中无疑具有重要的意义。事实上,冯契也非常注重这一方面,他把群己之辩引入认识过程中,所侧重的便是不同主体间的交流、讨论对认识过程的意义。但是,冯契同时又肯定不能以主体间性拒斥客观性。从逻辑上看,仅仅关注主体间性,认识每每容易限定在主体之间,难以真正达到对象。在疏远、忽略客观性方面,单纯强调主体间性与前面提到的仅仅注重主体性,显然有其相通之处。

在认识论与本体论的关系方面,还存在一种比较特殊的形态,这种形态可以从康德哲学与现代新儒家的相关进路中窥其大概。在康德那里,从知性到理性的进展,构成了其批判哲学的重要方面。知性的讨论主要关乎先天的范畴或纯粹的知性概念,其涉及的问题则包括先天的形式如何与感性提供的质料相结合,以形成普遍必然的知识。理性的讨论则指向超验的理念,包括灵魂、世界、上帝,后者关乎形而上之域。如果说,知性涉及的主要是狭义上的认识论之域,那么,理性则关乎形而上问题,后者在实质上已进入广义的形而上学领域。康德批判哲学的整个构架是从知性到理性,而在由知性到理性的进展中,知性与理性本身似乎也被分为前后两截,从逻辑的层面上看,这种分离的背后,同时蕴含着认识论和形而上学的相分。

与康德的进路有所不同,作为现代新儒家代表人物之一的牟宗三提出了"良知坎陷"说。"坎陷"的本来意义是后退一步或自我否定,"良知"则是道德形而上学视域中的本体,大致可归入康德意义上的理性之域。所谓"良知坎陷",也就是作为理性本体的良知后退一步,进入知性领域之中,由此发展出中国传统哲学相对较弱的认识论、科学理论等等。这一思路与康德正好相反:康德是从知性到理性,牟宗三则是从理性到知性。但是无论是其中哪一种进路,都内在地隐含着认识论和本体论的分离:不管是从知性到理性,还是从理性到知性,其前提都是二者非彼此融合,而是分别存在于不同领域。这种进路从另一个方面体现了认识论和形而上学的分离。

可以看到,近代以来,哲学演化的趋向之一是认识论与本体论的彼此相分,与此相联系的是对"客观性原则"的拒斥。与这种哲学趋向相对,在"广义认识论"的主题之下,冯契强调:"认识论和本体论两者互为前提,认识论应该以本体论为出发点、为依据。"这一观点明确肯定了认识论问题和本体论问题的联系。在他看来,"心和物的关系是认识论的最基本的关系,它实际上包含着三项:物质世界(认识对象)、精神(认识主体),以及物质世界在人的头脑中的反映(概念、范畴、规律)即所知的内容"[1],心物关系涉及人的概念、意识和对象之间的关系,它同时也属本体论所讨论的问题。按冯契的理解,认识论不能像分析哲学中的一些知识论进路那样,仅仅封闭在知识领域中,关注于知识形态的逻辑分析,而不问知识之外的对象。在此,冯契的侧重之点在于将知识论和本体论的问题联系在一起,并由此重新确认认识的客观性原则。从肯定"所与是客观的呈现",到强调认识过程乃是"以得自现实之道来还治现实之身",认识的客观性之维在不同层面得到了关注。宽泛而言,认识过程就在于通过知行活动作用于现实,由此把握关于现实本身的不同规定,形成合乎事与理的认识,然后进一步以此引导新的认识过程。在这里,客观性首先体现在认识的过程有现实的根据,引而伸之,概念、命题、理论作为构成知识形态的基本构架,也有其本源意义上的现实的根据,而非思辨的构造。

  从广义认识论的角度看,把握存在的形上智慧同时制约着认识世界的过程。形上智慧更多地涉及广义上的本体论问题,与之相应,二者的相关性从另一个方面肯定了本体论是认识论的前提。通过确认认识论的本体论基础、肯定认识过程中主体性、主体间性和客观性不可相分,冯契的广义认识论既扬弃了近代以来认识论隔绝于本体论、能知疏离于所知等立场,也超越了仅仅强调认识领域的主体性、主体间性而排拒客观性的趋向。

  认识过程同时涉及"得"(获得)和"达"(表达)的关系。"得"关乎知

---

[1] 冯契:《认识世界和认识自己》,第60、37页。

识的获得过程,"达"则涉及知识的表述或呈现形式。引申而言,知识的获得又与认识(包括科学研究)中的发现过程相关,知识的表述或呈现则与论证或确证(justification)过程相涉。从现代哲学看,主流的西方认识论趋向于将认识论限定在论证或知识的辩护过程,而把知识的获得或科学发现过程归结为心理学的问题。知识的论证或辩护无疑是重要的,认识在最初可能只是某种思想的洞见或直觉,后者往往仅仅朦胧地内在于个体之中,无法在主体间传递、交流,因而还很难视为严格意义上的知识。唯有经过论证过程(广义上的"达"),才能使之获得学术共同体中可以交流、批评的逻辑形态,从而被归入知识之列。不过,离开了知识的获得过程,知识之"达"也就失去了前提。与这一事实相联系,冯契的广义认识论在注重知识的确证(包括逻辑论证和实践验证)的同时,也将关注之点指向知识如何获得的问题。在认识出发点上,冯契把"问题"引入认识过程,以"问题"为具体的认识过程的起点。认识论领域的"问题"有多方面的含义,其特点之一在于"知"与"无知"的统一:一方面,主体对将要认识的对象尚处于无知状态,另一方面,他又意识到自己处于无知之中,亦即自知无知,由此便发生了"问题"。冯契同时肯定,从主观方面看,问题往往和疑难、惊异等心理状态相联系。疑难和惊异显然包含着情感、意愿等方面,从而不同于单纯的逻辑形式;与之相联系,把"问题"引入认识过程并以此为认识过程的开端,表明认识过程不可能把心理的问题完全排斥在外。以上看法与分析哲学中的知识论重逻辑、轻心理的立场显然不同。从认识的方式看,冯契特别提到理论思维的作用,在他看来,理论思维是人的思维活动中最重要的东西,认识过程无法与思维过程相分离。思维过程同样也涉及意识和心理的方面,这一事实进一步表明,广义上的认识不可能和心理、意识的方面完全摆脱关联。最后,冯契还具体讨论了理性直觉的问题。直觉往往被理解为非理性的方面,但在冯契看来,这种认识形式并非与理性截然相分,所谓"理性直觉",便肯定了非理性意义上的直觉与理性之间的关联。在广义的认识过程中,从科学的发现,到后文将论述的转识成智,理性的直觉都构成了不可忽视的方面。

从问题到理论思维,再到非理性意义上的直觉,这些环节内在于认识过程,构成了科学发现、获得新知以及达到智慧的重要方面。由此,冯契把如何获得、发现的问题与如何论证、表达的问题结合起来,使认识过程回归到现实的形态。按其本来内涵,认识过程的展开并不仅仅限于对知识形式的单纯逻辑论证或对知识确证度的断定,知识的论证与知识的获得难以完全分离。被分析、被确证的知识内容首先有一个如何获得的问题,深层的论证总是关联后者。冯契的广义认识论通过肯定"得"和"达"的统一,将认识过程中获得(发现)的环节和论证的环节结合起来,由此扬弃了现代知识论中仅仅关注形式层面论证的偏向。

从更广的意义看,单纯的论证过程往往和静态的逻辑分析相联系,而科学"发现"、"获得"知识的过程总是展开为动态的活动。冯契在总体上把人的认识过程看作从"无知"到"知",从"知识"到"智慧"的进展,无论是从"无知"到"知",抑或从"知识"到"智慧",都表现为动态的过程。作为这一广义过程的内在体现,"得"和"达"的统一在肯定认识展开为过程的同时,也进一步扬弃了仅仅关注静态逻辑分析的知识论进路。

综而论之,就其联系人的知行过程考察存在而言,广义认识论可以视为基于认识论的本体论;就其以本体论为认识论的出发点而言,广义认识论又表现为基于本体论的认识论。进一步看,在广义认识论中,对自由人格(理想人格)的把握,同时展现了认识论与价值论的关联,这种关联可以看作是事实认知与价值评价相互统一的展开。在这里，广义认识论之"广"，即展现为认识论、本体论、价值论的统一，后者既是智慧说的具体化，也是对近代以来认识论趋向于狭义知识论的回应。

四、转识成智如何可能

如前所述，作为智慧说的体现，广义认识论的特点在于其中包含形上智慧的探索和追寻。形上智慧本身又有是否可能的问题，当冯契把"逻辑思维能否把握具体真理"作为广义认识论的问题之时，便已涉及这一方面，而在广义认识论的展开中，这一问题首先得到了肯定的回答。与"是否可能"相关的是"如何可能"，二者都涉及转识成智的问题。从源头上看，转识成智与佛教唯识宗相联系。在唯识宗那里，"识"主要表现为分别、区分，其特点是仍停留于我执、法执的层面上；"智"则超越执着、表现为由迷而悟的认识状态。冯契不限于佛教的视域，把转识成智理解为从知识到智慧的飞跃过程，而这一过程如何可能的问题与形上智慧如何可能在实质上呈现一致性。对此，冯契从不同方面作了探索。

首先是理性直觉。前已提及，直觉与理性的分析、逻辑的推论相对，通常被看作非理性的认识方式，其特点在于对事物内在规定和本质的直接把握，理性则更多地表现为以逻辑思维的方式来理解和把握对象。在冯契看来，非理性意义上的直觉与理性不可截然相分。这一看法的背后，蕴含着对人类认识世界过程（包括对形上智慧的把握过程）中理性的方面和非理性的方面彼此交融的肯定，后者赋予"转识成智"以独特的认识论内涵。关于"转识成智",一些研究者往往持怀疑态度,在他们看来,这一过程似乎包含某种神秘主义的趋向。此处的关键在于,对冯契而言,理性和非理性无法完全分离,"转识成智"也不仅仅是非理性意义上的体悟过程:"理性直觉"这一提法,本身即表现了将理性和非理性加以沟通的意向。

在认识论意义上,直觉往往表现为认识中的飞跃。作为飞跃的实现形式,直觉需要理性的长期准备,没有理性的积累、准备,飞跃无法达到。从以上角度看,冯契所说的"转识成智"同时表现为渐进和顿悟、过程和飞跃之间的统一。一般而言,如果仅仅专注于飞跃、顿悟,直觉每每容易流于神秘的体验,然而,把飞跃和领悟与理性的长期积累、逻辑思维的逐渐准备联系起来,直觉之上的神秘形式便可以得到某种消解。

在当代哲学中,牟宗三曾对智的直觉作了考察。牟宗三所说的智的直觉,首先与康德哲学相联系。康德区分现象与物自体,认为人的感性直观只能把握物自体对人的作用,亦即现象,至于物自体本身,则无法由感性直观把握:在逻辑上它只能诉诸理性直观或智的直观。既然人无法直观到事物的本然形态(物自体)而只能直观事物呈现于人的形态(现象),因而人不具有理性直观的能力。牟宗三批评康德否认人具有智的直觉,认为这是对人的认识能力的限制。与康德不同,牟宗三强调人具有理性直观,而这种直观主要又被理解为对形上的道德本体的把握或道德意识(良知)的当下呈现。就其内涵而言,康德视域中的智的直观或理性直观与牟宗三的智所理解的直觉显然有所不同:康德的智的直观或理性直观主要对应于物自体,牟宗三的智的直觉则主要指向形上的道德本体或当下呈现的道德意识(良知)。从形式的层面看,牟宗三所说的智的直觉似乎近于理性直觉,然而,以形上的道德本体或道德意识(良知)

的当下呈现为智的直观之内容，无疑在突出直觉的超验性和当下性的同时，既淡化了直觉与理性的联系，也疏远了直觉与现实之间的关联，这一意义上的直觉，在相当程度上表现出思辨、抽象的性质。与之相异，冯契不仅在理性直觉中对非理性与理性作了沟通，而且强调理性直觉与现实存在的不可分离性："在实践中感性活动给予客观实在感是全部认识大厦的基础。理性的直觉无非是理性直接把握这种客观实在感，于是感性呈现不只是作为知识经验的材料，供抽象之用，而且更呈现为现实之流，呈现为物我两忘、天人合一的境界。"①对理性直觉的如上理解，无疑使之进一步区别于神秘的体验而展现现实的品格。

按冯契的理解，通过理性直觉而达到对形上智慧的领悟，同时需要经过辩证综合的过程。辩证综合在某种意义上可以理解为逻辑的分析和辩证思维之间的结合，它既以逻辑的分疏、辨析为前提，也意味着超越分辨，把握事物之间的联系，达到整体上的领悟和把握。在辩证的综合中，包含着范畴的运用："利用'类'的同异，我们讲相反相成的原理；利用'故'的功能、作用，我们讲体用不二的原理；利用'理'的分合，我们讲理一分殊的原理，这些原理都是辩证的综合。"②这里的类、故、理，属普遍层面的范畴，其中不仅包含多样性的统一，而且以同异、体用、分合之间的相互作用为更深层的内容。进一步看，辩证的综合同时表现为从抽象到具体的运动，并展开为历史与逻辑的统一。在这里，综合的辩证性质既意味着超越单纯划界、执着分离的视域，从整体、统一的层面把握世界，也意味着扬弃静态规定，从过程的层面把握世界。

---

① 冯契：《认识世界和认识自己》，第247页。
② 同上书，第249—250页。

在冯契那里,形上智慧如何可能的问题,同时与智慧的实践向度联系在一起,"转识成智"同样涉及智慧的实践层面。智慧的实践向度首先体现于冯契所提出的"化理论为方法、化理论为德性"这两个著名观念。理论既得之现实,又还治现实,所谓"化理论为方法",主要与人作用于对象的过程相联系:广义上的方法既关乎对事物的认识和把握,也涉及对事物的作用,二者都离不开实践过程。"化理论为德性",则体现于人自身的成长过程,其形式表现为以理论引导实践过程,由此成就人的德性。以中国哲学的概念来表述,以上两个方面具体表现为成己与成物。形上智慧来自实践过程又进一步运用于实践过程;通过"化理论为方法、化理论为德性",形上智慧既落实于现实,又不断获得新的内容,由此得到进一步的深化和丰富。

可以看到,在体现于实践的过程中,智慧同时取得了实践智慧的形式,事实上,与"化理论为方法、化理论为德性"相联系的"转识成智",内在地包含着对实践智慧的肯定。这一意义上的"转识成智"不同于智慧的思辨化,相反,它赋予形上智慧以实践的品格。从最一般的层面看,实践智慧以观念的形态内在于人自身之中,同时又作用于人的知行过程或广义的实践过程。这里既内含与一定价值取向相应的内在德性,又渗入了人的知识经验,这两者又进一步融入人的现实能力之中,并且相应地具有规范的意义。从具体作用看,实践智慧的重要特点在于将实践理性和理论理性、说明世界和改变世界沟通起来:从逻辑上说,纯粹的理论理性仅仅关注说明世界,而单纯的实践理性则主要侧重于变革世界。在实践智慧中,以说明世界为指向的理论理性与以改变世界为指向的实践理性彼此关联,智慧的实践意义也由此得到体现。

正是基于"转识成智"的实践之维,冯契在肯定理性直觉、辩证综合的同时,又提出了德性自证。德性自证侧重于在实践过程中成就自我,它既涉及凝道而成德,也关乎显性以弘道:"我在与外界的接触、交往中使德性得以显现为情态,而具有感性性质的事物各以其'道'(不同的途径和规律),使人的个性和本质力量对象化了,成为人化的自然,创造了价值。这便是显性以弘道。"①这里的"本质力量对象化"便表现为广义的实践过程,它使自我的成就、德性的提升不同于单纯的自我反省和体验。如果说,理性直觉、辩证综合较为直接地与智慧的理论意义相涉,那么,德性自证则更多地突显了智慧的实践意义。在变革世界的过程中成就自我,同时从实践的层面为"转识成智"提供了现实的担保。

对"转识成智"的如上理解展现了走向形上智慧的多重方面。在理性和非理性的沟通、过程和飞跃的统一中,交错着逻辑分析和辩证综合之间的互动,德性的自证,则进一步使智慧的实践意义得到彰显。通过理性直觉、辩证综合、德性自证以实现转识成智,不仅是主体走向智慧的过程,而且也是智慧现实化的过程。在此意义上,冯契的以上看法既体现了对形上智慧如何可能的具体思考,也从更深的层面上展现了对智慧遗忘与智慧思辨化的超越。

五、人格学说与价值原则

"转识成智"以德性自证为题中之义,德性自证则涉及自我成就,后

---

① 冯契:《认识世界和认识自己》,第253页。

者更直接地关联着人格培养的问题。从更广的角度看,冯契的广义认识论已将理想人格如何培养作为追问的内在问题,这同时意味着智慧说以人格理论为其题中之义。以此为逻辑前提,冯契具体提出了平民化自由人格的学说。在中国传统文化中,人格培养的目标往往被规定为成就圣贤,理想人格则相应地表现为圣贤、君子,这种人格形态与等级社会结构存在某种历史的联系。平民是近代视域中的社会成员,"平民化"表现为人格形态从传统意义上的圣贤、英雄向普通人转化,这一转化同时意味着人格形态从传统走向近代。事实上,平民化的人格,便可以视为理想人格的近代的形态。

与"平民化"相联系的是人格的"自由"规定,"平民化自由人格"在总体上突出了理想人格和自由之间的关联。按照冯契的理解,自由是人的本性,人区别于动物的根本之点在于人具有追求自由、实现自由的品格,自由人格可以看作是自由的本性在人格之上的体现。从价值层面看,人的这种自由品格与真善美联系在一起。冯契从三个方面对自由作了解释:"从认识论来说,自由就是根据真理性的认识来改造世界,也就是对现实的可能性的预见同人的要求结合起来构成的科学理想得到了实现。从伦理学来说,自由就意味着自愿地选择、自觉地遵循行为中的当然之则,从而使体现进步人类要求的道德理想得到了实现。从美学来说,自由就在于在人化的自然中直观自身,审美的理想在灌注了人们感情的生动形象中得到了实现。"[1]在此,作为人存在的本性以及人追求的理想,自由的实质内涵具体表现为真善美的统一。这一意义上的自由具有现实的价值内涵,而非空洞、无内容的思辨预设。可以看到,以平民化的自

---

[1] 冯契:《人的自由和真善美》,上海:华东师范大学出版社,1996年,第27—28页。

由人格为理想人格的内容,既体现了人格形态的近代转换,又赋予它以自由的品格并使之与真善美的理想紧密地联系在一起,从而避免了人格的抽象化。

人的理想存在形态与现实存在形态无法分离,对理想人格的规定,同时基于对人的现实存在的理解。在这一意义上,"何为人"与"何为理想之人"具有内在关联。从历史上看,儒家很早就辨析人禽之分,对人与动物加以区分的背后,便蕴含着何为人的问题。在近代,康德提出了四个问题,即"我可以知道什么"、"我应当做什么"、"我可以期望什么"、"人是什么",其中,"人是什么"构成了康德哲学追问中带有总结性的问题。

关于何为人、何为理想之人,冯契主要从三个方面作了考察。首先是个体性和社会性的关系。在传统儒学中,人禽之辨首先与肯定人的社会性、群体性相联系。孟子特别强调"圣人与我同类者"①,亦即从类的角度,肯定圣人与自己属于同一类。总体而言,人的群体性品格在传统儒学中被置于重要位置之上,后来荀子在考察人与动物的区别时,也把"人能群,彼不能群"作为二者不同的根本之点。相对而言,康德在提出何为人之时,突出的首先是人的自由意志,自由意志总是与一个一个的个体联系在一起,从而,在自由意志之后,蕴含着对人的存在中个体性品格的肯定。广而言之,近代以来主流的近代哲学都把人的个体性品格放在突出的位置之上,个体性原则同时也构成了近代启蒙思想的重要价值原则。可以看到,中国传统哲学和西方近代以来的哲学分别强化了人的存在规定中的一个方面:传统儒学把群体性放在首要地位,西方近代以来的主流哲学则首先侧重于人的个体性规定。

---

① 《孟子·告子上》。

在冯契看来，真实、具体的人一方面具有社会性的品格，另一方面又具有独立性（这种独立性与近代以来的个体性具有相通之处）；对于理解人的真实存在来说，社会性和独立性都不可或缺。有鉴于中国传统哲学把群体性放在比较突出的位置之上，冯契对自由个性给予了比较多的关注。按冯契的理解，自由个性具有本体论的意义，可以视为精神创造的本体。所谓精神创造的本体，也就是广义文化创造的内在根据。人的创造活动不仅基于物质层面的资源，而且以创造者本身的精神形态为内在根据，自由个性即与之相关。从何为人与何为理想之人的统一看，人的社会性品格和自由独立个性既是实然，也是应然：就实然而言，社会性品格和自由个性的统一表现为人的现实存在形态；从应然的角度考察，这种形态同时也具有理想的特点，是人应当追求并使之实现的人格之境。冯契的以上看法，可以视为对历史上群己之辩的某种总结，其内在的趋向在于扬弃群己之辩上的不同偏向，走向两者之间的沟通。

人的存在规定同时关乎理和欲的关系。在传统哲学中，特别在宋明理学那里，理欲之辩是重要的论题。从人的存在这一角度看，"理"更多地与人的理性本质相联系，"欲"则与人的感性欲求、感性存在形态相关。传统哲学中的理欲之辩，主要便讨论感性存在与理性本质这两者之间应该如何定位，与之相关的实质问题，则是何为真实的人。一些哲学家往往把感性的方面放在突出的位置，所谓"食色，性也"，便体现了这一点。根据这一看法，食、色这种基本的感性需求便构成人之为人的本质，它所强调的是感性存在对于人的优先性。与之不同，主流的儒学将人的理性本质视为人之为人的根本方面，从先秦儒学到宋明儒学，人的理性本质往往被放在首要的位置。在宋明儒学中，理欲之辩便与心与性、道心与人心等论辩联系在一起，人心主要与人的感性欲求相联系，道心则可以看作是天理的化身。关于二者的关系，正统理学的基本理解是："须是一心只在道上，少间那人心自降伏得不见了，人心与道心为一，恰似无了那人心相似。只是要得道心纯一，道心都发见在那人心上。"①这一看法的背后即净化人心、以理性的本质为人的主导规定。在强调理性优先的同时，正统化的理学对于人的感性存在以及与此相关的感性需求往往表现出某种虚无主义的趋向。理学所追求的理想人格是"醇儒"，所谓"醇儒"，即以内化的天理为人格的内容，其中已剔除了表现为"人心"的感性规定，这种看法显然未能使人的存在中的感性之维获得合理的定位。

在西方哲学中也可以看到类似的哲学趋向。一方面，从柏拉图到黑格尔，主流的西方哲学把理性方面放在突出地位，理性主义往往成为主流的哲学形态，怀特海所谓全部西方哲学不外乎柏拉图哲学的一个注脚，也涉及这一趋向。后现代主义在批评、反思西方文化之时，常常把拒绝理性主义、解构逻各斯作为它的旗帜，而拒绝理性主义、解构逻各斯的历史前提，就是理性主义曾在西方文化中占据主导地位。另一方面，人的存在中非理性的规定也以不同的形态在西方哲学中得到了关注和强调。近代以来，从尼采、叔本华到存在主义以及后现代主义等等，都在不同意义上突出了人的存在中的非理性方面。在这里，同样不难注意到理性和非理性（包括感性）之间的张力。

可以看到，无论是在中国哲学的衍化过程中，抑或在西方哲学史上，都有一些哲学家比较多地突出了人的存在中理性这一维度，另一些哲学家则更为强调非理性（包括感性）的方面。如何适当地定位理性和非理

---

① 朱熹：《朱子语类》卷七十八，《朱子全书》第16册，上海：上海古籍出版社；合肥：安徽教育出版社，2002年，第2666页。

性(包括感性),始终是哲学史中需要面对的一个问题。哲学衍化的以上历史构成了冯契考察和理解人的前提。按冯契的理解,理和欲在广义上关乎感性、理性和非理性,对人而言,感性、理性和非理性本身是相互统一的,理和欲在人的成长过程中都应加以关注。理欲之间的这种统一,同时也表现为人自身的全面发展:理欲统一与人的全面发展在冯契看来是两个相互关联的问题。对理欲统一与人的全面发展之间联系的确认,意味着在理论上克服仅仅强调"理"或单纯突出"欲"的不同偏向。在这里,何为人与何为理想之人同样相互关联:从"何为人"的层面看,人的现实存在表现为理(理性本质)与欲(感性存在)的统一,从"何为理想之人"的角度看,理欲统一以及与之相关的人的全面发展,则应当成为理想人格的目标。

与理欲关系相关的是天人关系。从中国哲学看,广义上的天人之辩既涉及人与外部自然的关系,也关乎人的天性和德性,这里的德性表现为人化的品格,天性则与人的自然之性相关联。历史地看,早期儒家已提出"赞天地之化育"(《中庸》)、"制天命而用之"(荀子),其侧重之点在于人对自然的作用。就天人关系而言,儒家的以上观念把人的作用放在更突出的地位:"赞天地之化育"意味着现实的世界并不是本然形态的洪荒之世,其形成过程包含人的参与。换言之,人的活动在现实世界的生成过程中不可或缺。从人自身的存在看,儒家反对停留于本然的天性,要求化天性为德性,后者意味着通过人的知行过程,使人性中的先天可能转换为合乎伦理规范的德性。不难看到,无论是"赞天地之化育",还是"化天性为德性",天人关系中的人道之维被提到更为优先的层面。与之相对,道家一方面强调道法自然:从人的作用与自然法则的关系看,合乎自然、顺乎自然是其更为根本的主张;另一方面,又强调"无以人灭天",

即反对以人为的规范、教条去束缚人的天性。以上两者构成了道家对天人关系的基本理解,其中,与天相联系的自然原则被放在突出的位置上。

天人关系上的不同趋向,同样存在于西方思想的衍化过程。一方面,古希腊的普罗泰戈拉已提出:"人是万物的尺度,是存在的事物存在的尺度,也是不存在的事物不存在的尺度。"①在此,人被视为判断万物的基本标准。近代以来总的趋向是强调人对自然的征服,在人对自然的主导、支配过程中,逐渐形成了人类中心主义的观念。从人是万物的尺度到人类中心主义,都把人放在突出、主导的位置上。另一方面,西方思想中也存在推崇自然的传统,即使在近代,也可以看到这一点,卢梭便对自然给予了高度的注重。按照卢梭的看法,"凡是来自自然的东西,都是真的。""我们的大多数痛苦是我们自己造成的,因此,只要我们保持大自然给我们安排的简朴的、有规律的和孤单的生活方式,这些痛苦几乎全都可以避免。""每个人都可看出:奴役的链条是由于人们的互相依赖和使他们联合在一起的互相需要形成的。不先使一个人处于不能不依赖另一个人的状态,就不可能奴役他;这种情况在自然状态中是不存在的;在自然状态中,每个人的身上都没有枷锁,最强者的法律是没有用的。"②如此等等。在这里,自然被赋予理想、完美的形态,它构成了西方对天人关系看法的另一面。在当代哲学中,依然可以注意到这一趋向。以海德格尔而言,他曾批评人道主义,认为人道主义本身即是形而上学,其特点在于关注存在者而遗忘了存在。按海德格尔的理解,整个西方传

---

① *Ancilla to the Pre-Socratic Philosophers*, Cambridge, MA: Harvard University Press, 1983, p. 125, 参见《古希腊罗马哲学》,北京:商务印书馆,1982年,第138页。
② [法]卢梭:《论人与人之间不平等的起因和基础》,李平沤译,北京:商务印书馆,2007年,第48、54、81—82页。

统形而上学的最大问题就是仅仅关注存在者而遗忘了存在,人道主义也没有离开这一传统。与批判人道主义相联系的是对技术的批判,后者意味着拒绝技术的专制、反对技术对人的自然天性的扭曲等等。这种批评与海德格尔追求所谓"诗意地栖居"彼此呼应:"诗意地栖居"意味着超越技术统治,从人走向天,重新回到合乎自然(具有诗意)的生活。现代的一些环境伦理学进一步从批评人类中心主义走向另一个极端,并由此趋向于将人与人之外的其他存在等量齐观:相对于其他存在,人并没有自身的内在价值。可以说,近代以来,广义上的启蒙主义趋向于人类中心主义,而广义上的浪漫主义则强调自然的价值,在这种不同趋向之后,是天与人之间的对峙。

不难注意到,无论是中国传统哲学,还是西方哲学,在如何理解天人关系的问题上,都包含着某种张力。与哲学史上天道与人道相互对峙的趋向不同,冯契认为:"人根据自然的可能性来培养自身,来真正形成人的德性。真正形成德性的时候,那一定是习惯成自然,德性一定与天性融为一体了。就是说,真正要成为德性,德性一定要归于自然,否则它就是外加的东西,那就不是德性。"[①]这里一方面肯定不能忽视人的价值创造、人自身的存在价值,以及人的尊严,其中确认的是人道原则;另一方面又从两个角度强调尊重自然法则、关注人自身的天性:德性的培养需要基于天性所蕴含的自然的可能性,德性的完成则应当归于自然(亦即使之成为人的第二自然),其中体现了对自然原则的肯定。在冯契看来,天人关系上合理的价值取向,就是人道原则与自然原则的统一,这种统一的内在意义,在于扬弃天与人、自然法则与人的价值创造之间的对峙

---

① 冯契:《认识世界和认识自己》,第 223—224 页。

和紧张。价值观上自然原则与人道原则的如上统一,既可以看作是对中国传统哲学中天人之辩的总结,也可以视为对西方近代以来强调自然价值的广义浪漫主义与突出人的力量和价值的广义启蒙主义的回应。从对人的理解看,自然原则与人道原则的统一同样构成了基本前提:唯有从天人统一的观念出发,才能把握人的真实形态。具体而言,对人的内在天性不能忽视,对人之为人的存在价值也应予以肯定。

要而言之,在冯契那里,对何为人、何为理想之人的理解与合理价值原则的把握联系在一起。自由个性和社会性的统一、理与欲的统一、自然原则与人道原则的统一,既是理解人的基本出发点,也是实现理想人格应当依循的基本价值原则。

自由人格同时具有实践的向度。就其现实形态而言,人格并非仅仅呈现为内在的精神性规定,而是与道德实践的过程相联系,并具体地体现于其中。作为人格的体现形式,道德实践本身应该如何理解?在这一问题上,哲学史上有规范伦理和德性伦理的分野。从西方哲学史上看,亚里士多德通常被看作是德性伦理的代表,其伦理学则被理解为德性伦理的系统。德性伦理的重要之点,在于注重人的内在德性和品格,以成就人(to be)作为成就行为(to do)的前提。与之相对,康德所建构的义务论则被视为规范伦理的系统,后者的特点则在于强调普遍的道德原则对道德行为的制约意义。当然,康德哲学有其复杂性,前面曾提到,康德对人的自由意志给予了较多关注。然而,在康德哲学中,自由意志同时又被理解为理性化的意志或实践理性:"意志不是别的,就是实践理性。"[1]

---

[1] Kant, *Grounding for the Metaphysics of Morals*, Boston: Hackett Publishing Company, 1993, p. 23.

这种理性化的意志与普遍的规范具有内在的相通性，事实上，对康德来说，规范本身即理性所立之法。与之相应，出于自由意志的实质涵义，便是服从内在的理性规范，后者被视为道德行为的重要的担保。

在中国哲学中，儒家比较注重普遍原则对人的行为的制约，儒家所倡导的仁义礼智信等等，便既是德目，又是规范；作为规范，它们同时构成了道德实践中应当自觉遵循的普遍准则，这一进路侧重的是道德实践中的自觉原则。相对而言，道家强调行为应出乎自然、合于天性，合于天性同时意味着合乎人的内在意愿，与之相联系的是道德实践中的自愿原则。进一步看，在儒家内部也有不同趋向，以宋明理学而言，朱熹比较注重天理对行为的制约，天理即形而上化的普遍规范；与之有所不同，王阳明从心体出发，肯定好善当如好好色，由此更多地侧重于人的内在意愿对行为的影响。

在哲学史上的如上衍化中，道德行为的自觉原则与自愿原则呈现相互分离的形态。对冯契而言，这种分离显然未能把握道德行为的合理形式。按冯契的理解，真正的道德行为一方面展现为遵循道德原则的过程，具有自觉的性质；另一方面又出于主体的内在意愿，从而具有自愿的品格。仅仅依从道德原则，行为往往容易引向外在强制；完全以内在意愿为出发点，行为则常常流于自发或盲目的冲动，二者都很难视为完美的道德行为。有鉴于此，冯契将合理的道德行为原则概括为自觉原则和自愿原则的统一，并把二者的这种统一，视为达到道德自由的前提。

从人格学说的层面看，自觉与自愿的统一突显了自由人格的实践向度；就伦理的形态而言，自觉原则体现了与规范伦理的某种一致性，自愿原则则更直接地关乎德性伦理。在此意义上，肯定自觉原则与自愿原则的统一既赋予理想人格以更现实的品格，也表现为对德性伦理和规范伦理的双重扬弃。作为智慧说的一个重要方面,以上看法进一步展现了智慧说在哲学史中的意义。

六、语言、意识与存在

前面所论转识成智以及自由人格的学说,都属智慧说的具体内容。从整体上看,无论是智慧的"得"与"达",还是自由人格的培养或与自由人格相联系的价值系统的把握,等等,都关乎广义的语言和意识。语言和意识有其独特性,它们首先是人这一存在的基本品格:人常常被称为语言的动物,这种看法从一个侧面表明了语言与人的存在之间的内在关联。同时,语言又是人把握存在的手段和形式。与此相近,意识也既与人的存在息息相关(无论从理性的层面看抑或从非理性层面说,意识都与人的存在无法分离),又和人把握存在的过程紧密联系在一起。这样,在讨论智慧的生成、智慧的得与达等问题之时,语言与意识都是无法忽略的方面。

历史地看,关于语言,既有正面肯定其作用的哲学进路,又存在着对语言能否把握存在的质疑。道家提出"道可道,非常道;名可名,非常名",并一再强调"道常无名",便突出了道与一般名言之间的距离。在老子、庄子那里,可以一再看到对名言能否把握道的存疑。王弼由得象而忘言、得意而忘象,引出"得意在忘象,得象在忘言"的结论,亦即将放弃名言视为把握普遍原理的前提。禅宗进一步提出了"不立文字"的主张,其中亦蕴含着消解文字作用的趋向。在当代哲学中,同样存在着对语言能否把握形而上原理的质疑,维特根斯坦便区分了可说与不可说,认为:对不可说的东西,"必须保持沉默"。所谓可说的东西,主要关乎逻辑命题、经验陈述,不可说的对象则涉及形而上的原理。依此,则语言只能止步于形上之域。

对以上立场,冯契始终保持理论上的距离。在他看来,当禅宗说"不立文字"之时,实际上已经有所"立":提出"不立文字",同时即借助文字表达了相关的主张和观念。在此意义上,不立文字事实上难以做到。冯契明确地指出,理论思维离不开语言,"理论思维主要要用语言文字作符号"。"正是词,使人得以实现由意象到概念的飞跃。"①作为理论思维借以实现的形式,语言的作用不仅仅表现在对经验对象的把握之上,而且同样涉及对道的理解。冯契一再确认言、意可以把握道:"我们肯定人能够获得具体真理,那就是对言、意能否把握道的问题作了肯定的回答。"②对语言与道(具体真理)的关系的如上看法,与道家的"道常无名"、禅宗的"不立文字",以及维特根斯坦的"沉默"说,形成一种理论上的对照。

肯定名言不仅可以把握经验对象,而且也能够把握道,这一看法有其哲学史的渊源。在先秦,荀子对名言的性质和作用已作了多方面的考察,概括起来,这种考察体现在两个方面。其一,以名指实(或"制名以指实"),即名言可以把握经验领域的具体对象和事物;其二,以名喻道(或以名"喻动静之道"),即名言能够把握形上原理。王夫之更明确提出:

---

① 冯契:《认识世界和认识自己》,第88、89页。
② 同上书,第50页。

"言者，人之大用也，绍天有力而异乎物者也。"①对王夫之而言，语言作为人区别于其他存在的规定，其作用不仅仅限定于经验生活，而且也表现在它们与道的关系之中。关于后者，王夫之作了如下概述："言、象、意、道，固合而无畛"②，畛即界限，"无畛"意味着言、意、象与道之间没有截然相分的界限。冯契关于语言和概念既可以把握具体对象，也能够把握普遍之道的看法，无疑上承了荀子、王夫之等哲学家关于名言与物、名言与道关系的观念。

在肯定语言作用的前提之下，冯契对语言的表达方式做了进一步的辨析。在这方面，值得关注的是他对语言的意义和意蕴的区分。意义更多地与语言所指称的对象相联系，"命题的意义就在于命题和事实之间相一致或不相一致"③。意蕴则与主体意愿、情感的表达相关联，包括意向、意味等。以当代分析哲学为背景，便不难看到这种区分的理论意义。分析哲学对语言的研究，往往表现出某种逻辑行为主义的趋向，后者的特点体现在语言表达和意识过程的分离。在这方面，后期维特根斯坦具有一定的代表性。与前期的图像说相对，后期维特根斯坦将语言的意义与语言的运用联系起来，并把语言的运用理解为一个在共同体中展开的游戏过程。作为共同体中的游戏过程，语言首先被赋予公共性的品格：维特根斯坦之拒斥私人语言（private language），也表现了这一点。然而，由强调语言的公共性，维特根斯坦又对主体内在精神活动的存在表示怀疑。在他看来，内在的过程总是需要外部的标准；人的形体是人的

---

① 王夫之：《思问录·内篇》，《船山全书》第12册，长沙：岳麓书社，1996年，第424页。
② 王夫之：《周易外传·系辞下》，《船山全书》第1册，第1040页。
③ 冯契：《人的自由和真善美》，第84页。

心灵的最好图像;理解并不是一个精神过程(mental process),遵循规则(如语法规则)也主要是一个实践过程(共同体中的游戏),而与内在的意识活动无关。语言及其意义无疑具有公共性,但另一方面,在不同个体对语言的表达和理解过程中,又可以具有意味的差异。在这里,需要对意义和意味加以区分,语言符号的意义固然包含普遍内涵,但这种普遍的意义在个体的表达和理解过程中又往往存在某种差异:同一语词所表达的意义,在不同的个体中每每引发不同的意味。以"牛"这一语词而言,对动物学者来说,其涵义也许主要是"偶蹄的草食动物",而在以牛耕地的农民心目中,"牛"则首先呈现为劳动的伙伴,后者赋予该词以独特的情感意味。后期维特根斯坦所代表的分析哲学仅仅强调意义的普遍性,而对意味的如上差异则未能给予充分关注。从这一前提看,冯契区分意义和意蕴,无疑对当代分析哲学在语言问题上的偏向(注重语言的普遍形式而忽视其多样意蕴)作了理论上的扬弃和超越。

进一步看,在当代分析哲学中,同时存在着另一种趋向,即仅仅限定在语言的界域之中、不越语言的雷池一步。维特根斯坦比较早的时候就提出:"我的语言的界限意味着我的世界的界限。"[①]界限意味着区分,在此,语言似乎不再表现为达到外部世界的通道,而是构成了走向外部存在的屏障,人对世界的理解无法超越这一屏障。"当存在被限定于语言或语言被规定为存在的界限时,则语言之外的真实存在便成为某种'自在之物'。确实,在语言成为界限的前提下,主体显然难以达到'界限'之

---

① L. Wittgenstein, *Tractatus Logico-Philosophicus*, 5·6, New York: Dover Publication, Inc., 1999, p.88;参见[英]维特根斯坦:《逻辑哲学论》5·6,贺绍甲译,北京:商务印书馆,1996年,第79页。

外的真实存在。按其本来形态,语言似乎具有二重性:作为一种有意义的符号系统,它本身既是特定形态的存在,又是达到存在的方式。如果过分强化语言所体现的存在规定,便可能将这种特定的存在形态不适当地夸大为终极的、乃至唯一的存在;另一方面,语言的后一功能(即作为达到存在的方式这一功能),则隐含着如下可能:手段或方式本身被赋予本源的性质,或者说,达到对象的方式,被等同于对象本身。不管处于以上的何种情形,都可能导致对真实存在的掩蔽。"[①]20世纪的所谓"语言哲学转向"衍化到后来,确乎逐渐使语言成为人自我设定的牢笼,与之相关的是仅仅关注语言中的存在形式、忽视语言之外的真实世界这一类偏向。在分析哲学所热衷的思想实验中,亦不难看到这一点。思想实验是一种理想化的方式,理想化意味着抽象化,在理解世界时诚然可以借助各种抽象的手段,在此意义上,无论人文科学还是自然科学,思想实验都有其意义。但思想实验本身应基于现实根据,同时,作为研究手段,其最终目的在于说明现实世界,亦即以得自现实之道,还治现实本身。然而,在分析哲学那里,思想实验往往表现为以逻辑的方式构造现实中不存在的关系或场景,以此展开逻辑层面的分析,在这一过程中,现实的出发点和现实的指向,往往被忽略或模糊,而思想实验本身似乎主要表现为以语言的游戏,满足思辨的兴趣。它从一个方面表明,限定于语言所构造的世界,往往导致疏离于真实的存在。

与以上倾向相对,冯契明确地肯定语言与客观存在或客观世界之间的关联。在他看来,由语言而形成的概念结构"既是客观事物之间的联

[①] 杨国荣:《道论》,北京:北京大学出版社,2011年,第160—161页。

系的反映，又积淀着社会的人们的经验与传统"①。也就是说，以语言来表述的概念系统所把握的是客观事物本身，而不仅仅是语言本身的构造物。这一观点的内在旨趣，在于重建语言和真实世界之间的联系：以语言为存在的界限，在实质上导致语言与存在的分离，相对于此，冯契肯定语言和实在之间的关联，则使语言与真实世界由分离重新走向沟通，后者同时从一个方面折射了冯契智慧说在20世纪所呈现的哲学意义。

前面提到，在20世纪哲学中，与语言相关是意识的问题。从当代哲学来看，较之分析哲学关注于语言的问题，现象学对意识作了更多的考察。尽管现象学的奠基人胡塞尔早期持"反心理主义"的立场，但这并不意味着其哲学与意识、心理完全隔绝。事实上，胡塞尔的整个哲学工作的基点，没有离开对意识的哲学分析和把握。胡塞尔的理想是使哲学走向严格科学的形态，并将整个哲学大厦建立在可靠的、具有明证性的基础之上。在胡塞尔那里，这一基础乃是通过本质还原、先验还原而达到的所谓"纯粹意识"或"纯粹自我"。可以看到，一方面，其整个哲学的出发点表现为纯粹的意识，尽管胡塞尔一再强调这种意识与一般经验意识、日常心理不同，具有先验性质，但相对于语言而言，"纯粹意识"又属意识之域；另一方面，通过多重"还原"过程而达到的纯粹意识，本身带有明显的思辨和抽象性质。

在肯定精神、意识的意义方面，冯契与现象学呈现了某种相通之处。作为智慧说的体现，广义认识论以认识世界和认识自己为指向，对冯契来说，所谓"认识自己"也就是认识作为精神主体的人类本性，而精神主体就是心灵。认识自己具体而言就是认识自己的心灵、德性以及这两者

---

① 冯契：《认识世界和认识自己》，第89页。

之间的关系，也就是心与性之间的关系。在以上方面，冯契不同于疏离意识及其过程的分析哲学①，而更接近于关注意识的现象学。

不过，在肯定心灵和意识的研究意义的同时，冯契又致力于"精神去魅"，后者同时表现为扬弃现象学对意识的思辨化、抽象化。冯契首先上承黄宗羲关于本体和工夫关系的看法。黄宗羲曾指出："心无本体，工夫所至即是本体。"②这里的本体不是指外在的物质实体，而是人的精神本体或精神形态。按黄宗羲的看法，精神本体不是先验的存在，而是在人的工夫展开过程中逐渐形成的；所谓工夫，可以理解为基于认识世界和改变世界过程的精神活动。冯契肯定了以上观念，并进一步认为："能动的精神活动中确实所形成了一种秩序、结构，有种一贯性的东西，我们所以把它叫作'心之体'。"③根据这一理解，心之体并不具有任何神秘、先验的形式，而是形成于现实的精神活动过程。冯契同时认为，自由的德性不仅与时代精神为一，而且"与生生不已的实在洪流为一"④，后者意味着人的自由德性和实在过程之间并非彼此分离：二者通过成己与成物的现实过程而相互关联。这种看法确认了意识和实在世界之间的关联，从而不同于现象学"悬置存在"的进路。关于德性的具体形成过程和作用过程，冯契以"显性以弘道"和"凝道以成德"加以概括，其中突出的是心和物之间、德性和存在的法则之间，以及根据法则而展开的具体活

---

① 分析哲学尽管也包含对心的哲学(philosophy of mind)的研究，但这种研究往往被还原为语言分析，其具体内容不外乎辨析表示心(mind)的语言和概念，后者与分析哲学的逻辑行为主义趋向似乎也呈现某种彼此呼应的关系。
② 黄宗羲：《明儒学案·序》。
③ 冯契：《认识世界和认识自己》，第204页。
④ 同上书，第260页。

动之间的相互作用。质言之,德性作为内在的精神品格,其生成过程离不开心物之间以及知行之间的互动,这一意义上的精神本体,显然不同于现象学视域中的纯粹意识。

基于以上看法,冯契进一步对心和性的关系做了具体的辨析。历史地看,对心性问题的考察是中国哲学的重要内容,心性之学本身逐渐成为宋明以来哲学的内在构成。当然,在对心性的理解方面,理学又包含不同的进路。以程朱为代表的理学将"性"提到重要的地位,由此突显了"性体"(普遍的本质),后者在某种意义上可以视为"天理"的化身;在陆王为代表的心学那里,"心体"则被置于更为优先的地位,后者更侧重于个体意识。冯契对心和性做了独特的分析。在他看来,"心"即作为精神主体的自我,其特点在于有"灵明觉知",在知识经验的领域中,主体意识主要表现为思维能力,后者属理性的功能。在人的知行活动中,理性与情感等非理性的方面相互关联,从"灵明觉知"的角度看,理性在其中处于主导性的地位。所谓"性",主要指人的本性、本质,包括天性和德性。按冯契的理解,一方面,以"性"而言,人的本质并非仅仅通过理性而展现,而是同时体现于非理性和社会性的方面。另一方面,以"心"而言,理性的作用不仅仅在于把握人性,而且也指向天道(自然秩序和自然法则)。

对心性的以上看法,有其不可忽视的意义。在宋明理学,特别是程朱理学那里,对人的理解每每限于理性("理")的方面而漠视其非理性(包括"欲")之维,人性由此被看作是天理的化身,而理性的规定和非理性之维则呈现相互对峙的形态;"心"所具有的"灵明觉知"、理性的功能则主要地被理解为把握人道(包括伦理规范)的能力,而自然秩序和自然法则意义上的天道则疏离于其外。冯契对心和性的阐释则一方面避免了把人性仅仅归结为单一的理性,另一方面也拒绝了将理性仅仅限定在人性和伦理的狭隘领域之中。这一理解既扬弃了理性和非理性的相互对峙,也在理性的层面上沟通了天道与人道,由此超越了将理性仅仅限定于人道的偏向。从逻辑上看,当理性主要与人道相联系时,其价值层面的评价性功能往往得到更多的关注,而当理性以自然法则意义上的天道为指向时,其事实层面的认知功能常常更为突显。通过在理性层面上沟通天道与人道,冯契使理性不再主要囿于人道领域而同时指向自然法则意义上的天道,由此,人道层面理性的评价功能与天道层面理性的认知功能,也由分离走向统一。

以智慧的追寻为进路,冯契关于言意、心性的以上看法既源于中国传统哲学中的言、意、道之辩,又参与了当代哲学关于语言、意识、存在关系的讨论。如果说,普遍层面的语言意义向多样之维的语言意蕴的扩展、重建语言与真实世界的联系,等等,可以视为从不同方面对语言学转向的理论回应,那么,精神本体的去魅、以认识世界与认识自己和成己与成物为精神及其活动的实质指向,则展现了心物之辩的当代视域。名实、心物问题上的这种论辩既具体地参与了"世界范围内的百家争鸣",也从更内在的层面展现了回归智慧的哲学主题。

附录三

科学的泛化及其历史意蕴[①]

---

① 原载《哲学研究》1989 年第 5 期。

"五四"时期,科学与民主并足而立,成为一种引人瞩目的时代思潮。然而,"五四"科学观念究竟具有何种历史意蕴?这似乎并不是一个已经完全解决了的问题,本文即试图对此作进一步的探讨。

一

科学观念的广泛渗入,是"五四"时期的显著特点。以报刊、论著、演说等等为媒介,科学思想以不可遏制之势,迅速地在各个领域传播开来,并被普遍地接受和运用。一时间,从开风气之先的启蒙者,到一般青年学生,整个知识界几乎都成为科学的信奉者。这种现象是前所未有的。如所周知,西方科学的传入并不始于"五四"时期,自鸦片战争前后起,近代知识分子即已开始接触西方科学(更早的时期尚可追溯到明清之际),在洋务运动兴起之时,又有大批西方科学译著问世,而到戊戌时期,则更有严复等对西方科学不遗余力的译介。然而,为什么只有在"五四"时期,科学才产生了如此广泛而深刻的影响?这一问题,不仅牵涉到科学与特定时代的关系,在更广的意义上,它所涉及的乃是"五四"时期科学观念的理论内涵及历史意义。欲对此作出超乎历史表象的解释,显然不能仅仅着眼于外部历史条件的变化(如启蒙与救亡的突出),而是应进一步深入到近代科学观念本身的历史演变之中。

从某种意义上说,林则徐、魏源辈是第一批具有近代意识的知识分子。当一般的士子还埋首于故纸孜孜爬梳之时,他们已敏锐地将目光投向了西方。早在鸦片战争前夕,林则徐即已编撰了《四洲志》,此后,江文秦、杨炳、萧会裕等又分别编撰《红毛英吉利考略》与《海录》、《英吉利记》等,而最为著名者,则是魏源的《海国图志》与徐继畬的《瀛环志略》。通过这些著作,人们已经可以依稀窥见西方近代文明的大致轮廓。于是,一种新的视野开始产生。然而,魏源等毕竟是从中世纪走过来的第一辈,他们虽然以一种超乎同时代人的气度开眼看世界,但对西方文明的了解基本上还处于浅表的层面。在他们看来,西方近代文明之长,主要在于"器":"夷之长技有三:一战舰,二火器,三养兵练兵之法。"①在这里,"技"完全与"器"等而为一。换言之,科学技术本身基本上湮没于其外在结果之中。这种将"技"等同于"器"的观点,表明作为转折时期的过渡人物,魏源等对科学技术本身的内在本性及价值还不甚了然。

继魏源等之后,进一步注目于西方之"技"的是与洋务运动相联系的洋务派。洋务运动以兴建实业为主要内容。办工厂、修铁路、开矿山,一时成为洋务派的热心事业。就其实质而言,这种实业并未超出"器"的范围。在这方面,洋务派大致沿袭了走向近代的第一代知识分子的思路。然而,值得注意的是,在兴办实业的同时,洋务派还设立了译书馆等机构,有组织地翻译了大量西方的科学技术文献,如《谈天》、《代数学》、《代微积拾级》、《重学》、《植物学》、《地学浅释》等等,随着这些译著的问世,西方近代天文学、代数学、微积分、力学、植物学、地质学等开始传入中国。尽管当时对西方科学技术著作编译、介绍往往采用口授笔录等方式,因而并不十分精确严密,但它毕竟终结了"技"与"器"融混为一的状况。西方科技开始从器之中分化出来,并作为"学"(西学)而获得了某种相对独立的地位。从近代科学观念的演变过程来看,这无疑是一种历史

---

① 魏源:《海国图志·筹海篇》。

的进步。

然而,在洋务派那里,西方之科技虽然被列入了"学"的领域,但这种学只具有"用"的功能,居支配地位的"体"始终是中学(主要是传统儒学)。在"体"(中学)的阴影之下,西方的科技虽然与具体的器区分开来,但其地位并未得到真正提升。作为中学(传统儒学)的附庸,它对人们的思维方式、观念体系等等并未产生具有普遍意义的影响:在文化的较高层面,作为西学的科技没有获得立足之地。

随着维新派的崛起,洋务派科学观开始受到严重挑战。如果说,洋务派基本上带有官僚的特点,那么,维新志士则更多地表现为接受与传布近代观念的知识分子;他们中的不少人,曾直接受过西方近代科学洗礼(如严复),这就使他们对西方科学的本性及功能有着更为切近的认识。

严复曾指出:"不为数学、名学,则吾心不足以察不遁之理、必然之数也;不为力学、质学,则不足以审因果之相生、功效之互待也。"(《原强》)在此,数学、物理(力学)、化学(质学)等西方科学不仅有别于具体的"器",而且超出了"技"的层面,这一视域下的科学实际上已开始具有某种方法论的意义。后者使科学不再仅仅与坚船利炮等洋务实业相联系,而且直接制约着人们以什么方式来把握必然之理与因果关系。科学内涵的以上提升,意味着它开始涉足于一般观念的领域:它所要改变的已不仅仅是对象(物),而且是主体本身(人)。事实上,在维新志士那里,科学总是超出形而下的自然知识的范围,而被赋予某种形而上的性质,后者在进化论中表现得特别明显。进化论本来是一种生物学的原理,但是,一经维新志士的解释,它立即就由自然之原理升华为一种普遍的宇宙法则(广义的道),从而,其重心也不再是生物演进的自然序列,而是适者生存、自强保种等激发救亡意识的历史命题。正是通过这种转换,进化论在近代产生了巨大震荡和深远的影响。

总之,从开眼看世界的第一批近代知识分子(魏源等)到19世纪与20世纪之交的维新志士(严复等),对科学的理解经历了一个从器、技到道的过程。作为器和技,科学以物作为变革的对象;作为道,它则以主体(社会整体及个体)的观念为变革对象。前者旨在通过引入西方科技工艺而实现物的近代化;后者则进而要求通过观念转换而实现人的近代化。这样,科学从器和技到道的演进,既意味着内涵的深化,又意味着社会功能的扩展。

严复等辈的科学观,在历史与逻辑的双重意义上构成了"五四"的先声。作为与民主并立的一大口号,科学既不是器或技,也不是具体经验知识,而主要是普遍之道。与严复等主要将某一特殊科学领域(如数学、历学、化学及生物学中的进化论等)加以提升不同,"五四"时期的知识分子进而将科学作为整体而升华为一种普遍的规范体系。一切都必须按科学原则行事,一切都必须以科学的原则加以裁决:"今且日新月异,举凡一事之兴,一物之细,罔不诉之科学法则,以定其得失从违。"①在这里,科学的功能已不仅仅在于认识,而且在于评价。换言之,科学已从单纯的知识形态转化为价值形态。事实上,当"五四"的知识分子将德先生(民主)与赛先生(科学)视为新文化运动之左右两翼时,便明显地表现了以上趋向:民主在本质上更多地表现为一种价值的选择,将科学与民主等量齐观,即意味着赋予科学以某种价值的性质。如果说,维新志士的"技进于道"主要地表现为赋予某种形态的科学以较为普遍的规范功能,

---

① 陈独秀:《敬告青年》,《青年杂志》1卷1号,1915年9月。

那么,"五四"知识分子对科学内涵的提升,则将科学规定为一种具有高度涵盖性的世界观。

"五四"时期科学思潮所产生的社会震荡是多方面的,而科学之所以能形成广泛的冲击波,其内在之根源即在于它已被升华为一种普遍的价值体系与涵盖面极广的世界观;正是后者,使"五四"时期的科学口号一开始即超出了实证科学的范围而成为一种广义的文化变革,而这种变革显然不能简单地斥之为"思想的歧途"。

作为广义的文化变革,"五四"时期的科学思潮的影响首先表现在思维方式之上。如前所述,严复等维新志士已开始将科学与把握必然之理及因果关系的方式联系起来;不过,就总体而言,这种联系由于缺乏具体的环节而带有比较抽象模糊的特点。"五四"时期的知识分子则进一步将科学明确地规定为一种思维方式,这种思维方式常常又被称为"科学的精神","凡立一说,须有证据,证据完备,才可以下判断。对于一种事实,有一个精确的、公平的解析:不盲从他人的说话,不固守自己的意思,择善而从。这都是'科学的精神'"。[①] 此处的基本之点便是一种实证的要求和理性的观念,而"五四"知识分子之揭橥二者,首先旨在将人们的注重之点从传统的六经转向事实界,并把主体理性从经传圣训之桎梏中解脱出来。陈独秀之强调以科学证明真理,"事事求诸证实"和"一遵理性",胡适之疾呼"拿证据来",李大钊之主张"与其信孔子、信释迦、信耶稣,不如信真理"等等,无不体现了这一点。从今天看,这些提法无疑平淡无奇,近乎常识,但在以"子曰诗云"为据的传统尚未完全摆脱的"五四"时期,这种注重实证的科学精神却包含着转换思维模式的

[①] 毛子水:《国故和科学的精神》,《新潮》1卷5号,1919年5月。

时代意向。不妨说,"五四"科学思潮的历史意义,并不在于提供了多少具体的实证科学知识,而在于通过科学精神升华而提供了一种新的思维方式。

思维方式的转换同时又伴随着更广义的观念的变更。当"五四"时期知识分子将科学精神理解为尊重实证与尊重理性时,便内在地蕴含着这种变化。理性与外在权威的压抑相对,尊重理性,同时就意味着肯定个人具有独立思考的能力,而个人的独立品格与个人的独立人格之间并不存在截然分隔的鸿沟:前者可以合乎逻辑地向后者过渡。陈独秀说:"若有意识之人间,各有其意识,斯各有其独立自主之权,若以一人而附属一人,即丧失其自由自尊之人格。"①所谓"有意识",也就是具有理性和自主性。在此,作为科学精神之体现的理性,便构成了确立自由独立人格的直接依据。从广义上说,个性自由、人格独立属于民主的范畴,这样,以理性的自主性为中介,科学的观念与民主观念开始已融为一体。正是通过这种融合,尊重理性的科学精神逐渐超出了思维方式的范围,而理性对圣典的否定则进一步延伸为个性自由对传统整体主义的扬弃,也正是在此意义上,陈独秀将民主与科学比作"车之有两轮"②。

科学精神的另一基本之点是面向事实,后者在本质上并不限于思维方式,而是可以被赋予更广的涵义。正是基于广义的理解,"五四"知识分子将这种科学精神引入了人生观,主张"拿科学做人生观的基础"(胡适语)。科学精神一旦运用于人生观,即具体化为一种讲究实效、肯定功

---

① 陈独秀:《一九一六年》,《青年杂志》1卷5号,1916年1月。
② 陈独秀:《敬告青年》,《青年杂志》1卷1号,1915年9月。

用的人生态度:"科学之精神……即进步的精神。一切事物无论其于遗袭之习惯若何神圣,不惮加以验察而寻其真,彼能自示其优良者即直取之,以施于用。"①在这里,以验之事实的科学精神为中介,求真(寻其真)与求善(施于用)表现为相互联系的两个方面:真构成了善的前导,善则是真的结果,而在这种推绎过程的背后,则蕴含着价值观的变更。根据传统的儒家观点,道与功、义与利是不相容的。当董仲舒宣称"正其谊不谋其利,明其道不计其功"时,他强调的正是这一点。由此可以逻辑地衍伸出非功利主义的价值取向。与此相对,当"五四"的知识分子将求真与求善(广义的善)视为同一过程的两个环节时,便意味着在"科学精神"的前提下确立了一种新的价值观。

概言之,"五四"的知识分子继严复等维新志士之后,进一步将科学由具体的器与技提升为道(制约思维方式、人生态度及价值取向的世界观),后者使"五四"科学思潮一开始即突破了声光电化等特殊科学领域,从而导致了一种深层的文化变革。正是通过人生态度、价值取向等方面的转换,"五四"的科学精神推进了主体自身思维的近代化,并对整个近代社会产生了广泛而深远的影响。

二

一种观念体系在形而上化之后,往往不仅将超乎其自身的内涵,而

---

① 李大钊:《东西文明根本之异点》,《言治》第3册,1918年7月。

且同时会被赋予某种信仰的特性。这种情形同样表现于"五四"的科学观念之中。当"五四"时期的知识分子把科学提升为涵盖各个文化层面的普遍之道时,科学便开始获得了"无上的尊严"(胡适语),成为信仰对象:"我们也许不轻易信仰上帝的万能了,我们却信仰科学的方法是万能的。"①这种信仰当然绝非宗教式的盲从,但它确实又有别于认知意义上的相信。"五四"时期的知识分子对科学几乎都抱着近于天真的信赖,所谓"科学万能"便典型地表现了这种心态。对科学的如上崇信,本质上表现为一种寻找新的文化规范的尝试:在传统的观念体系分崩离析之后,"五四"一代的知识分子力图确立一种高度统一的新的观念体系(详见后文),而科学一旦被强化为这样一种文化规范,则不可避免地同时具有某种负面的意义。

在信仰科学的"五四"知识分子那里,科学既是天道(关于自然的必然之理),又是人道(支配主体自身的普遍原理),无论是自然现象,还是主体之行为,最终都被诉诸科学的解释。在前文中我们已经看到,正是根据如上确信,"五四"的科学主义者将科学视为人生观的基础。就理论的内在逻辑而言,人生观总是涉及对人(主体)本身的规定。将科学引入人生观,也就是要求以科学原则来界定人自身。一般而论,科学活动更多地表现为一种理智的操作,当"五四"时代的知识分子将科学精神与"一遵理性"联系起来时,肯定的也正是这一点。这样,以科学原则来解释主体,便相应地意味着将主体纳入理智的框架之下:以理智为主体主要乃至唯一的品格。正是在后一意义上,丁文江将"我"比作一种思维机

---

① 胡适:《我们对于西洋文明态度》,《胡适文存三集》卷一,上海:亚东图书馆,1924年,第14页。

器:"我的思想的工具是同常人的一类的机器。机器的效能虽然不一样,性质却是相同。"①这种看法显然忽视了自我作为主体,不仅包含理智的品格,而且具有情感及意志,这在本质上表现为知、情、意的统一。人的行为,特别是道德行为固然必须受到理智的支配,但同时又往往出于意志的自主选择,后者则赋予这种行为以自愿的特性。一旦将主体仅仅理解为理性的机器,那么,自我也就同时被还原为人格化的理智或逻辑的化身,而人生也就相应地变为一种理智或逻辑的机械的运作。事实上,"五四"科学主义者对自我、道德等等的理解,确乎表现出十分明显的唯理智论或准机械论的倾向。他们试图把人生与道德观纳入理智与逻辑框架之中,结果却使丰满而复杂的人生领域变得抽象干涸了。这种泛科学主义的观点,后来曾引起玄学派的不满。尽管玄学派本身存在着完全割裂科学与人生及唯意志论等缺陷,但他们批评科学派"托庇科学宇下建立一种纯物质的纯机械的人生观"(梁启超语),要求主体"皆得享受人格之发展"(张君劢语),确实也有见于科学主义者将自我及人生片面化之弊。

在"五四"科学思潮影响之下,早期的马克思主义者或多或少亦带有某种泛科学主义的印记。与信仰科学的其他"五四"知识分子相仿,早期马克思主义者也强调科学作为人生观的基础:"每一'时代的人生观'为当代的科学智识所组成;新时代人生观之创始者便得凭借新科学智识,推广其'个性的人生观',使成为时代的人生观。可是新科学智识得之于经济基础里的技术进步及阶级斗争里的社会经验。所以个性的先觉仪

---

① 参见丁文江:《玄学与科学——评张君劢的〈人生观〉》。

仅应此斗争的需要而生,是社会的或阶级的历史工具而已。"①在此,尽管科学被赋予更广的内涵:它同时包括社会历史领域的科学,但在强调以科学支配人生观这一点上,以上论点却并未离开当时的科学主义思潮。这里的人生观同样涉及对主体的规定,不同的是,对于具有实证论倾向的科学主义者来说,主体表现为内在理智的人格化,而根据早期马克思主义者的理解,主体则是历史的工具。如果说,前者通过科学推论而将主体抽象化了;那么,后者虽然扬弃了对自我的抽象规定,但同时却在科学这一总前提的涵盖之下,将主体等同于手段。早期马克思主义者对主体的这种界说,显然包含着内在的理论缺陷。按其内在规定,主体(人)并非仅仅是历史的工具,而是同时应当被理解为目的:人类历史的演进,在某种意义上即以人的全面发展为其目标,科学的进步、社会变革,归根到底是为了实现这一目标。这一点是马克思主义的创始者所一再申述的。

根据"五四"时代的知识分子的看法,科学作为人生观的基础,以因果关系为其基本原理。因果大法既支配着物质现象,也支配着精神现象,这种普遍的因果法则主要又被理解为一种线性的因果律:它基本上表现为一种单向的决定。当"五四"科学主义者将科学引入人生观时,他们同时突出了线性因果决定论。在这种因果律的制约下,人的自由变得十分有限:"因果的大法支配着他——人的一切生活,生存竞争的惨剧鞭策着他的一切行为,——这个两手动物的自由真是很有限的了。"②不难看到,此处之因果大法与人的自由实质上被视为对立的二极,因果的必

---

① 瞿秋白:《自由世界与必然世界》,《新青年季刊》第 2 期,1923 年 12 月 20 日。
② 胡适:《科学与人生观·序》,第 28 页。

然性仅仅表现为对自由的消极限制。在唯意志论逐渐抬头的近代,这种观点虽然具有遏制意志主义思潮的意义,但它毕竟忽视了人的自由问题。

值得注意的是,当时的马克思主义者也持有类似的看法。从瞿秋白的如下论述中,我们即可窥见这一点:"一切动机(意志——原注)都不是自由的而是有所联系的;一切历史现象都是必然的。——所谓历史的偶然,仅仅因为人类还不能完全探悉其中的因果,所以纯粹是主观的。"① 就最一般意义而言,自由表现为两种形式:其一,意志的自主性;其二,在必然规律所提供的可能范围内加以选择。必然性之所以能够成为主体选择的根据,在于它总是以偶然性为自己的多重表现形式——如果只有赤裸裸的必然性,那么主体的选择也就失去了基本前提。瞿秋白在否定意志自由的同时,又把历史的偶然完全归结为一种主观因素,这就在双重意义上消解了主体的自由。这种以因果必然性取消自由选择的观点,与人是历史的工具之论有着逻辑联系:把人视为历史的工具,意味着强调人完全为历史必然性所决定。尽管当时的马克思主义者一再将自己与宿命论区分开来,但二者的理论联系似乎并未真正完全割断。

如果说,因果大法的宰制主要被视为科学的外在表现,那么,真理性则被理解为科学的内在规定。根据"五四"知识分子的看法,科学作为普遍之道,同时也就是一种无所不包的真理体系,它不仅提供了对宇宙人生的最为正确的解释,而且构成了裁断一切学说、观念的准则。作为真理的化身,科学被推上了君临一切的地位,只有得到科学认可,才有立足之可能。一旦被判以非科学,则同时即意味着被逐出了真理之域。于

---

① 瞿秋白:《自由世界与必然世界》,《新青年季刊》第2期,1923年12月20日。

是,科学俨然成为一种新权威:它普遍有效而又绝对正确。对科学的如上推崇,在新旧思潮激战的"五四"时代固然有助于推翻传统权威,然而,无可否认的是,权威化往往蕴含着独断化,在科学的权威化背后,我们确实可以看到一层独断论的阴影。当"五四"时代的知识分子要求以科学来裁断一切,并把科学之外的一切思想斥之为"愚人妄想"(陈独秀语)时,其中不能不说带有某种科学权威主义色彩。

从另一视域看,将科学确立为一种新权威,注重的主要是科学的规范功能。一般而论,科学可以区分为内在结构与外部价值两个方面,前者表现为一种认知体系,后者则构成了科学的社会功能(广义的规范功能)。"五四"科学思潮以启蒙为其历史内容,而启蒙则是社会变革的前奏。这一特定的历史条件使"五四"知识分子一开始便把目光投向科学的外部价值。在他们那里,科学与民主一样,主要是一种解决政治、道德、观念等问题的手段:"我们现在认定只有这两位先生(指德、赛二先生,亦即民主与科学——引者),可以救治中国政治上、道德上、学术上、思想上一切的黑暗。"[①]当"五四"时期的知识分子将科学提升为一种普遍之道时,他们所强化的便是科学的外部价值(工具或手段的价值),而科学权威化同样也体现了这一点。对科学社会功能的突出,当时无疑有其历史的理由。然而,在注重外部价值的同时,科学本身的内在价值——作为认知体系的科学却相对地受到了历史的冷落。中国近代科学发展缓慢固然有其多重的、复杂的原因,但毋庸讳言,对科学内在价值——认知意义上的科学之忽视,显然也是一个不可低估的因素。从逻辑上说,科学的外在价值(社会功能),是以其认知本性为内在根据的,科

---

① 陈独秀:《本志罪案之答辩书》,《新青年》第6卷第1号,1919年1月。

学的社会功能，总是受到知识体系本身发展程度的制约。"五四"时代的科学思潮固然产生了广泛的影响，但对科学的内在认知本性的忽视，或多或少也限制了思想启蒙的深度。

三

综合以上分析，我们可以看到："五四"的科学思潮自始即包含着正面与负面两重意义，二者在理论上又与科学被提升为普遍之道（世界观及价值—信仰体系）难以分离。作为知识体系的科学何以会泛化为一种普遍之道（世界观及价值—信仰体系）？这无疑是一个耐人寻味的问题。

如所周知，"五四"是一个文化裂变的时代，传统、规范、观念、价值、信仰等等，至少在表层上已受到了普遍冲击。这种冲击当然并非始于"五四"。但正是在这一时期，它达到了空前激烈的程度。面对旧的价值—信仰体系的崩溃，"五四"时代的知识分子在摆脱传统内在压抑的同时，十分自然地产生了迷茫而无着落之感。他们迫切需要一种新的价值—信仰体系，以便重新获得依归与范导。传统的观念体系，也只有在新的价值—信仰体系确立之后，才能真正退出历史舞台。于是，重建价值—信仰体系便历史地提到了"五四"知识分子面前。就其本质而言，价值—信仰体系既应当具有可信的品格，也应具有世界观的功能，前者决定了它至少必须在外观上包含真的形式，后者则是要求提供最大限度的涵盖面。在近代中国，只有科学才内在地包含着被赋予以上二重品格的可能：这不仅在于科学以真为追求目标，而且在于科学思想作为一般观念可以经过泛化而成为普遍之道。严复等维新志士在将进化论等提升为普遍原理(救亡图强之一般根据)时,已经朝这一方向迈出了一步。这样,当"五四"知识分子为重建新的价值—信仰体系而上下求索之时,严复辈的终点便成了他们的起点;科学经过再一次升华与泛化而成为一种新的范导体系。正是由于科学主要作为价值—信仰体系而被推到时代的前台,因而它一开始便超出了具体的实证与经验之域。

重建价值—信仰体系的过程,同时又与思想启蒙相联系:以新的价值—信仰体系取代旧的价值—信仰体系,其内在含义之一在于使人本身从传统走向近代,后者又进一步构成了启蒙的历史主题。一般而论,启蒙作为一种思想的变革,主要表现为观念的转换:人的近代化之本来内涵首先是观念的近代化。作为启蒙内容的观念转换,当然不仅仅是个别观念的更新,而是一种总体上(格式塔式)的转换——即整个意识形态框架的变更。后者所需要的,显然不是某一领域的具体知识,它的实现,恰恰要求突破特定的经验领域。这样,当科学与启蒙的历史要求相遇时,它首先便面临着一个自身超越的问题。换言之,它必须由具体的知识形态,转换为普遍的观念形态。"五四"的知识分子在确立新的价值—信仰体系的过程中,实际上同时完成了以上的转换,后者的直接结果,便是使科学获得了普遍之道的品格。

当然,科学由技进于道,并不仅仅取决于启蒙的历史要求,它有着更为深刻的文化历史背景。"五四"时代的知识分子在不同程度上都有反传统的倾向。然而,传统的反叛者往往并不能完全摆脱传统的制约。当"五四"的知识分子试图通过科学的形而上化以确立一种反传统的价值—信仰体系时,这种转换方式本身已内在地打上了深层的文化传统的印记。

回溯中国文化的历史演变过程，我们可以注意到一种引人瞩目的传统，即强调道高于技。早在先秦，庄子便已借庖丁之口道出了这一点："臣之所好者道也，进于技矣。"（《庄子·养生主》）在正统儒家中，这种倾向表现得更为明显。按儒家之见，技不过是与"本"相对的"末"，只能归入形而下之列，唯有天道及人道才是作为"本"的形而上者。他们所追求的是一种"弥纶天地之道"（《易传》）的境界，与此相异的具体的科学研究，则往往被斥之为"雕虫小技"。在这样一种文化背景之下，中国古代的科学很自然地产生了如下趋向，即力图超越实证的领域而向天地之道靠拢，它突出地表现为以阴阳相互作用之类的一般原理来解释千差万别的具体现象。例如，为什么会有电？答曰"阴阳相激而为电"；地震是如何产生的？答曰，其因在于"阳伏而不能出，阴迫而不能蒸"；磁石何以能吸铁？回答还是"皆阴阳相感，隔碍相通之理"。总之，科学的结论往往被提升到了超验的层面。"五四"时代的知识分子对科学的看法，当然既不同于鄙视科学的正统儒家，也有别于带有笼统直观特点的古代科学，但这并不意味着他们已完全超越了传统文化的深层结构；在科学被转换为普遍的价值—信仰体系的背后，我们不难看到一种追求普遍之道的传统意向。如果说，启蒙的历史要求，主要为科学的泛化提供了外在推动力，那么，技进于道的传统则内在地影响着"五四"知识分子对科学本性的理解，正是在二者的结合中，科学完成了其形而上化的过程。

总起来看，"五四"时期的科学观念在经过一个泛化过程之后，已开始由技（具体的经验知识）提升为道（普遍的世界观或价值—信仰体系），这一过程明显地有别于西方近代科学日趋实证化的趋向。其结果具有内在的二重性：它既导致了广义的文化变革及普遍的观念转换，并使在科学旗帜下展开的思想启蒙具有空前的涵盖面与渗透性，又蕴含了向消极面发展的契机。作为一种文化现象,科学内涵的泛化与提升,并不取决于少数知识分子的偶然意向,它既以重建价值——信仰体系的时代需要为其历史根据,又表现为对传统文化深层观念的某种认同。如果说,时代的选择主要体现了文化演变的历史必然性,那么,传统的内在制约则在显示传统本身的深沉性的同时,又将如何在现代化过程中创造性地转换传统文化的问题提到了我们面前。对"五四"科学思潮的反省,无疑可以从一个侧面为今天的思考提供历史的借鉴。

附录四

中国哲学的近代衍化

中国近代，社会的变革与思想的演化往往呈现相互交织的格局。就社会的变迁而言，从前近代走向近代，无疑构成了重要的历史脉络，这一历史发展趋在观念的领域，具体展开为"古今中西"之争。古今本是时间概念，中西则涉及空间关系，但在中国近代，两者却被融合为一。从内容上看，"古"与"中"往往被视为传统（包括传统的器技、制度、文化等等）的象征，而"今"与"西"则被赋予近代（现代）[①]的内涵。这样，"古今中西"之争，同时也兼及传统与近代的关系。

以近代社会的变迁及与之相应的"古今中西"之争为背景，中国哲学也经历了一个演变发展的过程。与走向近代的总的历史过程相应，中国哲学在折射近代社会变迁的同时，本身也不断取得了近代的形态，这一近代化的过程既受到中国古典哲学与近代西学的双重制约，又蕴含着其自身演进的内在逻辑。

一

中国走向近代的过程，一开始便伴随民族自强与独立的历史潮流。面对西方列强的进逼，救亡图存、"中国向何处去"逐渐成为时代的中心问题。当近代思想家从器技的层面寻找自强之路时，科学技术便成为关注的对象，而科学方法则又被理解为科技发展的前提之一。严复在分析

---

① 这里的"近代"即英语中的 modern，是在宽泛意义上使用的，包括一般所说的现代。同样，后文中的近代化（modernization）也是就广义而言，包括通常所说的现代化。

近代技器日新、科学昌明的根源时,便追溯到培根倡导的科学方法。这样,对科学方法的注重,就成为中国近代哲学引人注目的现象。在近代方法论的思考和探讨中,既可以看到传统方法论思想的历史延续,也伴随着西方近代实证科学及其方法的引入,而就中国哲学的发展过程而言,它同时又表现为一个方法论近代化的过程,其中蕴含着对传统方法论思想的内在转换。方法论的近代化往往伴随着实证化、形式化的过程。从哲学的层面看,实证化意味着以经验观察和实验为基础,并超越思辨的观念;形式化则既与数学的推论相联系,又涉及对科学研究程序的逻辑规定。在中国近代方法论的演进过程中,我们不难看到以上的趋向。从严复的实测内籀之学,到王国维的二重证据法;从胡适的科学实验室态度,到金岳霖对科学归纳法的确证;从梁启超的新史学方法,到胡适的进化史观,中国近代的方法论确乎在不同的程度上取得了近代的形态。在马克思主义哲学那里,方法论的反思进而与辩证逻辑的探索联系起来,从而超越了形式化的趋向,获得了更深刻的内涵。这一过程既交错着经验与理性、形上与形下之间的相拒与相容,又以古今、中西之间的互动和紧张为背景。

方法论的讨论,总是涉及认识论。在中国传统哲学中,认识论的思考往往以知行之辩的形式展开。进入近代以后,与如何实现社会变革的问题相联系,知行之辩进一步变得突出了。魏源提出"及之而后知,履之而后艰",将行提到了重要的位置。在知行关系定位上,一部分哲学家较多地注意到知的作用,以民智的开启为富强之源,在认识论上则相应地强调知先于行;另一些哲学家则提出以革命开民智,从一个方面突出了行的作用,肯定行先于知。对知行关系的看法,又与"知"、"行"范畴内涵不断深化相联系。在近代哲学家中,"知"已不限于道德认识,而是被广义地理解为各个领域的知识;"行"亦不仅仅指道德践履,而且包括生产活动、科学实验等等。这些看法,无疑使传统的知行之辩获得了近代的意义。当然,只有在中国近代的马克思主义哲学中,知行关系才达到了辩证的统一。

就认识过程本身而言,一些专业哲学家引入了近代西方的实用主义、直觉主义、新实在论、康德哲学、新黑格尔主义等,并吸取传统哲学中的某些资源,对经验、理性、直觉、逻辑形式等等,作了不同的侧重和强调。就其主要分别突出认识过程的某一环节,而对认识过程中其他方面未能予以充分注意而言,这些考察当然各有其片面性,但通过深入地研究相关环节,他们无疑也从一个方面推进了对认识过程的理解。同时,中国古代哲学对认识论问题的考察往往与伦理学等联系在一起,儒家仁智统一的传统便较为典型地表现了这一点。这种考察方式无疑注意到认识论与伦理学统一的一面,但它常常也限制了哲学家在"纯粹理性"的形态下对真理性的认识何以可能这一类问题加以探讨,从而使中国古典的认识论难以超越朴素的形式。相形之下,中国近代的哲学家对认识环节的考察固然存在抽象性等等问题,但以相对独立的形态考察认识的各个环节,无疑也有助于认识论的研究摆脱朴素的形式,取得近代的形态。

相对于专业哲学家对各个认识环节的分别考察,中国近代的马克思主义哲学更多地侧重于对认识过程辩证性质的理解,这种理解,同时又以肯定实践对于认识的本源性为前提。在马克思主义哲学中,认识论的辩证性质既表现为认识活动中各个环节的辩证统一,也体现在认识运动本身的过程性上。

二

　　从知行之辩转向价值领域，便涉及近代价值观念的变迁。社会的变革与价值观念的转换，往往存在着互动的关系；中国近代的社会变革，同样在价值观上得到了深刻的体现。从历史上看，中国传统的价值系统主要围绕天人、群己、义利等关系而展开，对这些价值关系的探讨和定位在中国近代得到了某种延续，当然，其中所涉及的价值观念和价值原则往往又呈现不同的形态。

　　在中国传统文化中，天既有自然义，亦指形而上的存在根据，天人之辩相应地既涉及自然与人之间的关系，亦指向人的终极关怀。就前一方面而言，儒家与道家都讲天人合一，但儒家要求化天性为德性，所注重的是仁道原则，道家则主张无以人灭天，所突出的是自然原则。在终极关怀的层面，天又构成了价值原则的形上根据。就汉以后主导的价值体系而言，天往往被视为社会纲常终极本源，所谓"王道之三纲，可求于天"①，便表明了这一点。天在超验化之后，常常又与"命"相通，事实上，在中国传统文化中，"天"与"命"每每被合称为"天命"。"天命"是一个比较复杂的概念，如果剔除其原始的宗教界定，则其涵义大致接近于必然性。当然，在天命的形式下，必然性往往被赋予了某种神秘的、超自然的色彩。与命相对的是所谓"力"，后者一般泛指人的力量和权能；而天人

---

① 董仲舒：《春秋繁露·基义》。

之辩亦相应地常常展开为力命之辩。历史地看,儒家主张"为仁由己",其中包含着在道德领域肯定主体权能的观念,但在道德领域之外,儒家往往又强调命对人的制约作用,从而徘徊于外在天命与主体自由之间。道家既追求个体的"逍遥"(精神自由),又主张无为"安命",在游移于力命之间上,亦表现出类似儒家的倾向。从总体上看,随着儒学的正统化,儒家价值系统中注重天命这一面也得到了某种强化,当宋明时期的理学家强调"仁者,天之所以与我而不可不为之理也"[①]时,多少已包含着某种宿命论的趋向。

价值观意义上的天人之辩,在近代也表现出多重向度。就主要的趋向而言,将自然理想化、要求回归自然的价值取向,首先被推向了历史的边缘。在富国强兵、科学救国、走向现代等等历史要求下,变革、征服、支配自然,化自在之物为为我之物成为时代的主旋律;就人自身而言,对天性的维护,曾是"无以人灭天"的涵义之一,但在近代,对本然的天性的关注,逐渐为天赋人权、自由个性等等所取代,在这里,"天性"已被赋予多方面的社会历史内容。天人之辩在近代更深刻的转换,则与拒斥天命论联系在一起。近代伊始,思想家们便已对超验的天命提出了种种批评和质疑,随着冲决罗网、伸张个性等历史要求的突出,西方意志主义的引入,等等,心力、意志、人的创造力量等等越来越被提到了重要的地位,意志主义在一定意义上蔚为思潮。这种思潮对传统的天命论无疑是一种重要的冲击,但其中所蕴含的非理性主义趋向,使其在解决广义的天人关系等问题时,也存在自身的问题。

由天人之际转向社会本身,便涉及群己关系。早期儒家已提出了成

---

① 朱熹:《论语或问》卷一。

己与成人之说,成己主要是自我在道德上的完善,它表现了儒家对个体性原则的理解;成人则是实现首先社会群体的价值,它所体现的更多的是群体的原则。当然,在成己与成人之间,后者往往被赋予目的的意义,所谓"修己以安人"①,便表明了这一点。相对于儒家,道家更注重个体的存在价值,他们以"保身"、"全生"为追求的目标②,并把个体的逍遥提到了突出的地位。不过,道家的价值观念并没有成为中国文化的主流。随着儒学向正统意识形态的衍化,群体的原则一再地得到了强化;理学提出"大无我之公",要求个体自觉地融入群体及整体,已表现出某种整体主义倾向。

步入近代以后,群己之辩呈现较为复杂的情形。一方面,"我"的自觉以及反叛天命、个性解放、尊重个人权利等等近代的要求,将个体性的原则逐渐提到了前所未有的地位,个人主义的人生观等等也应运而生。这种个体性的原则对整体主义无疑具有解构的意义。另一方面,深重的民族危机、救亡图存的历史需要,又使群体、民族的利益变得十分突出,从而,群体的原则依然受到了相当的注重。即使是严复、胡适这样具有自由主义倾向的思想家,也同样时时流露出对群体原则的关注。可以说,无论是个体性原则,抑或群体原则,似乎都未能获得充分的展开;在中国近代,往往较少将个体原则推向极端者,也很难发现绝对的整体主义者,相反,试图沟通群体原则与个体原则的思想却获得某种历史的依据。李大钊关于大同团结与个性解放相统一的观念,可以看作是这方面的积极成果。

---

① 《论语·宪问》。
② 《庄子·养生主》。

与群己关系相联系的是义利之辩。群体与个体的定位并不仅仅体现于抽象的观念认同,它在本质上总是涉及具体的利益关系。在中国传统文化中,占主导地位的是儒家对义利关系的看法。儒家首先确认义的内在价值,并强调其至上性,所谓"君子义以为上"①便侧重于此。从伦理学上看,儒家在肯定道德原则的超功利性的同时,往往表现出将其抽象化的趋向;从价值观上看,义以为上的观念在培养崇高的道德情操等等方面,亦有不可忽视的意义。不过,儒家虽然不完全否定利,但对个人的功利意识则往往加以排拒,而个人的利益亦相应地往往未能得到合理的定位,董仲舒所谓"正其谊不谋其利,明其道不计其功"②的著名论点,以义制利已趋于对功利意识的消解。在宋明时期,义利之辩与理欲之辩进一步结合在一起,以义制利则引向了存理灭欲,后者可以看作是对孔颜之乐(以理性的升华为幸福的主要内容)的片面引申,它多少意味着对人的感性存在的漠视。

相应于近代市场经济的发展及工商地位的提升、个体性原则的注重等,近代思想家对功利意识及个体的感性存在采取了更为宽容的态度。在近代思想家中,"去苦求乐"或"趋苦避乐"既被视为人性之自然,又被理解为合乎人道的趋向,从而获得了合法性与正当性。这里的"乐"与人的感性存在相联系,以乐为善,体现的是功利主义的观念。严复由此更直截了当地为功利原则辩护:"功利何足病!"③陈独秀则把功利主义理解为民权、自由、立宪等的重要条件。相对于义以为上、不谋其利的传统

---

① 《论语·阳货》。
② 《汉书·董仲舒传》。
③ 王栻主编:《严复集》,北京:中华书局,1986年,第1395页。

义利观，对功利原则的如上肯定，无疑表现了价值观的转换。

不过，与群己之辩上的群己和谐取向相一致，在义利关系上，近代的思想家也并非仅仅关注个体之利。严复已提出"开明自营"的观念，它既不同于以抽象的道德原则消解功利，也非对一己之利的片面强化，而是以"两利"（利己与利他的统一）为特点。陈独秀也从"群己相推之理"出发，强调"人世间去功利主义无善行"。① 这里既折射了群体利益日渐突出的时代背景，又可以看到以义制利的传统观念及穆勒的功利主义思想的某种影响。与这一思想氛围相关，在中国近代我们可以一再看到对道义的突出与功利的批评：从章太炎到当代新儒家，都不同程度地表现出如上倾向。

价值取向在人格理想中往往得到了更为具体的体现。如何成就完美的人格，这是中国传统哲学，特别是儒家哲学所关注的主要问题之一。不同的哲学家对人格理论的阐释各有侧重，其中既包含对理想人格的设定，亦展示了对成人（达到理想人格）过程的理解。就儒家而言，早期儒家对理想的人格作了多方面规定：它既有仁爱的情感，又有坚定、自主的意志，而二者又与自觉的理性相融合，从而，完美的人格既涵盖于仁道等观念之下，又表现为知、情、意的统一。这种人格学说注意到了人格的内在统一。然而，在对人格理想的设定中，传统儒学又存在一种趋向，即人格的模式化与单一化：对儒家来说，完美的人格，便是圣人，从而，成就理想人格，往往便意味着成圣（成就圣贤）。这种看法将圣人视为普遍的人格典范，而在儒学的而后发展中，圣人又被理解为天理的化身或人

---

① 陈独秀：《再质问〈东方杂志〉记者》，《陈独秀文章选编》，北京：生活·读书·新知三联书店，1984年，第285页。

格化的天理,所谓"圣人一身,浑然天理"①,这不免忽视了人格理想及个体发展的多样性。中国传统文化中的人格理想当然并不限于儒家的圣人,儒家之外如道家亦提出了自身的人格目标,将合于自然、"独于天地精神往来"视为理想的人格境界,但从总体上看,儒家的人格理想似乎产生了更为重要的影响。

在走向近代的过程中,人自身的近代化也成为引人瞩目的问题,它具体地体现于人格理想的转换上。相对于传统儒学所追求的圣人、醇儒,近代思想家所关注的,是平民化的自由人格。从康有为、严复、梁启超等,到陈独秀、李大钊、鲁迅等,都从不同的角度,对人格理想作了考察和设定。严复提出鼓民力、开民智、新民德,并将其视为"自强之本",这里已包含他对理想人格要素(力、智、德)的理解。梁启超以新民为追求的目标,新民的特点在于摆脱了奴性,具有自由独立的品格和责任意识,这是一种近代意义上的人格。陈独秀在"五四"时期进而将自由人格与人的解放联系起来,并以达到自由人格为解放的内容:"解放云者,脱离夫奴隶之羁绊,以完其自主自由人格之谓也。"②胡适则更多地突出了自由选择与责任意识:"只是要个人有自由选择之权,还要个人对自己所行所为都负责任。若不如此,决不能造出自己独立的人格。"③鲁迅既批评了做戏的虚无党,又抨击了惟命是从的奴才,以自尊与尊重他人、意志与理智的统一为理想人格的内容。总之,人格的自由、独立及其多方面发展,成为近代的普遍追求。

---

① 朱熹:《朱子语类》卷五十八。
② 陈独秀:《敬告青年》,《陈独秀文章选编》,第74页。
③ 胡适:《易卜生主义》,《胡适文存》一集,合肥:黄山书社,1996年,第467页。

三

从自我的"在"世转向一般意义上的存在，便涉及形上的智慧。中国传统哲学很早即已开始追问性与天道，作为对存在的沉思，其中亦包含着形上的智慧。进入近代，面对科学主义、实证主义等挑战，中国近代的哲学家进行了重建形上学的努力。在中国近现代智慧探索的历程中，我们固然可以看到某些偏向，但其中同时也存在着本体与方法、存在与境界之间相互统一的趋向，以及形上与形下、知识与智慧、事实与价值之间彼此互动的进路。这一智慧的历程并没有随着现代哲学史的终结而终结：它在今天依然得到了延续。事实上，哲学之思总是伴随着对存在的无尽追问，智慧的探索也很难规定一个终点；中国近现代哲学的历程，在历史与逻辑上都构成了世纪之交哲学重建的先导，而对近现代智慧探索历程的批判反省，无疑将为今天的哲学沉思提供一个更高的理论起点。

智慧的探索不仅涉及形上之域，而且也关联着历史领域。对历史过程的反省，很早就构成了中国传统哲学的重要方面，宋明以来的道器之辩，亦蕴含着历史观的问题；王夫之所提出的"无其器则无其道"，已注意到历史过程与历史规律本身的统一问题。中国哲学步入近代以后，走出中世纪的历史趋向、日渐严重的民族危机以及"中国向何处去"的时代问题，使近代哲学家进一步注目于历史领域。康有为将"公羊三世"说与《礼运》中的"大同"、"小康"联系起来，试图以进化论来解释历史过程。在相当一段历史时期中，进化论成为历史观的理论前提。"五四"以后，唯物史观传入中国,从而,对社会历史过程的考察,也开始建立在一个比较科学的基础之上。历史哲学的这一演进过程,从一个方面体现了中国哲学走向近代的过程。

就广义的近代化过程本身而言,其演进固然展示了新的发展方向,但这一进程同时又在某种意义上伴随着负面的意义。现代化过程本身的悖论在历史和逻辑上导致了近代中国知识分子对现代化过程的不同态度。具有文化保守主义倾向的哲学家和哲学学派,对现代化过程往往表现出批评的立场和疑虑的心态。另一方面,具有科学主义倾向的哲学家则更多地以现代性的辩护者姿态出现。"现代性"本身虽然并不是一个哲学范畴,但现代性的问题却可以而从哲学的角度来加以讨论。在走向近代的过程中,站在不同立场上的思想家往往从各自的角度,探讨着现代性的问题。当我们反思这一争论过程时,常常既可以感受到其中跳动的时代脉搏,也可以更真切地把握哲学的演进与历史发展之间的联系。

附录五

分析哲学与中国哲学[①]

---

① 原载《中国哲学史》2009年第4期。

分析哲学与中国哲学常常被视为两种迥然相异的哲学趋向。然而，就中国哲学的研究而言，分析哲学并不仅仅是一种异己的存在或无法相容的思想形态。无论是从回顾和考察中国哲学的历史看，抑或从当代中国哲学的建构着眼，具体地把握分析哲学与中国哲学的关系都有其不可忽视的意义。

一

分析哲学与广义的哲学分析既相互区别，又难以截然分离。哲学的分析在西方哲学中有悠久的传统，宽泛而言，西方哲学中的这种分析传统可以追溯至古希腊。苏格拉底、柏拉图的对话以及亚里士多德的哲学论辩，都不同程度地涉及哲学分析。亚里士多德著有《范畴篇》、《前分析篇》和《后分析篇》等，这些论著都直接关乎逻辑分析问题；从更广的视域看，它们对形而上学、伦理学等问题的讨论都渗入了哲学的分析。在西方哲学的尔后演进中，自休谟、莱布尼茨、斯宾诺莎到康德，分析性的思与辨绵绵不绝，形成了十分悠长的传统。不过，在讨论分析哲学与中国哲学的关系时，其中涉及的"分析哲学"，主要指20世纪初在西方所形成的一代哲学思潮或哲学流派，以弗雷格、罗素、摩尔、维特根斯坦等为代表人物，在以后的演化过程中，分析哲学思潮还包括维也纳学派、以赖尔、奥斯汀等为代表的牛津日常语言哲学，以及蒯因、戴维森等哲学系统。在更宽泛的意义上，罗尔斯的工作也属于广义的分析哲学流派。

作为特定的哲学流派，分析哲学包含几个重要的方面。首先，就对象而言,与所谓"语言学转向"相呼应,分析哲学所指向的,主要是我们在谈论、思考世界和人自身时所运用的语言。一方面,分析哲学并未完全撇开存在,而是希望通过语言分析这一方式来把握存在,在此意义上,它并未离开哲学的论域;另一方面,与以往的哲学不同,分析哲学所试图把握的,主要是语言中的存在。就其以语言为对象而言,分析哲学的以上趋向可以借用蒯因所说的"语义上行"(semantic ascent)加以概括。所谓"语义上行",也就是由考察对象转向考察关于对象的语言表述,亦即将哲学的对象主要集中于语言层面。从哲学讨论如何达到普遍性、确定性的观念来看,分析哲学以语言为对象的讨论方式,有其值得注意之处。与直接指向物理对象不同,这种思考侧重于将语言与语言之外的对象相区分。一般而言,如果简单地或直接地把物理对象作为考察的目标,可能导致两重趋向。一是把物理对象实体化,而实体化的背后往往暗含着某种超验的、思辨的进路,在传统哲学中,这一趋向表现于形形色色的自然哲学或其他各种形态的思辨形而上学之中。以物理对象为考察对象的第二个可能,是哲学研究与经验科学的某种趋同。历史地看,哲学在其早期的形态中曾包罗万象,呈现为所谓科学之母,各门学科都隐含于其中。当哲学以科学的方式指向物理现象时,逻辑上便包含某种将哲学科学化的可能,在早期的实证论那里,便多少表现出这一趋向。同时,分析哲学注重语言和心理的区分。从逻辑上看,以心理过程作为反省对象,往往容易引向个别化、特殊化的体验,仅仅停留于此,则难以超越经验之域而达到普遍、确定的内涵。概而论之,就消极的方面言,以语言作为对象,既旨在克服超验和思辨的进路、避免将哲学等同于经验科学,也意味着超越哲学研究中的心理化进路;从积极的方面来看,以语言为研究的对象,则表现了通过向语言的还原,在语言的层面寻求哲学思考的普遍性和确定性的意向：相对于物理现象和心理现象的差异性、分殊性，语言表现为一种可以用相近方式加以处理、以相同尺度加以衡量的对象，对分析哲学而言，后者似乎从一个方面为达到普遍性和确定性提供了可能。

与指向语言相联系的是逻辑分析：以语言为对象，以逻辑分析为方法，这两者在分析哲学中紧密结合、难以分离。逻辑分析主要包括两个方面。一是概念的辨析、界定：在分析哲学之域，概念的提出都需经过严格的界定，其涵义要求明确而清晰；二是观点的论证：提出论点必须经过严密论证，不允许独断地"颁布"某个结论。借用中国哲学的表述，这种"论证"可概括为两方面：一是"言之成理"，即在讨论、论证过程中要合乎规范、合乎逻辑；二是"持之有故"，即提出论点必须有根据。从积极的方面说，分析哲学的以上进路对于概念的清晰化、思考论证过程的严密化，等等，确实有其不可忽视的意义。从消极方面看，这一研究的方式既有助于拒斥独断论的趋向，也可使哲学思考避免流于个人的感想或感受。哲学之思本质上不同于偶然、随意的感想，它需要论证。未经论证的感想往往表现为个人化或私人性的意识。在个体感想和私人观念的层面，哲学一方面容易流于神秘的体验（哲学史上，带有神秘主义性质的观念往往将哲学思考融于私人体验，而未能将观点的展开和严密的逻辑论证结合起来）；另一方面也可能被等同于常识：常识每每不言自明、无需论证，它既不需要去思考"何以如此"，也无须追问"根据何在"。哲学固然并非完全隔绝于常识，但同时需要通过理论的追问、论证，扬弃常识。

上述层面的逻辑分析，同时展开为一个"讲道理"或"说理"的过程，事实上，正是"讲道理"，构成了逻辑分析的实质意义之所在。当分析哲学将逻辑分析作为处理语言的主要方式时,同时也意味着把"讲道理"这一意识和观念运用到哲学之中:无论概念辨析,抑或观点论证,都是一个"讲道理"的过程。前面提到的"言之成理"、"持之有故",也以"讲道理"为其内涵。如前所述,哲学的观念不同于偶然的私人体验或常识性的感想,亦不同于独断的教条,哲学的观念需要经过论证,而论证过程即是"讲道理"的过程。哲学的观念同时需要面向他人或学术共同体,也就是说,它应走向公共领域,让共同体的成员进行批评、讨论、驳难。提出某个论点要别人接受,必须说出理由,而说出理由也就是"讲道理"。不难看到,逻辑分析的实质指向在于,使哲学的思与辨同时成为"讲道理"的过程。

相应于以上两个方面,分析哲学内在地包含着对意义的追寻和追问。概念的辨析、逻辑的论证过程,同时也展开为意义的辨析、意义的追问过程。在分析哲学那里,狭义上的意义主要涉及语言,关于语言的意义理论,各家各派说法众多,如"指称论"、"使用论",等等。广义的意义关切则渗入于分析哲学对哲学问题和概念的辨析、理解之中。意义是一个颇为复杂的问题,它本身也可以成为讨论的对象,20世纪20年代,奥格登与理查兹所著《意义的意义》(Meaning of Meaning)一书,便专门讨论意义的问题。就一般层面而言,意义可区分为两方面。从理解、认知的维度看,意义既涉及形式,也关乎实质。在形式的层面,意义必须合乎逻辑,金岳霖曾指出,同一律是"意义可能底最基本的条件"。同一律要求概念具有确定的涵义,在一定的论域中,某一概念即表示某种涵义,不能随意转换。广而言之,矛盾律、排中律都是意义所以可能的形式条件。在实质的方面,此论域中的意义主要关联事实的认知:以理解为指向,意义总是包含认知的内容。上述意义上的"意义",具体表现为"可理解"：当我们说"某个观念有意义"时，同时便指它是"可理解"的，反之，不可理解的就没有意义。例如，"白昼比水更重"，这句话即无意义，因为它无法理解。从形式方面看，它之所以无法理解、没有意义，主要在于不合乎逻辑：按照墨家"异类不比"的原则，"白昼"与"水"是不同类的对象，前者涉及时间，后者指涉物质，将两个不同类的对象放在一起比较，便违背了"异类不比"的原则；从实质方面来看，以上陈述之没有意义，则在于它没有提供任何可认知的事实内容。

除了理解——认知之维，意义又与人的目的相联系，具有价值的内涵。在后一意义上，所谓"有意义"主要是指：相对于实现某种目的而言，相关的人、物或观念有积极的作用。若对于实现某种目的没有什么价值，则它们便没有意义。以否定的方式来说，"螳臂当车"是无谓之举，它常被用以嘲笑人不自量力、试图阻止历史的某种演进趋势。就原始涵义言，"螳臂当车"何以无意义？原因就在于：对于"当车"这一目的，区区"螳臂"没有任何作用。这一语境中的"意义"，便是就价值层面而言，在此论域，所谓有意义即表明有价值，无意义则意味着无价值。广而言之，通常所说的"荒谬"，也指价值层面的无意义，这一层面的意义首先涉及人的存在，"荒谬"意味着人生没有任何积极的价值目的或目标，从而缺乏意义。

就总体而言，在以上两重维度的意义中，分析哲学所侧重的主要是前一层面（理解——认知层面）的意义。对目的——价值这一层面的意义，它们关注得则相对较少。分析哲学固然也论及价值问题，但其所讨论的主要不是现实的价值关系。以广义的"好"（good）而言，分析哲学所关心的是"好"这个词或概念表示什么意义，而不是"什么是现实生活中好的事物"，同样，关于"善"（morally good），他们所感兴趣的也是"善"这一概念究竟包含什么意义,或者说,当我们以"善"来指称某种行为时,其中的"善"表达什么涵义,对于"什么是善的现实形态"、"如何行善"这一类问题,分析哲学往往加以悬置。可以看到,分析哲学的以上趋向蕴含着意义追寻的单向度性。

要而言之,作为一代思潮,分析哲学在总体上包含以语言为对象、以逻辑分析为主要方式、以理解—认知层面的意义为主要关注之点三重维度;以上三个方面,同时也构成了分析哲学之为分析哲学的内在规定。与之相联系,分析哲学具体地呈现以下特点。

首先是注重"划界"。从内在逻辑来看,这与前面提到的关注概念的辨析、概念的清晰性以及论证的严密性相一致:清晰即意味着概念与概念之间界限清楚,涵义不能含混、纠缠。作为一种思维方式,"划界"可追溯至作为分析哲学理论源头之一的康德哲学,康德哲学的特点之一便是划界:"现象"与"物自体","感性"、"知性"与"理性","纯粹理性"与"实践理性"等等,彼此界限都很清楚。这种倾向似乎对分析哲学也有影响。在分析哲学那里,划界不仅体现于概念之间含义的区分,而且表现在语言和语言之外的世界之间的相分,后者在某种意义上类似康德所作的"现象"和"物自体"的划界。划界导致的后果之一,就是往往很难把握对象或世界的整体性:"界"把事物分割为不同的方面,而对象在被区分之前,本身却具有整体的品格。在划界的视野下,作为整体的世界常常难以达到。当然,分析哲学中也有所谓"整体论"(holism),但此所谓"整体论"并不关心整个世界或作为整体的现实存在如何把握的问题,其关切之点主要指向在语言论辩之域如何理解、把握语言的相关方面,例如怎样将一个词的意义放在前后相关的语境之中,而不是孤立地就单个语词来理解其意义。从一定的语境或语词、语句关联中来理解语义,这种观点常常被称为"语言的整体论"。从其主要方面来看,这一意义上的"整体论",并未跳出语言的论域。

与划界相应的是理想化的进路。分析哲学往往以理想化的方式来处理哲学问题,这一方式具体地体现于分析哲学家经常使用的所谓"思想实验"中。分析哲学非常热衷于使用各种思想实验,这一方式若每每表现为"设想"(suppose)各种情景,这种设想也就是假定某种理想情境或联想条件。比较著名的有普特南(Hilary Putnam)所谓"缸中之脑",即设想脑和人的身躯分离开来,被置于能维持其存在的缸中,并同时获得各种信息,此时大脑无法知道自己是在颅中还是缸中,从而,对虚妄和真实也难以判断。在伦理学、政治哲学的论域中,同样可以看到"思想实验"的方式或者理想化的处理方式,著名的例子如罗尔斯《正义论》中所提出的"无知之幕"。"无知之幕"即是设想在讨论正义问题之前,所有参与讨论的人对自己在未来社会中的各种可能情景,如年龄、性别、社会地位、贫富等都一无所知。罗尔斯试图在这种假定的情景之下,讨论人们在正义问题上可能达到怎样的共识,这一设定便带有很明显的"思想实验"特征。在这方面,罗尔斯的讨论与分析哲学在其他领域所作的语言分析并无实质的不同。理想化或"思想实验"的处理方式,其重要特点是把情景从现实环境中抽取出来,如"缸中之脑"将人脑从现实的躯体中加以抽离,"无知之幕"则将人从具体、现实的社会关系中分离出来,如此等等。由此出发来讨论、考察问题,具有明显的抽象化特点。哲学研究无疑需要抽象,但若仅仅停留于抽象,则往往无法达到真实、具体的存在。

划界和理想化的方式相结合,在逻辑上导向形式化的处理方式,后者构成分析哲学的第三个特点。"形式化"表现为语言与实际世界(存在)的分离,亦即过滤掉实际世界,仅仅在语言这一层面谈论存在,或者仅仅分析语言这一思想表达形式。诚然,在分析哲学后期,也有不少关于存在问题的讨论,并提出各种形态的本体论或形而上学的观念。然而,需要注意的是,当分析哲学讨论存在、并试图建立一种形而上学时,它所关注的重心往往不是存在本身,而是人们在谈论或表达存在时所运用的语言以及这种语言所具有的含义。在斯特劳森的 *Individuals* 一书中,这一点便表现得很明显。斯特劳森在该书中区分了"修正的形而上学"和"描述的形而上学",在他看来,真正合理的进路是对形而上学作描述的研究。所谓"描述的形而上学",顾名思义,其特点不是研究存在本身,而是讨论我们在研究存在时所使用的概念之意义。这一辨析活动便体现了形式化的趋向。在蒯因所谓"本体论承诺"中,存在基本上也是就语义层面而言,对于物理的或现实层面的"存在是什么"、"何物存在"等问题,分析哲学的立场是存而不论。

  从另一重意义看,"形式化"意味着语言与心理过程的分离。如前面所提到的,分析哲学将哲学讨论的对象限定在语言层面上,这同时包含了区分语言与心理过程之意。分析哲学非常注重这种区分,很多分析哲学家都一再试图回避对心理活动过程的研究、把握。分析哲学之中固然也有"心的哲学"(philosophy of mind)这一类分支,但其关注重心,仍不外乎对涉及心理或意识现象的语用作逻辑的分析。在分析哲学家看来,实际的心理或意识过程缺乏明晰的形式和确定的内容,无法以逻辑的方式加以把握,由此,他们一再要求在讨论中消解心理问题。达米特更直截了当地提出"从心灵驱逐思想",其内在的意向即分离心理与思想。如前所述,哲学的研究确实不能仅仅停留于个体的体验,但将哲学的考察(包括语言的分析)与实际的心理、意识过程完全加以分离,则走向了另一极端。总之,一方面是语言与实际世界之间的分离,用早期维特根斯坦的话来说就是"我的语言的界限意味着我的世界的界限",另一方面(内在的方面)则是语言的分析过程和人的实际心理过程的区分。这两重区分从不同方面表现出形式化的追求,由此导致的结果之一是形式层面的探讨与实际世界(存在)的把握之间的某种分离。

与以上几个方面相伴随的,是技术化、知识化的趋向。如前所述,分析哲学以逻辑分析为主要方法,这种方法后来被不断地精致化、系统化,逐渐形成了某种技术性的品格。从早期形态来看,这种技术性的特点表现为借用人工语言或现代数理逻辑的方式来讨论哲学问题,数理逻辑是一个非常专门的领域,它虽有不同的系统,但在高度技术化这一点上彼此相通。与之相应,当关注之点集中于这一层面时,哲学本身也开始被赋予技术性的特点。分析哲学的重点后来转向日常语言的分析,这一层面的分析固然不再以数理逻辑为必要的工具,但技术化的趋向依然可以看到。日常语言分析做得好的一些哲学家,往往具有较好的语言学训练,这种训练不仅涉及语言科学,而且同时包括人文知识的积累,如日常语言学派中的重要代表人物奥斯汀就具有非常好的语言和古典学素养,他之所以在语言分析方面得心应手、技巧娴熟,与这种知识背景不无关系。可以说,在人工语言与日常语言的分析层面,哲学都不同程度地与技术化的趋向相关联。

技术化的背后往往是知识化的趋向:技术化的走向与知识化的追求很难分离。当哲学研究逐渐导向技术化的时候,哲学关注的重心也逐渐转向知识形态,与之相应,哲学本身也每每被知识化。哲学的知识化与哲学作为智慧的追求这一本来形态之间显然有相当的距离。随着知识化趋向的发展,哲学往往容易游离于作为智慧之思的本然形态。

二

相对于分析哲学的以上形态，中国哲学无疑有自身的特点。从形式的层面看，中国哲学首先呈现为既成性与生成性的统一。一方面，中国哲学在历史的演进中已经取得既成形态，我们现在所研究的中国哲学（从先秦到现代），便是已形成了确定内容的对象。在此意义上，中国哲学具有已完成的品格，呈现为一种既成的历史形态。另一方面，在成为历史中的对象之前，中国哲学首先展开为一定时代的哲学家对其所处时代哲学问题的思考，后者所涉及的，本质上是哲学的理论。这种理论的思考，表现为一个在历史中不断延续的过程，取得历史形态的哲学史对象，本身便是在这一过程中逐渐形成的。在此意义上，中国哲学又表现出生成性的特点：随着哲学思考在不同时代的延续，哲学的理论也不断生成；每一时代的哲学家既以以往的哲学思考结果为出发点，又为以后的哲学思考提供新的起点。这种哲学的思考一方面是一定时代中形成的哲学理论，另一方面又在历史的演变中成为后起的哲学家研究的对象，从而取得既成形态。在历史的演化中，哲学家总是在新的起点上对他们所遇到的哲学问题进行新的理论思考，从而使中国哲学在新的历史阶段中得到新的延续。与这一过程相应，中国哲学在总体上表现为既成性与生成性的交融。在既成性与生成性统一的背后，更具实质意义的是历史和理论之统一：在此层面，中国哲学既表现为哲学的历史，也展开为哲学的理论。

宽泛地说,作为一种智慧的沉思,中国哲学主要展开于对"性与天道"的不断追问,从理论层面看,这种追问和沉思具体表现为对形上智慧的追求,后者同样包含意义的探寻。就意义的追寻而言,中国哲学更多地关注于意义的价值之维,当然,这并不是说,中国哲学完全忽略认知—理解层面上的意义,但相对而言,其注意的重心更多地体现于前者。

中国哲学内含的以上两重基本品格(既成性与生成性的统一,哲学的历史与哲学的理论之统一),构成了考察中国哲学与分析哲学之间关系的前提。相应于中国哲学的上述特点,中国哲学与分析哲学之间的关系具体展开为二个维度,即历史的维度与理论的维度。前者主要涉及分析哲学和作为历史形态(既成形态)的中国哲学的关系;后者则指向分析哲学和作为哲学理论(处于延续过程、具有生成性)的中国哲学的关系。

从历史的形态看,中国哲学在总体上更关注实质的体系,对于形式的体系则不像西方哲学那么注重。当然,这并不意味着中国哲学完全没有体系,但它相对而言更侧重于实质的体系。与此相联系,作为既成形态的中国哲学,往往不十分注意对其概念、范畴的严密界定和辨析,这当然不是说中国哲学中的概念、范畴没有确定的内涵,而是指中国哲学家在运用它们时,并不总是将形式层面的概念界定和辨析作为关注的重心。同时,中国哲学在展开自身论证的过程中,常常更多地注重实质的系统性。诚然,任何一个具有创造性的中国哲学家都有自己的宗旨或核心的观念,其整个哲学系统都是围绕这些宗旨或核心概念而展开,但在展开这一系统时,他们往往并不注重从形式方面来加以推论或推绎。当然,中国哲学本身也有注重分析的方面,如荀子提出"辨合"、"符验"的观念,"辨"即有辨析、分辨的意义,朱熹主张"铢分毫析",也要求对问题进行细致的分析。在此意义上,不能说中国哲学中没有分析之维,不过,从总体上看，中国哲学并不以对概念的界定与辨析、对理论体系作形式上的建构为主要的关注之点。

中国哲学的以上特点，决定了今天在回顾、考察历史上的中国哲学时，需要借助于分析哲学的研究方式，以此推进我们对作为历史形态的中国哲学的研究。具体而言，应特别关注以下几个方面。首先是对中国哲学史中不同概念的辨析。如前所述，中国哲学中的概念并非没有确定的内涵，但这些概念的丰富涵义往往没有在形式层面得到梳理、辨析。对今天的中国哲学研究来说，如何在概念的层面上对以往的中国哲学内涵进行细致的分梳、界定，是无法回避的工作，而在这方面，分析哲学注重逻辑分析的进路，无疑需要我们高度重视。对研究者而言，如果适当接受分析哲学的训练，无疑有助于推进对中国哲学的理解；就研究过程而言，如果适当地引入逻辑分析的方法，也将深化对中国哲学的考察。

与概念辨析相联系的是理论内涵的揭示。作为注重实质体系的理论系统，中国哲学包含着丰富的理论内涵，每个重要哲学家的观念中都具有自己的独特思想和理论洞见。如何把传统哲学中已有的深刻内涵揭示出来，这是哲学史研究需要认真思考的问题。在这方面，我们同样需要注重严密的逻辑分析。以先秦哲学的研究而言，先秦儒家曾提出"仁"、"礼"的概念，这些概念可从不同的角度、层面加以考察。从伦理学的角度看，这里涉及实质与形式的关系。"仁"更多地包含实质层面的意义，其基本之点是对人的存在价值的肯定，即承认人之为人的内在价值。相对而言，"礼"则较多地从形式化的方面（包括如何行动、如何评价等等），体现了具有规范意义的要求：从日常生活中如何行事，到道德实践过程如何展开等，"礼"相对于"仁"而言，确乎更多地包含了形式层面的规定。这两个方面，一个侧重于形式层面的规范和要求，一个侧重于实质层面的内在价值,二者在儒家哲学中彼此交融。不难看到,在伦理学上,"仁"、"礼"统一的意义之一,就在于将形式层面的"礼"和实质层面的"仁"结合起来。但这一思想在儒家的系统中主要以隐含的方式存在,其具体内容未得到明确、直接的表述。今天我们研究儒家的思想,便需要用逻辑分析的方法,将"仁"和"礼"的关系中所隐含的以上内涵,加以揭示和阐明。这种揭示和阐明的过程,同时也是敞开传统哲学中所包含的普遍、恒久意义的过程,其中总是渗入了逻辑的分析。

在哲学史的研究中,逻辑分析内在地关联着逻辑的重构。如前所述,中国哲学主要表现为实质的体系,这一体系并非以形式演绎的方式展开,而是以内在隐含的方式体现出来。然而,今天研究中国传统哲学,显然不能仅仅停留在传统哲学那种隐含的形态之上。《论语》一书,从形式上看似乎是由一些不相关联的对话所构成,然而,其中又内在地包含着实质联系,我们在研究孔子思想时,便需要发现、揭示这种关联,考察作为核心观念的"仁"与"知"、"礼"、"义"之间的内在关系等等,亦即以逻辑重构的方式,将隐含其中的概念之间、命题之间以及前后的论证关系再现出来。事实上,中国哲学史的研究工作无法略去这一逻辑重构工作,否则我们就可能只是复述前人的观点,或仅仅将古代汉语翻译成现代汉语。在进行逻辑重构时,分析哲学注重论证、辨析的方式同样具有重要的借鉴意义。

要而言之,今天研究中国古典哲学,需要运用分析哲学的方式,通过概念的辨析、理论内涵的揭示、逻辑关系的重构,来具体把握以往哲学的理论系统和内涵。以上述方式回溯、考察中国哲学,同时也意味着赋予中国哲学以现代的形态,后者不仅使之能够进入现代意义上的学术研究过程,而且也为其成为更广视域(世界哲学视域)中学术讨论的对象提供了前提。

以上所涉及的,主要是分析哲学对于研究作为历史形态(既成形态)的中国哲学所具有的意义。如前文所论,中国哲学同时展开为一个生成过程,包含生成性。从生成的角度看,今天中国哲学的研究可看作是以往中国哲学的延续,而并非与之完全脱节。中国哲学的当代延续所指向的,同时是中国哲学的当代建构,广义的中国哲学研究以哲学的建构为其题中应有之义。中国哲学在当代的延续与中国哲学的当代建构,实质上是同一过程的两个方面。

从中国哲学的建构或中国哲学在当代的延续这一角度看,中国哲学与分析哲学的关系进一步展现出另一重维度。首先是逻辑分析与形上智慧的互动。前文一再提到,分析哲学的重要特点之一在于注重逻辑分析,而哲学按其本义则无法离开对智慧的追求——智慧的沉思是"哲学"的本原向度,今天中国哲学的建构同样无法离开这一路向。如何将逻辑分析与形上智慧结合起来?这是需要考虑的重要问题。一方面,智慧的沉思应经过逻辑的洗礼,另一方面,逻辑分析不能仅仅停留在形式的层面,而需要有智慧的内涵。简而言之,我们既要追求经过逻辑分析的智慧,又要接纳包含智慧的逻辑分析。表面看来,逻辑分析与智慧沉思似乎彼此相斥:分析注重"分",趋向于划界,关注局部的、分别的研究;智慧则要求"合",注重对整体的把握,而在当代中国哲学的建构中,以上张力应当加以化解。让智慧之思经受逻辑的分析、赋予逻辑分析以智慧的内涵,其实质的意义便是扬弃以上的张力。作为当代中国哲学建构的代表性成果之一,冯契先生的"智慧说"在一定意义上便体现了逻辑分析与智慧沉思的统一。冯契先生在"智慧"这一题目下,展开了其广义的认识论。"广义认识论"一方面处处包含逻辑的分析,每一概念的提出都经过严密的界说,每一论点都诉诸逻辑的论证;另一方面,又并非停留于形式层面的逻辑辨析,而是以认识世界与认识自己、从知识到智慧的飞跃等为其指向。换言之,它所体现的是以"讲道理"的方式展开智慧的沉思。

分析哲学与中国哲学的关系背后,同时涉及两种不同的哲学传统。如前所述,分析哲学与西方注重分析的哲学传统相联系,这一传统历史悠久,可以上溯到古希腊时代;中国哲学以"性与天道"的追问为指向,同样展开为一个悠长的智慧传统。在建构当代中国哲学的过程中,我们面对的便是以上不同传统。通过逻辑分析等方式梳理以往哲学传统中的概念,揭示那些对今天的哲学研究仍然不可或缺并可以借鉴的内容,这是哲学建构的重要方面。总之,当代中国哲学的建构不能局限于单一的进路,它需要关注不同的哲学传统,运用多元的哲学智慧,具有世界哲学的视野,而分析哲学既从一个方面体现了西方哲学的传统,又为疏理、把握传统的哲学资源提供了重要的方法。

进而言之,在中国哲学的当代建构中,我们既要走出语言的界限,回到存在本身,又要引入分析的方式,避免陷入单纯的体悟、体验或独断的思辨之中。这一过程不仅涉及蒯因所说的"语义上行",而且也关乎反向的"语义下行"。"语义上行"是从对象到语言,从对存在本身的把握转向关于存在的语言,其特点在于以语言分析作为把握存在的途径;"语义下行"则是从语言走向对象,回到存在本身。如前文所述,单向的语义上行往往呈现技术化、知识化的趋向,回到存在本身则同时意味着回归智慧。这样,以"语义上行"与"语义下行"的互动为内容,分析哲学与中国哲学的关系亦表现为知识与智慧之间的某种交融。

"语义上行"与"语义下行"的互动,在不同的层面指向意义之域。如前所述,意义具体表现为两个方面,一是认知—理解层面的意义,一是目的一价值层面的意义。相对而言，分析哲学更多地侧重于前者，而中国哲学则较多地关注于后者。在建构当代中国哲学的过程中，应当扬弃意义追问的单向度性，对意义的以上两方面都充分地加以重视。具体而言，二者的统一、融合，体现于"是什么"、"意味着什么"、"应当成为什么"的追问之中。"是什么"涉及认知—理解层面的意义，"意味着什么"侧重于存在所隐含的价值意义，"应当成为什么"则进一步引导我们从有关"世界实际上是什么"的思考转向"世界应该是什么"的关切。

  从哲学层面看，我们不仅应当理解世界实际如何，而且应该思考世界应当如何，后者意味着从解释世界进一步走向变革世界。在中国哲学的视域中，以上三个方面的追问具体地展开于"成己"与"成物"的过程中。"成己"主要关涉认识人自身和改变人自身，"成物"则指向认识世界与改变世界，二者构成了广义的知行过程。事实上，作为哲学问题，意义本身只有在进入广义的知行领域之后才会发生，知行领域之外，既没有认知—理解层面的意义，也不存在目的—价值层面的意义。意义因人而起，并总是发生和展现于人的知行过程。这里所说的"知行"，在中国哲学中即以"成己"与"成物"的统一为实质的内容。意义的发生与追问最终落实于"成己"与"成物"的过程中，在当代中国哲学的建构中，同样不应悬置"成己"与"成物"的问题。就分析哲学与中国哲学的关系而言，在"成己"、"成物"的过程中理解"意义"，也就是在更广的视野之下回归存在、追寻智慧。

后　记

本书原由台湾五南图书公司于 1995 年出版。1996 年，高等教育出版社以《从严复到金岳霖——实证论与中国哲学》为书名，出版了简体字版。此次重版，除订正了若干讹误及调整了若干附录外，未作其他的实质改动。

我对实证主义哲学的接触，可以追溯到 20 世纪 80 年代初。当时在阅读西方哲学著作的同时，也兼及实证主义。硕士研究生期间，我的学位论文以中国近代哲学为主要对象，由此又涉足于受实证主义影响的中国近代哲学。当然，对实证主义与中国近代哲学关系较为系统的考察，是在 20 世纪 80 年代末。那一段时期，我参加了冯契先生主持的一项有关中国近代哲学的研究课题，其中涉及实证论与中国近代哲学的关系，本书便是关于以上问题考察的结果。作为近 20 年前的研究著作，其限定是难以避免的，但从历史的层面看，这种研究也许仍有其特定的意义。

本书的几篇附录分别涉及中国近代哲学的不同侧面，其中《存在与境界》可以看作是对第四章的补充；《认识论的广义视域》主要讨论冯契先生的广义认识论，后者从知识与智慧的关系层面，对实证主义作了理论上的扬弃；《中国哲学的近代衍化》以及《科学的泛化及其历史意蕴》则是对中国近代哲学及中国近代科学主义的概览，它们同时也从不同的方面为更深入地理解实证主义与中国近代哲学的关系提供了理论和历史的背景。

杨国荣

2009 年 3 月 12 日

新版后记

本书由台湾五南图书公司初版于1995年，高等教育出版社在1996年以《从严复到金岳霖——实证论与中国哲学》之名，出版了简体字版。2009年，作为我的著作集的一种，本书由华东师范大学出版社再次出版。此次重版，正文部分大体保持了2009年版本的形态，但若干引文按新的版本作了校核，同时，附录也有所增改，包括以《世界哲学视域中的智慧说》替代了原来的《认识论的广义视域》、新增《分析哲学与中国哲学》。《世界哲学视域中的智慧说》从更广的背景对冯契先生关于知识与智慧关系的论述作了考察，以此展示其不同于实证主义的哲学进路。分析哲学则与实证主义有着多方面的理论关联，理解分析哲学，有助于更深入地把握实证主义，基于此，本书同时收入了《分析哲学与中国哲学》一文。

杨国荣
2017年8月